선시

선시

초판 1쇄 발행 | 2013년 9월 13일
초판 4쇄 발행 | 2024년 3월 15일

지은이 | 석지현
펴낸이 | 조미현

편집주간 | 김현림
교정교열 | 이숙

펴낸곳 | (주)현암사
등록 | 1951년 12월 24일 · 제10-126호
주소 | 04029 서울시 마포구 동교로12안길 35
전화 | 365-5051 · 팩스 | 313-2729
전자우편 | editor@hyeonamsa.com
홈페이지 | www.hyeonamsa.com

ISBN 978-89-323-1671-0 03800

이 도서의 국립중앙도서관 출판시도서목록(CIP)은
서지정보유통지원시스템 홈페이지(http://seoji.go.kr)와
국가자료공동목록시스템(http://www.nl.go.kr/kolisnet)에서
이용하실 수 있습니다.(CIP제어번호 CIP2013015481)

*책값은 뒤표지에 있습니다. 잘못된 책은 바꾸어 드립니다.

禪詩, 깨달음을 노래한 명상의 시편들

선시

석지현 엮고 옮김

ⓗ 현암사

| 새로 펴내며 |

『선시(禪詩)』가 처음 출간된 것은 1975년 4월 10일, 그러니까 지금부터 38년 전이다(이때부터 우리나라에서 '선시'라는 말이 사용되었다). 10년이면 강산도 변한다고 하니 그동안 강산이 세 번 변하고 네 번째 변하고 있는 셈이다. 삭제, 수정, 보완을 거쳐『선시』개정 작업을 하면서 다음의 몇 가지 원칙을 세웠다.

첫째, 선시 분류는 시상(詩想)이 서로 닮은 시들끼리 묶었던 기존 방법을 그대로 따랐다. 이 분류는 원래 현암사 조상원 초대 회장님의 구상이었다. 다만 일본 선시는 예외로 '작가별'로 묶었다.

둘째, 개정판에서 새로 엮거나 뺀 시상이 많다. 가령 몽(夢), 심(深), 공(空) 등을 빼고 대신 무(無), 여(餘), 탈(脫) 등을 넣었다. 따라서 초판에는 있었으나 빠진 선시도 있고, 새로 들어간 선시도 있다. 특히 일본 선시를 많이 추가했다.

셋째, 한문 원시에 일일이 한글 음을 달아 초보자도 보기 쉽도록 했다.

넷째, 낱말풀이(주)는 되도록 알기 쉽고 간단하게 고쳤다.

다섯째, 원시의 지나친 의역과 잘못된 번역은 모두 바로잡았다.

여섯째, 한문 원시의 '시 형식(詩體)' 구분과 '운율평측법(韻律平仄法)' 표기는 모두 삭제했다. 지금 우리(한글세대)에게는 너무 낯설고 어렵기 때문이다.

 일곱째, 책 뒤에 '작가별 찾아보기'를 붙였다. 어느 특정 작가의 작품을 한 번에 몰아서 보고자 할 때 참고하기 바란다.

 마지막으로, 분실했던 경봉 노스님의 서문과 미당 서정주 선생님의 서문(「교열을 마치고」)을 다시 찾아 실었다. 지금 생각하면 너무나 값진 두 어르신네의 글이다. 두 분께 다시 한 번 머리 숙여 감사드린다.

 그리고 『선시』를 새로 펴내는 과정에서 현암사 편집부의 수고가 많았다. 특히 원시(原詩)의 한자음을 우리말로 표기하는 과정에서 한 글자 한 글자 씩 일일이 사전을 대조해가며 바로잡아주었다.

2013년 가을을 기다리며
나도산 아래 반산초당(半山草堂)에서
다모관음 석지현(多毛觀音 釋智賢)

|서문|

이것, 즉 도(道)는 보여주기도 어렵고 말하기도 어렵도다
자, 어디 한번 일러봐라.

산은 은은하고 물은 잔잔하고
꽃은 웃고 새들은 노래하니
이 무슨 소식인고. 쯧쯧. 하하.

삼각산 지현(智賢) 사리의 성심원력으로
옛 조사들의 현묘한 시구들을 가려뽑아
현대 시미(詩味)로써 해석하여 간행 유포하니
이에 찬탄하며 고개를 끄덕이는도다

그대 더불어 저 절정에 오른 이를 가리키노니
흰 구름은 다시 청산 밖에 있도다
앗차(이 무슨 망언이람……)!

영축산 삼소굴에서 두타 경봉

這箇는 難可示며 難可說이로다 道道어다
저개   난가시   난가설   도도

山隱隱 水潺潺하고 山花笑 野鳥歌하니
산은은 수잔잔   산화소 야조가

是甚麼오 訶訶 呵呵
시심마 가가 하하

三角山 智賢闍梨의 誠心願力으로 古祖의 玄妙頌句를
삼각산 지현사리   성심원력   고조   현묘송구

略抄하여 現代詩味로써 解之釋之하여 刊行流布하니
약초   현대시미   해지석지   간행유포

讚美点頭로다 頌曰
찬미점두   송왈

與君指箇截流機
여군지개절류기

白雲更在靑山外 阿剌剌
백운갱재청산외 아자자

　　　　　　　　　　　　　　靈鷲山 三笑窟 頭陀 鏡峰
　　　　　　　　　　　　　　영축산 삼소굴 두타 경봉

|교열을 마치고|

　지현 스님을 내가 이 세상에서 처음 만나게 된 것은 벌써 10년쯤 전인가. 그는 《중앙일보》 신춘현상문예 시부(詩部)의 장원을 한 사람으로, 나는 그 심사위원으로, 그 인연에 인사를 치르러 나를 찾은 그를 보게 되었던 것인데, 그 당선 작품의 인상으론 적어도 40대쯤은 되는 사내인 줄 알았더니만 막상 나타난 걸 보니 아직도 갓 젊은 20대의 눈이 맑고 이가 흰 미소년이었다. 그는 그 뒤 바로 이어서 우리 동국대학교 불교대학에 입학하여 4년 동안 불교와 그 문학을 꾸준히 공부하며 또 한쪽으론 우리 시단의 유력한 신예로 좋은 시 작품들을 이어 발표해서 식자(識者)들의 찬양과 기대를 두터이 받아온 것은 아는 이들은 두루 잘 알고 있는 일이다. 특히 우리 시단이 그에게 걸어오고 있는 기대는 여간한 게 아니다.
　학교를 마친 뒤 몇 해 동안 그는 좀처럼 내 눈에 띄지 않고, 어디 가서 참선을 한다는 풍문만 들리게 하기도 하고 어디 박혀 무슨 경(經)을 번역하고 있을 거라는 상상(想像)의 기별만 가끔 전하더니, 작년 봄에 비로소 불교신문사의 기획을 맡았다는 전화를 내게 주었다. 그래 그저 그만큼만 여기고 있었던 것인데, 작년 여름이 막바지에 들어설 무렵의 어느 소나기 대단한 날 저녁때, 그는 매우 두두룩이 무거운 부

피의 큼직한 원고짐을 지고 내 산방에 불쑥 나타나며 "이거 선시 번역해본 것입니다. 우리나라 것하고 중국·인도 것만 우선 해보았습니다. 한 3천 장 되어요" 하곤 그 이마에 송알송알한 땀을 그 메마른 손바닥으로 살살 문지르고 있었다. 그의 그 독특한 붉은 수염 속에 빙그레 웃고 있는 두 줄 이가 이날은 아주 더 든든해만 보여 물론 나는 "야 대단하구나" 찬탄을 안 할 수가 없었다.

그래 이 대단하고 독실한 그의 은공(隱工)이 빛을 보아 현암사가 그 발간을 맡기로 하여 내게 그 교열을 부탁해왔다. 그러나 나는 이 교열을 교열로서 잘 감당할 만한 실력이 없음을 여기 고백하지 않을 수 없다. 그저 나도 한 독자로서 이 역자가 이 번역 소개엔 가장 적임자임을 재삼 확인하게 되었음을 여기 말씀드릴 수 있을 뿐인 것이다.

이 좋은 후계자를 우리 문학의 역사가 가지게 되었음은 진실로 다행한 일이다. 그의 정진에 늘 한결같은 호법중(護法衆)의 가호와 협력이 있기만을 바란다.

1975년 2월
관악산 문치헌(聞雉軒)에서
미당 서정주 씀[識]

|차례|

새로 펴내며 4
서문 _ 경봉 대선사 6
교열을 마치고 _ 미당 서정주 8
해설 – 선시란 무엇인가 17

1. 靜 정적 · 산집 고요한 밤

못을 거닐며 44 | 밤은 깊고 46 | 배꽃 천만 조각 47 | 거문고 소리 들으며 49 | 이대아를 보내며 51 | 비를 무릅쓰고 찾아온 벗에게 53 | 청학동의 가을 54 | 산에서 55 | 산집 고요한 밤 56 | 천 길 낚싯줄을 58 | 대 그림자 뜰을 60 | 여섯 창문 61 | 감도 없고 음도 없고 63 | 구름 다한 가을 하늘 64 | 정 장군에게 66 | 가을 밤 빗소리 68 | 서산에 해 지고 69 | 꽃 밟으니 향기가 70 | 쌍계사의 밤 71 | 반야송 72 | 그 얼굴 빛을 뿌려 73 | 봄에는 꽃 있고 75

2. 悲 비애 · 저 누가 옥피리를 부는가

파미르 고원을 넘으며 78 | 고향 생각 80 | 서역에서 중국 사신을 만나다 82 | 구름은 피어 84 | 떠돌이 86 | 불타는 집 88 | 회암사 90 | 옥피리 92 | 아침 햇살 94 | 창에 가득 붉은 해여 95 | 준상인에게, 둘 96

| 준상인에게, 넷 98 | 준상인에게, 일곱 100 | 준상인에게, 열둘 102 | 우상인에게 104 | 골짜기의 꽃 106 | 산집 107 | 산에 살며 108 | 송림사 109 | 나그네 111 | 산은 스스로 푸르고 112

3. 無 무상표표히 날아가는 외기러기

공림사에서 116 | 중국 승려의 죽음을 애도하며 117 | 옛 절을 지나며 119 | 원선자를 보내며 121 | 용정강을 지나며 123 | 금산 보석사 125 | 화장암에서 127 | 개었다가 비 뿌리다 128 | 자네를 보내며 129 | 병들어 서재에 앉아 131 | 그대를 보내고 132 | 벗에게 134 | 먼 산봉우리 136 | 말을 채찍질해 옛 성을 지나가네 138 | 어젯밤 꿈에 140 | 갈댓잎 쓸쓸히 142

4. 餘 여백산비 그윽한 곳

산비 그윽한 곳 146 | 풀집에 앉아 147 | 어느 봄날 148 | 물은 산 밖으로 흐르고 149 | 한 조각 가을 소리 151 | 일정선자를 보내며 152 | 봉래산 오색구름 153 | 준선자에게 154 | 해탈 156 | 이 꽃 한 송이 깨어날 때 157 | 임진강에서 158 | 못가에서 159 | 꽃을 탄식함 160 | 목련화 162 | 이별의 시 163 | 마음뿌리 가꾸어 164 | 은선동에 노닐며 166 | 바람이 서리 묻은 잎을 168 | 이 한 장면의 진풍경을 170 | 가고 감에 흔적 없어 172 | 어지러이 산 향기 173 | 이 몸이 드러나매 175 | 불 꺼진 향롯가에 177 | 화음산 앞 179 | 연꽃잎 달빛 향해 181 | 우물 밑에

서 183 | 빈손에 호미 들고 185 | 이 마음 186 | 그 누구도 짝할 이 없이 187 | 옳거니 옳거니 188

5. 愚 바보·멍청이의 노래

하나, 닭 우는 때 190 | 둘, 새벽녘 191 | 셋, 해 뜨는 시간 192 | 넷, 아침 먹을 때 193 | 다섯, 해가 높아지는 시간 194 | 여섯, 해가 머리 위에 온 시간 195 | 일곱, 해가 기우는 때 196 | 여덟, 저녁때 197 | 아홉, 해지는 시간 198 | 열, 황혼의 때 199 | 열하나, 잠들 시간 200 | 열둘, 한밤중 201

6. 默 침묵·번뇌의 바다에서 노 젓는 사공

나무와 돌이 설법하고 206 | 휘영청 달 밝은 속에 208 | 송음암 210 | 뱃머리에 앉아 212 | 제자에게 213 | 하늘 214 | 고목 216 | 그림 속의 다리 217 | 눈 오는 날, 하나 218 | 눈 오는 날, 둘 219 | 눈 오는 날, 셋 221 | 봉산 산거, 하나 223 | 봉산 산거, 둘 224 | 봉산 산거, 셋 225 | 봉산 산거, 넷 227 | 봉산 산거, 다섯 228 | 봉산 산거, 여섯 229 | 어느 선승에게 230 | 미인의 죽음을 애도하며 231 | 영흥 개산탑에서 232

7. 山 산정·안개여울 아득히 길을 놓친 채

깊은 밤 234 | 수정암 다리 위에서 235 | 백운산에 올라 237 | 옛 우물가 239 | 약초 사이 작은 길 240 | 금강산 암자의 노승에게 241 | 산에서 242 | 부용암을 찾아서 243 | 산문을 나오며 244 | 산중에 사는 맛 245 | 산사의 황혼 246 | 일 없는 것이 247 | 첫눈은 나부껴 249 | 어떤 사람이 250 | 산노래 252 | 산이 가로눕고 254 | 본시 산사람이라 256 | 원숭이 우는 곳에 257

8. 淸 청빈·눈보라 창을 치는 소리

잠시, 둘 260 | 잠시, 다섯 261 | 잠시, 일곱 262 | 잠시, 여덟 264 | 잠시, 열셋 266 | 잠시, 열여섯 268 | 잠시, 열일곱 270 | 잠시, 열여덟 272 | 옛 절에서 274 | 이틀 밤 275 | 옥천역사에서 276 | 새벽녘 277 | 옛 친구의 집을 지나며 278 | 마주 앉음 279 | 봄날 280 | 파초 잎에 듣는 밤비 소리 281 | 추운 밤 282 | 그분 283 | 옛 시의 가락으로 284 | 우연히 읊음, 하나 285 | 우연히 읊음, 셋 286 | 친구를 찾아가서 288

9. 月 달빛·계수나무 천년의 혼이

달 292 | 그대 얼굴 가을 달이여 293 | 별들은 널려 있고 295 | 천년의 혼 297 | 추운 달 외로이 298 | 달 속의 저 여자 300 | 손안의 백팔염주 302 | 상인의 청정심 303 | 가야산 홍류동에서 305 | 붓을 들어 306

| 이 누리 흔적 없는데 307

10. 春 봄날 · 꿈속에서

꿈속에서 310 | 봄 311 | 비 오는 날 312 | 봄을 보내며 314 | 수양버들 늘어선 길 316 | 가련타 저 꽃들이 318 | 봄을 즐기며 320 | 월계꽃 비에 젖어 321 | 소나기 322

11. 脫 탈속 · 대숲에 홀로 앉아

봄잠에서 324 | 융상인의 암자를 지나며 325 | 승방 326 | 경쇠 치는 노인 327 | 석양 328 | 대숲 329 | 목련 330 | 향적사 332 | 이별 334 | 봄날 336 | 새 우짖는 물가 337 | 서재에서 338 | 산중 339 | 정야사 340 | 원정 342 | 백로 343 | 맹호연을 보내며 344 | 산중문답 345 | 자견 346 | 옛 절 348 | 영철상인을 보내며 349 | 쓸쓸한 모래톱에 350 | 눈 오는 날 351 | 봄의 옛집 352 | 은자가 사는 곳 354 | 먼 산 종소리 355 | 은자의 정자에서 356 | 우물 357 | 가을 강 356 | 비 오는 옛절 358 | 날이면 날마다 360 | 물가에 나가 361 | 가을 밤 362 | 사람을 보내며 363 | 어둑한 숲 속엔 364 | 촌야 365 | 식후 366 | 유애사 368 | 술잔을 들며 369 | 낙화 371 | 늦가을 372 | 밤비 373 | 밤배에 앉아 374 | 강설 375 | 돌중 376 | 은자를 찾아서 377 | 은자에게 378 | 왕자가 젓대를 불자 380 | 봉정사 381 | 풍교야박 382 | 오도송 384 | 망호루 386 | 여산연우 388 | 구름 밖으로 388

12. 一 한 줄 선시·꿈은 마른 들녘 헤매네

옛 연못 392 | 정적 394 | 죽도화 395 | 종소리 396 | 거친 바다 397 | 봄 398 | 여로 399 | 가을 바람 400 | 방랑 401

13. 轉 전환·두 눈썹 치켜들고

금의 소리 404 | 느닷없는 고함 소리에 405 | 밤에 앉아 408 | 순대사에게 409 | 의현법사와 함께 408 | 소 등에 앉아 411 | 왕복무한 412 | 명선자에게 414 | 마하연에서 415 | 진일선자에게 418 | 계암에게 419 | 섣달그믐날 밤에 420 | 세월은 422 | 표주박 하나 424 | 예부터 끊임없이 425 | 달밤에 홀로 426 | 눈 속에 높은 산 솟아오르고 428 | 금빛 갈기 낚으려고 429 | 눈먼 나귀 무리 지어 431 | 머나먼 나그넷길 433 | 슬픈 바람 435 | 산등성이 437

14. 秘 격외·그림자 없는 나무

이 자리에서 440 | 눈에는 강물 소리 442 | 청류문 앞 444 | 임종게 446 | 수법사에게 448 | 허공을 찢어서 450 | 일선자에게 451 | 물 위의 진흙 소가 452 | 성원선자에게 454 | 언법사에게 456 | 계우법사에게 458 | 종소리 들으며 460 | 월송대사에게 461 | 이 빛덩이 462 | 내원암에 가서 464 | 서릿발 같은 검을 휘둘러 466 | 무쇠 소 468 | 신부가 말을 타고 470 | 우물 밑 진흙 소 472 | 봄이 오면 꽃들은 473 | 얼음이 장강

을 묶어 475 | 언 잠에 눈 덮인 집 477 | 눈썹의 언덕에는 479 | 개울가 돌 여자 481 | 끝없는 풍월은 483 | 더위 가고 겨울 오고 484

15. 歸 귀향·소 찾는 노래

하나, 그를 만나러 486 | 둘, 발자취 있네 487 | 셋, 그를 보았네 488 | 넷, 그를 잡았네 489 | 다섯, 그를 키우네 489 | 여섯, 그를 타고 집에 가네 490 | 일곱, 그를 잊고 나만 있네 4913 | 여덟, 그와 나 모두 잊네 492 | 아홉, 나에게로 돌아오네 493 | 열, 다시 이 삶의 파도 속으로 494

16. 讚 향가·바람결 노래

바람결 누래 496 | 가고파 노래 498 | 누비굿 노래 492 | 기파랑 노래 495 | 눈 밝은 노래 4982

17. 愛 에로틱 선시·눈먼 미인 가마 타고

임종게 512 | 첫날밤 514 | 원앙의 꿈 516 | 오늘 밤 미인이 517 | 음방에서 519 | 미인의 음수를 빨며 521 | 파계 523 | 어부 525 | 임종의 시 527 | 진짜 스승 529 | 복사꽃 그림을 보며 530 | 음수 532 | 봄나들이 534 | 수선화 향기 536 | 세세생생 언약, 하나 538 | 세세생생 언약,

둘 539 | 눈먼 미인 삼시자에게 540

18. 覺 깨우침 · 깨달음의 노래

하나~예순 544

초판 맺는 말 601
작가 소개 603
작가별 찾아보기 636

|해설|

선시란 무엇인가

1. 선시의 이해

(1) 선이란 무엇인가

선(禪)의 원어인 드야나(Dhyana)는 '명상'을 뜻하는 산스크리트어(고대 인도어)로서, 중국인들은 '사유수(思惟修)'라 번역하고 있다. 사유수란 '생각을 어느 한곳에 집중하는 정신통일법' 또는 '의식의 흐름을 주시하는 수련법' 즉 자각(自覺)을 뜻한다. 이 경우 전자는 후자를 수련하기 위한 준비 단계다.

드야나 명상법의 기원은 기원전 고대 우파니샤드 시대까지 거슬러 올라간다.[1] 그러나 이 명상법은 그 후 오랫동안 잊혀졌다가 지금부터 2,500여 년 전 고타마 붓다(부처)라는 한 수행자에 의해 재발견되고 체험되면서 다시 활기를 띠게 되었다.[2]

드야나 명상법은 그로부터 한참 후대로 내려가 달마(達磨, ?~528?)라는 인도 수행자를 통해 중국에 소개되었다. 달마가 소개한 이 명상

---

1 드야나 명상법은 기원전에 편찬된 『슈베타 스바타라 우파니샤드』 제2장에 구체적으로 언급되어 있다.
2 고타마 붓다를 따르던 이들은 그가 죽은 후 집단을 형성했는데, 이 집단은 그 후 불교라는 명상수행 집단으로 확대 변모되었다.

법은 그의 제자 혜가(慧可)로 전해지고, 혜가에게서 승찬(僧璨) → 도신(道信) → 홍인(弘忍)을 거쳐 신수(神秀)와 혜능(慧能)에게 와서 노장(老莊)의 무위자연(無爲自然)과 결합, 우리가 알고 있는 오늘날의 선(禪)으로 변형·발전(?)했다.

그렇다면 드야나 명상법의 중국적인 변형인 '선'은 구체적으로 어떤 것인가?

첫째, 선은 사고와 감정의 근원을 추적해 들어가는 수행법이다. 즉, 의식의 흐름을 주시함으로써 그 발원지를 추적하는 것이다. 좀더 비약적으로 말하자면, 시간과 공간이 분리되기 이전의 차원을 이론이 아니라 체험적으로 추적해 들어가는 것이다.

> 의식의 최초의 움직임을 주시하지 않으면 안 된다. 의식이 묵묵히 유동함에 따라 오고 가는 상태를 깨달아 알고 다이아몬드같이 빛나는 지혜에 의해서 그 의식의 실체를 밝혀내는 것이다. ─『능가사자기(楞伽師資記)』도신장(道信章)

둘째, 선이란 존재의 본질을 깨닫는 깨달음이다. 이 경우 선은 이제 단순한 수행법이 아니라 '깨달음' 그 자체를 뜻한다. 즉, 선은 관념적인 이해의 차원에서 직관적인 자각의 차원으로 옮겨가는 수련법이며, 동시에 '직관적 자아' 그 자체다. 아니, '지금 여기' 이 삶 전체가 직관적 자각화, 즉 깨달음화되는 전환 상태를 말한다. 선에 대한 이 놀라운 발전은 중당(中唐)의 선승 마조(馬祖, 709~788)에 의해서 이루어졌다. 그에 이르러 선은 비로소 삶 그 자체로 굽이치게 된 것이다.

깨달음이란 무엇인가. 그것은 지금 여기 있는 바로 그 평범한 마음(平常心)을 깨닫는 것이다. 아니, 평범한 마음 이대로가 깨달음이요 도(道)인 것이다. 평범한 마음이란 어떤 것인가. 조작이 없고 시비가 없으며 취하고 버림이 없고 끊어짐과 항상함이 없으며 성자와 속인의 차별심이 없는 바로 '지금 여기'에 있는 이 마음이다. _마조(馬祖), '평상심시도(平常心是道)'

(2) 시란 무엇인가

동서고금을 통해서 수많은 비평가와 시인이 시에 대해 정의를 내렸다. 그 많은 정의를 여기 다 소개하는 것은 불가능한 일이며, 그럴 필요도 없다. 여기서는 선시(禪詩)를 낳은 중국인들의 시에 대한 견해만을 살펴보고자 한다. 인도의 드야나 명상이 중국의 한자와 만나서 비로소 '선시'라는 아주 특이한 시를 낳았기 때문이다.

중국인들은 시에 대해 대체로 다음 네 가지 견해를 가지고 있다.

첫째, 도학적인 관점이다. 이는 공자를 선두로 한 유가(儒家)의 입장으로, 시의 효능 면에 중점을 두고 있다. 이 도학파(道學派)는 시를 도덕 교육과 사회 비평의 도구로 본다. 이들에 의하면 시란 개인의 덕성을 기르는 도구요, 정부에 대한 국민들의 감정을 반영하고 사회악을 고발하는 것이다.

둘째, 개성주의적 관점이다. 이는 초기 유가의 입장으로, 주로 시의 정서적인 면에 중점을 두고 있다. 이 개성파(個性派)는 시를 자기표현의 한 수단으로 본다.

    시란 마음의 바라는 바를 말로 표현하는 것이다(詩言志). _순(舜)임금

셋째, 기교적 관점이다. 이는 송대(宋代) 시인들의 입장으로, 주로 시의 기교적인 면에 중점을 두고 있다. 송대 이후 많은 문인이 강렬한 정서적 자극 없이 시를 써왔다. 이 기교파(技巧派)는 정기적으로 모임을 갖고, 어떤 한 가지 주제나 글자를 미리 정해놓고 번갈아 화답하는 형식으로 시를 썼다. 이런 분위기에서 개성 있는 작품은 나올 수 없었다.

넷째, 직관적 관점이다. 이는 당대(唐代) 시인들의 입장으로, 주로 시의 영감적인 면을 강조하고 있다. 이 직관파(直觀派)는 시를 직관이나 깨달음의 표현으로 본다. 이들의 입장은 사공도(司空圖, 837~908)와 엄우(嚴羽, ?~?)에 의해서 체계화되었다.

> 시의 최고 경지는 단 한 가지, 입신(入神)하는 데 있다. 만일 시가 입신하는 데 성공한다면 그 정점에 도달할 것이며 더할 나위가 없을 것이다. (詩之極致有一曰入神 詩而入神 至矣盡矣 蔑以加矣) _ 엄우(嚴羽), 『창랑시화(滄浪詩話)』

직관파 시인들은 현학적인 모방과 기교에 사로잡히는 것을 비판하고, 대신 영감과 직관의 중요성을 강조한다. 이 점에서 개성파와 비슷한 면이 있지만, 이들의 기본 태도는 개성파의 입장에서 한 걸음 더 나아간다. 그들은 이렇게 말한다. "시란 시인 자신의 개성을 표현하는 데 만족해서는 안 된다. 진정한 시란 존재와 세계에 대한 통찰을 심화시키는 데 있다."

(3) 선시란 무엇인가

선(禪)은 언어를 부정하는 불립문자(不立文字)로부터 출발한다. 그러므로 언어에 뒤따르는 사고작용마저 선은 용납하지 않는다. 대신 오직 자기 자신 속에서의 직관적인 깨달음만을 강조한다.

그러나 여기 선을 표현하는 데 한계가 있다. 선을, 그 깨달음을 제삼자에게 알리자면 여하튼 어떤 식으로든 표현해야 한다. 그래서 임제는 제자들의 물음에 대답 대신 크게 고함을 질렀고(臨濟喝), 덕산은 무조건 몽둥이를 휘둘러댔던 것이다(德山棒). 일반의 상식에서 벗어난 이런 식의 미치광이 짓을 통해서 그들은 솟구치는 깨달음의 희열을 어느 정도 전달할 수 있었다.

그러나 이런 미치광이 짓을 통해서는 깨달음의 그 섬세한 느낌은 도저히 전달할 수 없었다. 그들은 자칫하면 저 관념의 바다 속으로 흔적도 없이 사라져버릴지도 모르는 그 깨달음의 섬세한 느낌을 전달하기 위해 시(詩)를 택하지 않을 수 없었다. 시란 언어의 설명적인 기능을 최대한 억제시킨 비언어적인 언어이기 때문이다. 그래서 선승들은 자신들의 '깨달음을 시를 통해 표현(以詩寓禪)'하기 시작했는데, 이것이 첫 번째 선시의 출현이다.

이렇게 남성적인 '선'이 여성적인 '시'를 만나 더욱 활기차게 발전해가자, 이번에는 시인들 사이에서 '시의 분위기를 심화시키기 위해 선에 접근(以禪入詩)'하는 풍조가 일어났다. 이것이 두 번째 선시의 출현이다.

첫 번째 선시는 대통 신수를 위시한 중국·한국·일본 선승들의 작품인데, 깨달음의 희열을 읊은 시와 산생활의 서정을 노래한 시가 그 주류를 이룬다. 두 번째 선시는 주로 왕유를 위시한 당송(唐宋) 시인들의 작품으로, 선적(禪的)인 분위기가 풍기는 시와 산사의 풍경을 읊은 시가 주류를 이룬다.

선승들과 시인들 사이에서 이런 식으로 선시를 쓰는 풍조가 일자, 선과 시는 상호 보충적이며 둘이 아니라는 직관파 시론가들의 선시론(禪詩論)까지 등장했다.

> 시는 선객(禪客)에게는 선을 장식하는 비단 위의 꽃이요, 선은 시인들에게 있어서 언어를 절제하는 절옥도(옥을 자르는 칼)다. (詩爲禪客添花錦 禪是詩家切玉刀) _ 원호문(元好問)

> 선의 핵심은 깨달음에 있다. 시의 핵심 역시 깨달음에 있다. 오직 깨달음을 통해서만 진정한 자기 자신이 될 수 있고 자기 자신만의 목소리를 낼 수 있다. (禪道惟在妙悟 詩道亦在妙悟 惟妙悟乃爲當行乃爲本色) _ 엄우(嚴羽), 『창랑시화(滄浪詩話)』

대표적인 직관파 시론가인 엄우의 이 묘오론(妙悟論)은 후대에 시를 지나치게 선적(禪的)으로 해석했다는 비판을 받기도 했다.

결론적으로, 선시(禪詩)란 무엇인가? 선이면서 선이 없는 것이 시요(禪而無禪便是詩), 시이면서 시가 없는 것이 선이다(詩而無詩禪儼然). 그러므로 선시란 언어를 거부하는 '선'과 언어를 전제로 하는 '시'의 가장 이상적인 만남이다. 부정과 긍정의 가장 바람직한 어울림이다.

2. 선시의 역사

(1) 중국 선시

양(梁) 무제 보통 원년(普通元年, 520) '달마'라는 인도 수행자가 바다를 건너 중국 광주에 들어오면서 선(禪)이 본격화되었다. 달마로부터 시작된 선은 제2조 혜가, 제3조 승찬, 제4조 도신을 거쳐 제5조 홍인(601~674)에 이르러서 어느 정도 제 모습을 갖추었는데, 이때가 바로 당(唐)의 건국 초였다.

홍인의 제자 가운데 대통 신수(大通神秀, 606~706)와 혜능(慧能, 638~713)이 있었다. 둘의 선풍(禪風)이 각각 북종(北宗)과 남종(南宗)으로 특색 있게 발전해가면서 선은 개화(開花) 직전에 이르렀다.

이 무렵 당은 현종(玄宗)이 즉위하면서(712) 황금기(盛唐期, 712~766)를 맞게 된다. 정치 · 경제 · 문화 면에서 전례 없는 발전을 거듭했고, 수도 장안은 세계 제일의 도시가 되었다. 이때 시단에서는 왕유(王維), 이백(李白), 두보(杜甫) 등이 잇달아 출현했다.

선은 원래 불립문자를 주장했기 때문에 언어 사용을 극도로 절제했다. 그러나 어떤 식으로든 선을 설명하지 않을 수 없었기 때문에, 당시의 선승들은 언어 표현의 수단으로 시를 택하지 않을 수 없었다. 시는 언어 속의 설명적인 요소를 최대한 절제하기 때문이다. 그리하여 시를 빌려 깨달음의 경지를 읊은 최초의 선시가 신수와 혜능에게서 나왔다. 물론 그 전에 제3조 승찬의 「신심명(信心銘)」이라는 잠언시가 있었지만, 일반적으로 본격적인 선시의 출현은 신수와 혜능의 개오시(開

悟詩)로 보는 경향이 있다.³

두 사람에 뒤이어 영가 현각(永嘉玄覺, 665~713)이라는 선승이 출현, 「증도가(證道歌, 깨달음의 노래)」를 남겼다. 증도가는 깨달음의 기쁨을 참지 못해 단 하룻밤 만에 완성했다고 하는 장편시다. 이 뒤를 이어 석두 희천(石頭希遷, 700~790)의 「참동계(參同契)」가 나왔다.

선승들이 시를 빌려 자신의 심정을 읊은 것과 마찬가지로 시인들 사이에서도 시의 정취를 심화시키기 위해 선에 접근하는 풍조가 일기 시작했다.⁴ 그 최초의 시인이 왕유(699~761)다.

왕유는 선의 체험을 그대로 시화(詩化)한 시인으로, 후세에 선시의 거장으로 일컬어지고 있다. 그는 신회(神會, 668~760), 보적(普寂, 651~738) 등 당시 제1급 선승들과 교제가 깊었으며 시간만 나면 좌선 실습을 게을리 하지 않았다. 왕유에 이어 맹호연(孟浩然, 689~740), 이백(701~762), 두보(712~770), 장계(張繼, ?~?) 등 성당(盛唐)의 제1급 시인들이 다투어 선에 접근하면서 당시(唐詩)라 일컬어지는 불후의 명작들이 쏟아져 나오기 시작했다.⁵

그러나 이백은 선에서 출발해 도가(道家)의 유현한 세계로 들어갔고, 두보는 비참한 현실고(現實苦)를 시화해 나갔다.

중당기(中唐期, 767~839)에 접어들자 마조 도일(馬祖道一, 709~788)이 출현하면서 중국 선종은 본격적으로 발전하기 시작했다. 그는 '평상심시도(平常心是道)'를 외치면서 당시까지 상류층 중심이었던 선을 서

---

3 두송바이(杜松栢) 저, 『선학여당송시학(禪學與唐宋詩學)』, pp.207~211 참조, 臺北 : 黎明文化事業股份有限公司, 1978.
4 두송바이 저, 앞의 책, p.407. "詩至極盛之時 禪人以詩寓禪 禪極風行之後 詩家以禪入詩."
5 한징롄(韓進廉) 편, 『선시 일만 수(禪詩一萬首)』, p.182, 中國 : 河北科學技術出版社, 1994.

민중 중심의 생활선(生活禪)으로 구체화시켰다. 마조의 제자 백장 회해(百丈懷海, 749~814)에 이르러서는 본격적인 선 수행장이 만들어지기도 했다.

백장은 '일일부작 일일불식(一日不作 一日不食)'의 실천을 통해 집단 농장 체제의 선 수행장(叢林)을 만들었는데, 이 수행장의 생활 지침서인 『백장청규(百丈淸規)』가 이때 나왔다. 말하자면 인도의 소극적인 계율이 중국의 적극적인 윤리강령으로 바뀐 것이다. 전설적인 인물 한산(寒山, ?~?)이 나타난 때도 이 무렵이었다. 한산은 인생무상을 읊어 산거선시(山居禪詩)의 전형을 남겼다.

이어 한퇴지, 백거이, 유종원, 이하 등이 등장한다. 철저한 배불론자(排佛論者)였던 한퇴지(韓退之, 768~824)는 불경의 역문체(譯文體) 영향을 받아 산문으로 시를 쓰는 산문체 시 형식을 완성시켰다.[6] 또한 선사상(禪思想)을 유학(儒學)으로 개조했으며, 성리(性理)를 논한 그의 문장은 송대 성리학의 기초가 되었다.[7]

백거이(白居易, 白樂天, 772~846)는 원화체(元和體)의 대표적인 인물이다. 원화체란 불경 속의 게송(偈頌) 번역 문체의 영향을 받아 중당기 원화 연간(元和年間, 806~820)에 성립된 통속시 문체를 말하는데, 「장한가(長恨歌)」에서 그 극치를 이루고 있다. 「장한가」는 안녹산(安祿山)의 난(755)에 얽힌 현종과 양귀비의 사랑 이야기를 다룬 작품으로, 많은 사람에게 널리 읽히고 있다.

그런데 백거이의 이 「장한가」는 『잡보장경(雜寶藏經)』 환희국왕연(歡

---

6 그 구체적 예가 불경 『불소행찬(佛所行讚)』과 한퇴지의 「남산시(南山詩)」다.
7 야나기다 세이잔 저, 안영길·추만호 옮김, 『선의 사상과 역사』, p.215, 서울 : 민족사, 1991.

喜國王緣)의 일부가 변문(變文)되어 민간에 흘러다니던 설화를 근거로 창작되었다고 한다.[8] 백거이는 또한 마조의 제자인 홍선 유관(興善惟寬, 755~817)에게서 정식으로 선의 법맥을 이어받고 있다.[9]

유종원(柳宗元, 773~819)은 주로 선철학(禪哲學, 天台學)의 심오한 철리를 시화하고자 했다.

시의 귀재인 이하(李賀, 790~816)는 언제나 『초사(楚辭)』와 『능가경(楞伽經)』을 손에서 놓지 않았다.[10] 그의 비극성은 『초사』에서 유래되었으며, 존재의 덧없음과 세월의 신속함을 꿰뚫어보는 그의 예지는 초기 선종의 교과서인 『능가경』에서 유래되었다.

이 무렵 선승의 작품으로는 동산 양개(洞山良价, 807~869)의 「보경삼매가(寶鏡三昧歌)」가 있다.

만당기(晚唐期, 840~907)에 접어들면서 선은 더욱 발전했는데 이때 조주(趙州, 778~897), 임제(臨濟, ?~866) 등이 출현했다. 전통을 거부한 임제의 활기찬 선풍은 그 후 송·원·명·청을 거쳐 지금까지 선종의 가장 큰 맥으로 흘러오고 있다.

조주는 120세를 산 선승인데, 그의 선문답(公案)인 '무(無)'자는 지금까지도 선문답의 전형으로 전해온다. 그는 또한 「십이시가(十二時歌, 멍청이의 노래)」라는 격외선시(格外禪詩)를 남겼다. 이때 선월 관휴(禪月 貫休, 832~912)가 시승으로 이름이 있었는데, 그는 호방한 산거시(山居詩)를 많이 남겼다. 제기(薺己, 862~?)라는 시승의 활약도 대단했다.

---

8 야나기다 세이잔(柳田聖山) 저, 안영길·추만호 옮김, 앞의 책, p.193.

9 마조(馬祖) ┌─ 백장(百丈) ─────── 황벽(黃檗) ─── 임제(臨濟)
　　　　　　└─ 홍선 유관(興善惟寬) ── 백거이(白居易)

10 "능가추안전 초사계주후(楞伽推案前 楚辭繫肘後)", 이하(李賀), 「진상에게 드림(贈陳商)」

시인으로는 이상은, 사공도가 나왔다. 이상은(李商隱, 812~858)은 선의 영향 아래에서 무상감과 인간고를 시화했다. 사공도(司空圖, 837~908)는 주로 도피적인 산림의 정서를 읊어나갔다.

'회창(會昌)의 폐불(廢佛) 사건(845~847)'을 거쳐 오대(五代, 907~959)에 들어서자 선종은 오가(五家)로 분파되면서 더욱 발전을 거듭했다. 이때는 선승 운문 문언(雲門文偃, 864~949)이 활동하던 시기다. 운문은 당 중기 이후 발전해온 선과 시를 결합시킨 인물이다. 시작(詩作)에 능했던 그는 특히 선문답을 통해 일자시(一字詩, 一字關)라는 독특한 선시를 많이 남겼다. 이 무렵 선의 역사서이자 선문답집인『조당집(祖堂集)』과『전등록(傳燈錄)』이 간행되었다.

송대(宋代, 960~1279)에 들어서자 운문의 계열에서 설두 중현(雪竇重顯, 980~1052)이 나왔다. 그는 모든 시체(詩體)에 능한 시인이었으며 동시에 선의 거장으로서『설두송고(雪竇頌古)』라는 송고선시집(頌古禪詩集)을 남겼다. 이 시집은 그 후 원오 극근(圜悟克勤, 1063~1135)이 주석과 비평을 붙여『벽암록(碧巖錄)』으로 출간했는데,『벽암록』은 그 후 선종의 '영원한 명저(宗門第一書)'로 남았다.

시단에서는 한산시풍(寒山詩風)을 모방한 왕안석(王安石, 1021~1086),[11] 선 수행에 남다른 열성을 보인 소식(蘇軾, 蘇東坡, 1036~1101), 선종 분파의 영향을 받아 생겨난 강서시파(江西詩派)의 중심 인물 황산곡(黃山谷, 1045~1105)이 나왔다.[12]

소식은 임제 문하 제7대 황룡 혜남(黃龍慧南)의 제자인 소각 상총(昭覺常總, 1025~1091)의 선법을 정식으로 이어받았고, 황산곡 역시 혜남

---

11 한징롄 편, 앞의 책, p.10, "如王安石就寫過模倣寒山的作品."
12 두송바이 저, 앞의 책, p.395.

의 제자인 회당 조심(晦堂祖心, 1025~1100)의 선법을 정식으로 이어받았다.[13]

특히 소식 이후에는 문인들 사이에서 선 수행을 하는 이가 급격히 증가했다.[14] 그리고 이때 묵조선(默照禪)의 거장 천동 정각(天童正覺, 1091~1157)의 출현을 통해 선시의 가장 심원한 세계가 펼쳐지기 시작했다. 그는 공안선시집(公案禪詩集) 『송고백칙(頌古百則)』을 지어 선시의 금자탑을 쌓았다. 『송고백칙』은 뒷날 칭기즈칸의 행정고문관 야율초재(耶律楚材, 1190~1244)의 주선으로 만송 행수(萬松行秀, 1166~1246)의 주석과 비평을 붙여 『종용록(從容錄)』으로 출간되었다.

『종용록』은 앞의 『벽암록』과 쌍벽을 이루는 공안선시집이다. 『벽암록』이 직관적이며 역동적이라면, 『종용록』은 명상적이며 내면적이라고 할 수 있다. 이 두 권의 공안선시집은 중국 선시가 이룩한 두 개의 기념비라 할 만하다.

천동 정각과 동시대에 대혜 종고(大慧宗杲, 1089~1163)가 출현, 공안선(公案禪, 看話禪)을 제창했다. 선은 이 간화선의 거장 대혜 종고를 통해서 다시 한 번 활기를 되찾았는데, 대혜 종고 이후에는 선이 문학의 영역을 넘어 성리학에까지 영향을 미치기에 이르렀다.[15] 그리고 대혜 종고가 제창한 공안선의 입장을 조주의 '무(無)'자 공안에 의해 통일시킨 선승이 나왔으니, 그가 바로 무문 혜개(無門慧開, 1183~1260)다. 그는 자신의 공안시집 『무문관(無門關)』(1228)을 통해서 1,700여 가지

---

13 임제(臨濟)—⋯⋯황룡 혜남(黃龍慧南) ┌소각 상총(昭覺常總)——소식(蘇軾)
　　　　　　　　　　　　　　　　　　└회당 조심(晦堂祖心)——황산곡(黃山谷)

14 두송바이 저, 앞의 책, p.379, "蘇東坡以後 以參禪之法 求法者漸多."

15 두송바이 저, 앞의 책, p.385.

공안을 '무' 자 공안으로 묶어버렸다.

이렇게 하여 인도에서 비롯된 드야나(선) 명상법은 기나긴 굴절 과정을 거쳐 마침내 그 극치에 이르렀다. 이 외에 송대에 활약한 선시승(禪詩僧)으로는 단하 자순(丹霞子淳, 1064~1117), 야보 도천(冶父道川, ?~?) 등이 있다. 야보 도천의 「금강경선시(金剛經禪詩)」는 직관력이 가장 뛰어난 선시로 오늘날까지 많은 이의 입에 오르내리고 있다.

송대에는 선의 공안과 일화 등을 실은 어록(語錄) 출간이 성행했는데, 이 영향을 받아 엄우의 『창랑시화』를 비롯, 많은 시화집(詩話集)이 출간되었다.[16] 시화집이란 작시법(作詩法)을 곁들인 일종의 시평론집을 말한다.

이처럼 당송시(唐宋詩)의 주류를 이루고 있는 특징은 선적인 취향에 있었다.[17]

원대(元代, 1271~1368)에는 몽골족이 들여온 티베트불교의 영향을 받아 문단에서는 희곡이 성행, 선시는 사람들의 기억 속에서 점차 사라져갔다. 그러므로 원대의 선시인은 대부분 선승에 국한되었다. 수상(守常), 육당(栯堂), 조백(祖柏) 등이 그 대표적인 시인이다.

명대(明代, 1368~1644)에는 다시 선종이 활기를 띠었으나 당송대의 융성에는 어림도 없었다. 이때의 이름 있는 선시승으로는 감산(憨山, 1546~1623), 자백(紫柏), 연지(蓮池), 우익(蕅益) 등이 고작이다.

청대(淸代, 1645~1911)에는 그 시대 조류가 유·불·선 삼교의 통합이었다. 그러므로 선시는 그 독립성(禪趣)을 상실했으며 빼어난 선시도 나오지 않았다. 이때 활약한 선시승으로는 창설(蒼雪), 천연(天然),

---

16 두송바이 저, 앞의 책, p.390.
17 두송바이 저, 『선여시(禪與詩)』, p.163, 臺北 : 弘道書局, 1980. "唐宋詩的特質在禪趣."

차암(借庵), 입운(笠雲), 기선(寄禪) 등이 있다. 그리고 이때 선화(禪畵)에 능통한 네 선승이 나왔는데, 팔대산인(八大山人), 석도(石濤), 석계(石溪), 절강(浙江)이 그들이다.

(2) 한국 선시

한국에 처음 선(禪)을 전한 이는 법랑(法郞)이다. 그는 신라 선덕여왕(재위 632~647) 때 당에 들어가 중국 선종 제4조 도신의 선법을 받아 왔다. 그러나 본격적으로 선이 전래된 것은 신라 말에서 고려 초(875~943)에 개설된 구산선문(九山禪門)을 통해서다. 구산선문이란 우리나라에 최초로 개설된 '아홉 군데 선 수행장'을 말한다. 이 선문구산과의 선승들은 대부분 마조 문하의 선법을 받아 왔는데, 홍척(洪陟, 지리산 실상사파 개설)과 도의(道義, 가지산 보림사파의 원조) 등이 그 주축을 이루었다.

그러나 보조국사 지눌(知訥, 1158~1210)의 출현에 의해서 선은 완전히 한국적인 것으로 정착하게 된다. 그리고 그의 제자 진각 혜심(眞覺 慧諶, 1178~1234)에 이르러 본격적인 선시가 나오기 시작했다. 진각은 공안, 공안시, 공안평론집의 대백과사전인 『선문염송(禪門拈頌)』(30권)을 편찬, 당송 이후의 모든 선어록을 총정리했다. 이 『선문염송』의 출현은 확실히 선종사에 하나의 굵은 획을 긋는 작업이었다. 그것도 한국인에 의해서 그 방대한 선종의 모든 문헌이 체계적으로 총정리된 것이다.

지눌과 같은 시대에 살았던 선승 일연(一然, 1206~1289)이 지은 『삼국유사(三國遺事)』는 정말 귀중한 책이다. 이 책 속에는 삼국시대부터 전해오던 향가(鄕歌) 14수가 실려 있는데, 균여(均如, 923~973)의 「보현

십원가(普賢十願歌)」 11수와 함께 향가문학의 극치를 이루고 있다. 이 향가의 시인들로는 월명사(月明師, ?~?)와 충담(忠談, ?~?) 등이 있다. 그리고 구법승(求法僧) 혜초(慧超, 704~787)를 빼놓을 수 없다. 그는 스무 살 무렵 중국에서 인도로 불적(佛跡) 순례를 떠나, 10년 후에 중국에 돌아와 순례기행문 『왕오천축국전(往五天竺國傳)』을 썼다. 이 책 속에는 가슴을 울리는 순례시가 여러 편 실려 있는데, 동서고금의 순례시 가운데 제1급에 속하는 작품들이다.

지눌, 진각을 거쳐 제6대로 내려가서 원감국사 충지(冲止, 1226~1292)가 출현, 정밀하기 이를 데 없는 선시를 썼다. 그런데 지눌이 제창한 소위 보조선(普照禪)은 당의 규봉 종밀(圭峰宗密)이 주장한 교선일치(敎禪一致)의 복합적인 선풍이었다.

고려 말이 되자 백운 경한(白雲景閑, 1299~1375), 태고 보우(太古普愚, 1301~1382), 나옹 혜근(懶翁惠勤, 1320~1376) 등에 의해서 순수한 임제선(臨濟禪)이 도입, 본격적인 선시의 시대가 시작되었다. 태고는 주로 장시풍의 선시를 많이 썼고, 나옹은 직관력이 번뜩이는 단시풍의 선시를 많이 남겼다. 그리고 백운은 한국 선시의 무한한 가능성을 제시해준 인물이다.

1392년 고려가 망하고 조선왕조가 들어서면서 정치 이념은 유교로 바뀌는데 이 무렵 함허 득통(涵虛得通, 1376~1433)이 출현, 불후의 명작 「금강경선시(金剛經禪詩)」를 남겼다. 함허는 태조 이성계의 왕사(王師)인 무학(無學)의 제자였고, 무학은 고려 말 임제풍 선시의 거장 나옹의 제자였다. 그러나 나옹의 임제풍 선시는 무학을 거쳐 함허에게 와서 애석하게도 그만 끊겨버리고 만다. 그래서인지 함허의 선시에서부터 체념적인 정서가 한국 선시에 스며들기 시작했다.

본격적인 배불(排佛) 정책은 제3대 태종(太宗, 재위 1400~1418) 때부터 시작되어 세종(世宗)으로 이어지는데 이때 매월당 김시습(梅月堂 金時習, 1435~1493)이 출현, 비애감 어린 선시를 남겼다. 그는 원래 생육신의 한 사람이었으나 후에 선승이 되어 우리나라 방방곡곡을 정처 없이 떠돌면서 두보를 능가하는 비애풍 선시를 많이 남겼다. 그러나 그는 시를 써서는 곧잘 흐르는 물에 띄워보내곤 했기 때문에, 지금 그의 문집에 남아 있는 작품보다 물에 흘러간 작품이 훨씬 많다고 한다.

제13대 명종(明宗, 재위 1545~1567) 때 활약한 선승으로 허응당 보우(虛應堂 普雨, ?~1565)가 있는데, 그는 패기 넘치는 선시와 화엄시를 남겼다. 보우의 뒤를 이어 청허 휴정(淸虛休靜, 西山大師, 1520~1604)이 출현, 한국 선시는 전성기를 맞게 된다.

청허는 우리에게 임진왜란 때 활약한 도승(道僧) 또는 승군(僧軍) 총사령관 정도로 알려졌다. 그러나 그는 정말 도가 높은 선승이었고, 이백의 영향을 받긴 했으나 이백을 능가하는 선시의 거장이었다. 청허 이전의 선시는 (매월당 김시습을 제외하고는) 대부분 중국 임제풍 선시의 영향에서 크게 벗어나지 못하고 있었다. 청허에 이르러 한국 선시는 비로소 임제풍에서 완전히 벗어나 한국 특유의 은둔적이며 체념적인 서정풍으로 변모했다. 『청허당집(淸虛堂集)』에는 몇백 편을 웃도는 제1급 선시가 실려 있다. 그러므로 청허는 한국 선시의 백미라고 할 수 있다.

청허 휴정에 의해서 분출된 한국 선시의 광맥은 그의 제자들에 의해서 찬란하게 꽃피었으니, 그 주역들은 다음과 같다. 정관 일선(靜觀一禪, 1533~1608), 사명 유정(四溟惟政, 1544~1610), 청매 인오(靑梅印悟, 1548~1623, 공안선시의 거장이기도 하다), 기암 법견(奇巖法堅, 1552~1634), 소요 태능(逍遙太能, 1562~1649), 중관 해안(中觀海眼, 1567~?), 편양 언기(鞭羊彦機, 1581~1644).

또한 청허와 동문수학한 부휴 선수(浮休善修, 1543~1615)가 있는데, 그는 우수 어린 이별풍의 선시를 잘 썼다. 그의 제자 취미 수초(翠微守初, 1590~1668) 역시 전원풍의 선시를 남겼다.

다음으로 두보의 영향을 받은 사명 유정 계통에서 허백 명조(虛白明照, 1593~1661)가 나왔다. 월봉 책헌(月峯策憲, 1624~?), 백암 성총(栢庵性聰, 1631~1700), 설암 추붕(雪巖秋鵬, 1651~1706), 무용 수연(無用秀演, 1651~1719), 환성 지안(喚惺志安, 1664~1729) 등도 모두 뛰어난 선시를 남긴 선승이다.

청허 이후 또 한 사람의 뛰어난 선시 거장을 우리는 기억해둘 필요가 있다. 바로 정관 일선 계통에서 나온 무경 자수(無竟子秀, 1664~1737)다. 그의 천변만화풍(千變萬化風) 선시는 예지로 가득 차 있으며, 시상이 단 한 군데도 막힘이 없이 동서남북, 상하좌우, 과거·현재·미래로 마구 굽이치고 있다. 다분히 체념적인 시풍이 주류를 이루고 있던 조선조 중기 이후의 한국 선시에 무경 자수는 강한 충격을 주었다. 무경 자수 이후에는 허정 법종(虛靜法宗, 1670~1733), 함월 해원(涵月海源, 1691~1770) 등이 돋보인다.

초의 의순(艸衣意恂, 1786~1866)은 시승으로보다는 다승(茶僧)으로 더 알려진 인물이다. 그는 문장력이 뛰어나 추사 김정희를 비롯해 당시의 문사(文士)들과 주고받은 화답시를 많이 남겼지만 빼어난 선시가 별로 없는 게 흠이다(이는 또한 조선조 후기 대부분의 시승들에게도 적용되는 말이다).

포의 심여(浦衣心如, 1828~1875)는 짧은 생애를 통해서 섬세하고 투명하기 이를 데 없는 감성적인 선시를 남겼다.

조선조 말기 한 사람의 득도인이 나타났으니, 바로 보월거사 정관(普月居士 正觀, ?~?)이다. 어디서 무엇을 하던 사람인지, 그에 대한 기록은 전혀 없다. 그러나 그는 당송의 선승을 능가하는 선시를 남겼다. 어느 누구의 영향도 받지 않은 채 자신이 깨달은 경지를 거침없이 읊어내고 있다. 보월거사라는 이름으로 봐서 그는 분명 선승이 아니라 평범한 재가수행자(在家修行者)다. 말하자면 당대의 백거이나 송대의 소식(소동파) 같은 인물이다. 보월거사 정관의 느닷없는 출현은 한국 선시에 하나의 불가사의한 사건이 아닐 수 없다.

그리고 이 무렵 경허 성우(鏡虛惺牛, 1849~1912)가 있었는데, 그 역시 느닷없이 튀어나왔다. 이렇다 할 스승 없이 자신의 힘만으로 깨달음을 체험한 선승인 것이다. 그의 선시는 다양한 색깔을 지니고 있다. 서산대사 청허 휴정에게서 비롯된 한국 선시는 마침내 경허 성우에 와서 선시가 아닌 인간의 시로 탈바꿈해버린 것이다. 경허의 제자인 만공 월면(滿空月面, 1871~1946)과 한암 중원(漢岩重遠, 1876~1951) 역시 멋진 선시를 남겼다.

이 무렵 시문(詩文)에 능했던 불경의 거장 석전 정호(石顚鼎鎬, 1870~1948)가 있었지만, 그의 시문 역시 선미(禪味)가 적은 게 흠이다.『님의 침묵』이라는 현대시집을 낸 만해 한용운(萬海 韓龍雲, 1879~1944)도 적지 않은 선시를 남겼지만 크게 주목할 만한 작품은 없다.

(3) 일본 선시

일본에 처음 선(禪)을 전한 사람은 묘안 에이사이(明庵榮西, 1141~1215)다. 그러나 본격적인 선은 에이헤이 도겐(永平道元, 1200~1253)에 의해서였다. 그는 송에 들어가 조동종(曹洞宗) 계통의 천동 여정(天童如淨, 1163~1228)으로부터 선법을 받은 후 일본에 돌아와 일본 조동종의 창시자가 되었다. 그의 저서『정법안장(正法眼藏)』(95권)은 일본 선종의 크나큰 업적이다. 그는 이 밖에도 적지 않은 송고선시(頌古禪詩)를 남겨, 시인으로서의 역량도 유감없이 발휘했다.

에이헤이 도겐보다 조금 앞서 송에 들어가 임제종 계통의 무준 사범(無準師範, 1178~1249)으로부터 선법을 받아 온 사람으로 엔니 벤엔(圓爾辯圓, 1202~1280)이 있는데, 그 역시 약간의 선시를 남겼다. 송이 멸망한 1279년 전후로 많은 중국 선승이 해외로 망명했는데, 이 무렵 일본에 온 선승으로 난계 도륭(蘭溪道隆, 1213~1278)과 요원 조원(了元祖元, 1226~1286) 등이 있다. 난계 도륭은 최초로 일본에 온 중국 선승으로, 제자 난포 조묘(南浦紹明, 1235~1308)가 그의 선시풍을 이었다. 두 번째로 일본에 온 중국 선승 요원 조원은 선배인 난계 도륭의 뒤를 이어 선의 순수성을 제창하면서 수준 높은 선시를 남겼다. 그러나 본격적인 선문학(禪文學)인 오산문학(五山文學)의 흥기는 중국 선승 일산 일녕(一山一寧, 1247~1317)의 일본 도래(1299)로부터다.

오산문학이란 무엇인가? 가마쿠라(鎌倉) 말기(1342) 오산십찰(五山十刹)의 관사(官寺)에 속해 있던 선승들이 중심이 되어 전개한 선문학 운동을 말한다. 이들은 주로 임제종 계통의 선승이었는데 그 주축은 고칸 시렌(虎關師鍊, 1278~1346), 주간 엔게쓰(中巖圓月, 1300~1375), 기도 슈신(義堂周信, 1325~1388), 젯카이 주신(絶海中津, 1336~1405) 등이다.

이 사람들 가운데 특히 기도 슈신과 젯카이 주신은 오산문학의 쌍벽으로 불리고 있다. 이 오산문학의 흥기에 결정적인 역할을 한 일산 일녕은 임제종 대혜 종고 계통의 선승이며 선철학자(천태학의 권위자)였다. 그의 문하에 무소 소세키(夢窓疎石, 1275~1351), 고칸 시렌 등이 있어 그의 선시풍을 이었다.

중국 선승인 축선 범선(竺仙梵僊, 1292~1348)의 일본 도래는 오산문학의 비약적인 발전을 불러오는 계기가 되었다. 축선 범선은 임제종 양기파(楊岐派) 고림 청무(古林淸茂, 1262~1329)의 제자로서 시(詩)·서(書)·범패·출판 등에 능한 선승이었다. 당시 중국에 들어간 일본의 유학승 대부분이 그의 스승인 고림 청무의 문하에서 수학한 것으로 보아, 그의 일본 도래와 오산문학의 흥기는 필연적인 것이었다고 할 수 있다.

고림 청무는 또한 오산문학을 게송(偈頌, 선시) 중심으로 정착시키는 데 결정적인 영향을 미친 인물이다. 고림 청무 사후 일본에 와서 오산문학을 이끌어간 인물이 바로 축선 범선이다. 그의 문하로는 주간 엔게쓰와 슌오쿠 묘하(春屋妙葩, 1311~1388)가 있다. 축선 범선의 사후 송에 있던 일본 선승 류잔 도쿠겐(龍山德見, 1284~1358)의 입국(1350)으로 오산문학은 그 절정기를 맞는데, 그의 문하에는 오산문학의 쌍벽인 기도 슈신과 젯카이 주신이 있었다.

그리고 이 오산문학의 중심에서 비켜나 나름대로 일가를 이룬 선승으로는 묵조풍 선시를 쓴 에이헤이 기운(永平義雲, 1253~1333), 역시 선시의 대가인 기타 다이치(祇陀大智, 1289~1366), 원에 들어가(1320) 중봉 명본(中峰明本, 1263~1323)과 고림 청무 등의 문하에서 수학하고 선비풍의 선시를 쓴 자쿠시쓰 겐코(寂室元光, 1290~1367), 무소 소세키의 제자로서 좋은 선시를 남긴 짓보우 료슈(實峰良秀, ?~1405), 그리고 뎃슈 도쿠사이(鐵舟德濟, ?~1366) 등이 있다.

오산문학파의 선승들은 중세 일본 문화의 발전에 지대한 공헌을 했다. 그러나 오산문학이 주축이 된 일본 선시는 중국풍 선시의 영향에서 크게 벗어나지 못했다. 아니, 오산문학파 선승들의 궁극적인 목적은 중국풍 선시를 착실히 본뜨는 것이었다. 그래서 시작법(詩作法) 교재로 엄우의 『창랑시화』를 택했다. 그들은 500쪽짜리 책 40권 이상에

달하는 엄청난 양의 작품을 남겼다. 그러나 그 많은 작품에도 불구하고 오산문학과 선시들은 크게 빼어난 작품이 적다. 이것이 바로 오산문학의 한계다.

그러나 오산문학이 쇠퇴기에 접어들 무렵 잇큐 소준(一休宗純, 1394~1481)이 출현하면서 일본 선시는 중국풍에서 완전히 벗어났다. 그는 시집 『광운집(狂雲集)』을 통해서 지금까지 전무후무한 파격풍(破格風) 선시를 보여주었다.

'술과 여자(酒色)'는 선문(禪門)에서 오랫동안 금기시되어왔다. 따라서 이 두 가지는 선시의 주제로 채택된 일이 드물다. 한국의 선승 경허에 의해서 술의 금기는 깨졌지만, 여자에 대한 금기를 깬 사람은 지금까지 아무도 없었다. 그러나 일본 선승 잇큐에 의해서 여자에 대한 금기가 마침내 깨져버리고 말았다.

잇큐의 선시가 택하고 있는 주제의 대부분은 여자, 그것도 여자와의 성교 장면, 아니 좀더 구체적으로 말하자면 여성의 성기에서 흐르는 애액(愛液)이다. 수선화 향내가 나는 그 신비한 액체다(美人陰有水仙花香, 잇큐 시의 제목). 이처럼 잇큐의 선시는 애액을 주제로 종횡무진 굽이치고 있어, 그 시들을 접하는 순간 그만 말문이 콱 막혀버리고 만다.

잇큐, 이렇게 치열한 인간은 일찍이 없었다. 한국의 경허가 선시를 '인간의 시'로 확장시켰다면, 일본의 잇큐는 경허보다 450여 년 전에 이 인간의 시를 '본능의 시'로 매듭지어버렸다. 그러므로 선시는 잇큐에게서 끝났다고 할 수 있다. 그러나 그에게는 선사풍(禪師風)의 고고한 선시도 적지 않다는 사실을 알아두기 바란다. 어쨌든 잇큐는 그 자신의 의사와는 관계없이 파격풍 선시의 거장이 되었다.

도를 깨닫게 되면 선승은 그 스승으로부터 깨달음을 인정하는 전법게(傳法偈)를 받게 된다. 전법게는 보통 질긴 종이에 스승이 친필로 써서 낙관을 찍어 주는데, 이를테면 재산상속증과도 같은 것이다. 그러므로 선승에게 있어서 이 전법게란 생명보다 더 귀중하다. 자신의 깨달음을 보증하는 보증수표이기 때문이다. 그러나 잇큐는 자신의 스승으로부터 전법게를 받는 순간 그 자리에서 불 속에 집어던져 버렸다. 그에게는 이런 식의 권위마저 통하지 않았다. 전법게를 불태운 선승은 잇큐 말고는 중국·한국·일본을 통틀어 아마 그 유례가 드물 것이다. 전법게를 태워버린 후 잇큐는 발길 닿는 대로 떠돌면서 선에조차 얽매이지 않고 한세상을 희롱하며 살다 갔다.

잇큐 이후에는 도쿠호 젠케쓰(特芳禪傑, 1419~1506), 겟슈 소코(月舟宗胡, 1618~1696), 이츠시 분슈(一絲文守, 1608~1646) 등이 있어 그저그런 몇 편의 선시를 남겼다.

일본 임제풍 선시의 거장이요, 하쿠인 에카쿠(白隱慧鶴, 1685~1768)의 스승이었던 세이주 에탄(正受慧端, 1642~1721)은 지독한 애주가(愛酒家)였다고 한다.

하이쿠(俳句)의 거장 마쓰오 바쇼(松尾芭蕉, 1644~1694)가 활동하던 시대도 바로 이때였다. 하이쿠란 하이카이 렌가(俳諧連歌, 낭송용 즉흥시)의 첫 구절(發句)이 독립되어 하나의 시 형식이 된 '하이카이 홋쿠(俳諧發句)'의 준말이다. 형식적이며 해학적이었던 이 하이쿠에 선의 직관을 토대로 사상적·문학적 깊이를 부여한 이가 바로 바쇼다. 하이쿠는 세계에서 가장 짧은 시(一行詩)로서 17음률을 기본으로 하고 있으며, 간결하고 즉물적이며 직관적(禪的)인 표현이 특징이다.

일본 임제선의 부흥자 하쿠인 에카쿠 역시 깔끔한 선시를 여러 편 남겼다.

이제 우리는 잇큐와 함께 꼭 기억해야 할 한 사람 앞에 섰으니, 바로 다이구 료칸(大愚良寬, 1758~1831)이다. 그는 중국의 한산시풍을 이어받아 산거시(山居詩)를 완성한 인물로, 일생 동안 일의일발(一衣一鉢)에 청빈한 수행자로 살면서 선시를 쓴 선승이다. 료칸, 그는 자신의 시와 삶이 완전히 하나였던 사람이다. 아무것도 소유한 게 없는 수행자, 그래서 어디에도 걸림이 없는 사람, 선의 이상을 시를 통해 실현하고 삶을 통해서 구체화한 사람, 그가 바로 료칸이다.

靜

1. 정적 · 산집 고요한 밤

못을 거닐며

_진각 혜심

미풍이 솔바람을 깨우자
고요하고 청정한 슬픔이 이네
마음 물결 위에 달빛이 어려
맑고 맑아 티끌이 없네
보고 듣는 것이 너무나도 상쾌하여
시를 읊으며 홀로 배회하네
시흥(詩興)이 다하여 조용히 앉으면
내 마음은 차가워 불 꺼진 재와 같네.

池上偶吟
지상우음

微風引松籟 蕭蕭淸且哀 皎月落心波 澄澄淨無埃
미풍인송뢰 숙숙청차애 교월락심파 징징정무애

見聞殊爽快 嘯咏獨徘徊 興盡却靜坐 心寒如死灰
견문수상쾌 소영독배회 흥진각정좌 심한여사회

_출전 『무의자시집』

◆ 주
· 송뢰(松籟) : 솔바람.
· 숙숙(蕭蕭) : 소소(蕭蕭)와 같은 뜻. 바람이 부는 소리, 고요한 모양.

· 소영(嘯咏) : 읊조리다, (시를) 읊다.

◆ 해설

작품 전반에 걸쳐 전혀 무리가 없고 고운 숨결이 흐르듯, 그렇게 예쁜 작품이다. 서리 기운 스미는 마음결 위에 동양이 가질 수 있는 최상의 적멸이 있다. 외로움이 뭔지, 그걸 일러주는 듯한 암시가 있다.

밤은 깊고
_청허 휴정

밤은 깊고 그대는 오지 않는데
새 잠들어 온 산이 고요하네
송월이 꽃숲을 비추어서
온몸에 붉고 푸른 그림자 얼룩이 지네.

次蘇仙韻待友
차 소 선 운 대 우

夜深君不來　鳥宿千山靜　松月照花林　滿身紅綠影
야심군불래　조숙천산정　송월조화림　만신홍록영

_출전 『청허당집』

◆ 주
- 소선(蘇仙) : 중국 송나라 시인 소식(蘇軾, 소동파)의 다른 이름.
- 천산(千山) : 온 산.
- 송월(松月) : 소나무 사이로 비치는 달.
- 만신(滿身) : 몸에 가득, 온몸.

◆ 해설
벗을 기다리는 마음이 너무나 청정하다. 벗은 오지 않고 벗 대신 소나무 사이로 달이 비친다. 아니, 진정한 내 마음속의 벗은 저 달인지도 모른다.

배꽃 천만 조각
_청허 휴정

배꽃 천만 조각
빈집에 날아드네
목동의 피리 소리 앞산을 지나가건만
사람도 소도 보이지 않네.

人境俱奪
인 경 구 탈

梨花千萬片 飛入淸虛院 牧笛過前山 人牛俱不見
이 화 천 만 편　비 입 청 허 원　목 적 과 전 산　인 우 구 불 견

_출전 『청허당집』

◆ 주
· 인경구탈(人境俱奪) : 주관(나)과 객관(사물)을 모두 초월한 경지.
· 청허원(淸虛院) : 서산대사 청허 휴정이 머물던 집.
· 목적(牧笛) : 목동이 부는 피리 소리.

◆ 해설
　내가 또 무슨 말을 지껄여야 한단 말이냐. 친구여, 배꽃 조각 천만 개가 빈집에 들어온다고 한다. 이런 경지에 이르자면 한 20년쯤은 뼈를 깎는 수행을 해야 한다. 이 시를 본떠서 내가 앵무새 노래 하나 부를 테니 웃으면서 들어주게.

거울 속 빈 뜰에 흰 꽃 조각 날고 있다
소를 모는 피리 소리 꽃잎 사이를 가고 있다
소도 사람도 안 보이고 바람 소리만 들리고 있다.

거문고 소리 들으며
_청허 휴정

눈인 듯 고운 손 어지러이 움직이니
가락은 끝났으나 정은 남았네
가을 강은 거울빛을 열어서
푸른 산봉우리들 그려내네.

過邸舍聞琴
과 저 사 문 금

白雪亂纖手 曲終情未終 秋江開鏡色 畫出數靑峯
백 설 난 섬 수 곡 종 정 미 종 추 강 개 경 색 화 출 수 청 봉

_출전 『청허당집』

◆ 주
- 저사(邸舍) : 여관, 여인숙.
- 섬수(纖手) : 섬섬옥수, 가냘프고 고운 여자의 손, 미인의 손.
- 경색(鏡色) : 고요한 수면을 거울에 비유했다.

◆ 해설
옛이야기 한 토막이 저 먼 기억의 바다에서 꼬리를 치며 깜박거리고 있다.
"옛날도 오랜 옛날, 호랑이 담배 먹던 시절에 강원도 어느 고을에 한 원님이 있었다. 원의 딸과 원의 머슴의 아들이 사랑을 하게 되었

다. 이를 안 원은 화가 머리끝까지 뻗쳐서 산속의 굴 깊이 이 두 '연놈'을 오랏줄에 묶어 가뒀다. 두 남녀는 묶인 채 둘이 하나가 되어 죽었다. 이후 이 고을에 새로 부임해 오는 원은 모조리 눈이 멀어버리는 것이었다."

인간에게 있어서 사랑이란 먼 마음과 마음이 서로 비추임을 말한다. 이 그리움 빛은 몸이라는 구체적인 모습으로 결합되어 비로소 완전한 것이 된다. 이 육신의 결합은 동시에 두 영혼의 결합이다. 이를 자각하지 못할 때 인간의 문명은 '눈먼 문명'이 된다. 육신은 사랑을 담는 그릇이지만, 일단 사랑의 결합일 때 몸은 몸이기에 앞서 본질적인 것의 가장 따뜻한 표현이다.

아아, 2구를 보라. 얼마나 멋진가.

"가락은 끝났으나 정은 남았네."

이대아를 보내며
_설담 자우

승은 쌍계의 눈에 앉고
길손은 오류의 안개 속으로 돌아가네
두 마음 꿈속에 서로 비치매
초승달이 풀집 앞에 떠 있네.

別李大雅
별이대아

僧坐雙溪雪 客歸五柳烟 遙知相憶夢 微月草堂前
승좌쌍계설 객귀오류연 요지상억몽 미월초당전

_출전 『설담집』

◆ 주
- 쌍계(雙溪) : 쌍계사, 중국 절강성 부근의 풍경이 아름다운 곳.
- 오류연(五柳烟) : 오류의 안개. 중국 진(晉)의 시인 도연명(陶淵明)은 자기 집 문 앞에 버드나무 다섯 그루를 심고 스스로 오류선생(五柳先生)이라 일컬었다.
- 미월(微月) : 초승달.

◆ 해설
벗과의 이별을 노래하고 있다. 1구의 승과 2구의 객, 1구의 쌍계설과 2구의 오류연, 1구의 좌와 2구의 귀 등의 대칭을 보라. 3구의 상

억몽은 4구의 미월로 객관화되고 있다. 벗과의 이별도 이쯤 되고 보면 풍류가 된다. 아니 풍류보다는 멋이라 해야 옳지 않을까.

비를 무릅쓰고 찾아온 벗에게
_설담 자우

잔병 많아 친한 건 약탕관과 숯불이니
무심히 첩첩산과 마주 앉았네
평생이 걸망 하나 누더기여서
바람과 비만이 번갈아 찾아오네.

封友冒雨來訪
봉우모우래방

多病親藥爐 無心對疊嶂 平生封上人 風雨遠相訪
다병친약로 무심대첩장 평생봉상인 풍우원상방

_출전 『설담집』

◆ 주
· 봉(封) : 여기서는 '편지를 부치다'.
· 모우(冒雨) : 비를 무릅쓰다.
· 첩장(疊嶂) : 첩첩이 에워싸인 산의 능선과 봉우리.
· 상인(上人) : '승려'의 높임말.

◆ 해설
쓸쓸히 살아가는 수행자의 모습이다. 가진 것이라고는 걸망(바랑)과 다 떨어진 누더기옷 한 벌뿐. 이 깊은 산중까지 찾아오는 건 바람과 비뿐이다. 그러나 우린 누구나 한 번쯤 이런 삶을 꿈꾸지 않는가.

청학동의 가을
_사명 유정

하늬바람(西風) 불어오자 비가 개니
만 리 장공에는 조각구름도 없네
허공을 집 삼고 앉아 중묘를 관찰하나니
하늘 향기 나는 계수 열매(달빛) 어지러이 떨어지네.

靑鶴洞秋坐
청학동추좌

西風吹動雨初歇 萬里長空無片雲 虛空戶居觀衆妙 天香桂子落紛紛
서풍취동우초헐 만리장공무편운 허공호거관중묘 천향계자락분분

_출전『사명당대사집』

◆ 주
- 중묘(衆妙) : 우주의 심오한 이치.
- 계자(桂子) : 계수나무 열매, 즉 달빛을 뜻한다. 달 속에 계수나무가 있다는 전설에서 온 말이다.

◆ 해설
구름 한 점 없는 만리장공, 즉 우리의 본마음(本心)에는 지금 신비로운 달빛만이 마치 계수나무 열매처럼 떨어지고(비치고) 있다. 선승의 청정한 내면을 담담하게 읊었다.

산에서
_인악 의첨

산에는 새벽빛 범종이 우니
그 여운 냉랭하게 소나무에 섞이네
벗들도 가르치는 일도 모두 접어버린 다음
온종일 말없이 푸른 산을 마주하고 있네.

山吟
산 음

千山曙色赴晨鐘　浮響冷冷在半松　不復朋徒來講法　終朝無語對靑山
천산서색부신종　부향랭랭재반송　불복붕도래강법　종조무어대청산

_출전 『인악집』

◆ 주
· 서색(曙色) : 새벽 동이 틀 때의 밝은 빛.

◆ 해설
굳이 또 무슨 말이 필요하단 말인가. 소나무 가지에 울리는 저 범종 소리를 들으며 도대체 무슨 말을 지껄인단 말인가. 벗이여, 더 이상 왜냐고 묻지 마라.

산집 고요한 밤
_야보 도천

산집의 고요한 밤에 홀로 앉았으니
쓸쓸하고 적막하기 자연 그대로네
무슨 일로 서풍은 잠든 숲을 흔들어서
한 소리 찬 기러기 장천을 가게 하는가.

山堂靜夜
산당정야

山堂靜夜坐無言 寂寂寥寥本自然 何事西風動林野 一聲寒雁唳長天
산당정야좌무언 적적요요본자연 하사서풍동림야 일성한안려장천

_출전 『금강경오가해』

◆ 주
- 산당(山堂) : 산집.
- 정야(靜夜) : 고요한 밤.
- 적적(寂寂) : 외롭고 쓸쓸하다.
- 요요(寥寥) : 적막한 모양, 텅 비어 넓은 모양.
- 하사(何事) : 무슨 일로, 어째서, 무엇 때문에.
- 서풍(西風) : 서쪽에서 불어오는 바람, 하늬바람, 가을 바람.

◆ 해설
  새벽 쇳송(종을 치며 외우는 염불)으로 널리 알려진 게송(시)이다. 새벽

샛별이 차갑게 깃 치는 걸 보며 얼음물에 눈 씻고 앉아 이 시를 외우며 쇠북(종)을 울리면, 그 울림의 끝을 따라 나 자신도 저 머나먼 서쪽 나라(西方淨土)로 가고 있는 듯하다. 내 어린 날은 그런 꿈속에서 자랐다. 그런 그리움 속에서 여물어갔다. 그 새벽종 소리의 슬픈 여운은 지금도 내 가슴에서 울리고 있다.

천 길 낚싯줄을
_야보 도천

천 길 낚싯줄을 내리네
한 물결이 흔들리자 일만 물결 따르네
밤은 고요, 물은 차고 고기는 미끼를 물지 않나니
빈 배 가득 허공만 싣고 달빛 젖어 돌아가네.

千尺絲綸
천 척 사 륜

千尺絲綸直下垂 一波纔動萬波隨 夜靜水寒魚不食 滿船空載月明歸
천척사륜직하수 일파재동만파수 야정수한어불식 만선공재월명귀

_출전 『금강경오가해』

◆ 주
· 사륜(絲綸) : 여기서는 '낚싯줄'의 뜻으로 쓰고 있다.
· 직하수(直下垂) : 똑바로 내리다.
· 재(纔) : 겨우, 약간.
· 어불식(魚不食) : 고기가 낚싯밥을 물지 않다.
· 만선(滿船) : '가득한 배', 여기서는 '빈 배 가득'으로 새긴다.

◆ 해설
「금강경송(金剛經頌)」은 선문(禪文)으로서 이 이상을 불허하는 명문이다. 명문도 명문이려니와 팔팔 뛰는 예지와 차갑게 구르는 구슬이

있다. 야보(冶父)의 그러한 글귀 가운데 이 시는 단연 중심을 차지하기에 부끄러움이 없다. 고요함의 극치에서 한 물결이 깨어나며 이 누리의 온갖 사람의 온갖 마음을 흔들어 깨우는 그 움직임은, 어쩌면 고요가 갖는 최상의 것인지도 모른다.

참고로, 여기서 (낚싯줄을 내리는) 낚시꾼은 '부처(佛)'를, 그리고 미끼를 물지 않는 고기는 '중생'을 뜻한다. 본질적인 입장에서 본다면 부처와 중생은 둘이 아니다. 그러므로 중생이 부처의 미끼에 걸릴 이유가 없다. 제도할 부처도 제도받아야 할 중생도 없기 때문이다.

대 그림자 뜰을
_야보 도천

대 그림자 뜰을 비질하고 있으나
먼지 한 오라기 일지 않네
달이 물 밑을 뚫고 들어갔으나
수면에는 흔적 하나 없네.

竹影掃階
죽 영 소 계

竹影掃階塵不動　月穿潭底水無痕
죽 영 소 계 진 부 동　월 천 담 저 수 무 흔

_출전 『금강경오가해』

◆ 주
· 천(穿) : 뚫고 들어가다.

◆ 해설
　그 어떤 흔적도 남기지 않고 살아가는 선 수행자의 내면을 읊은 시다. 아니, 시 자체로도 너무 좋다. 시정(詩情)은 섬세하기 이를 데 없고, 시상(詩想)은 예리하기 이를 데 없다.

여섯 창문
_벽송 지엄

여섯 창문 텅 비어 드넓은 곳에
부처니 악마니 그림자도 없네
만일 또다시 현묘한 이치 찾는다면
뜬구름이 햇빛을 가릴 것이네.

賽六空求語
새 육 공 구 어

六窓虛豁豁 魔佛自亡羊 若更尋玄妙 浮雲遮日光
육창허활활 마불자망양 약갱심현묘 부운차일광

_출전『벽송당야노송』

◆ 주
- 육창(六窓) : 눈, 귀, 코, 혀, 피부 감촉, 분별 작용의 여섯 가지. 육근(六根)이라고도 한다.
- 활활(豁豁) : 드넓게 터진 모양.
- 망양(亡羊) : 망양지탄(亡羊之歎). 도망간 양을 쫓는데 갈림길이 많아서 마침내 잃어버리고 탄식했다는 뜻으로, 학문길이 다방면이어서 진리를 깨닫기가 어려움을 한탄함에 비유했다. 여기서는 악마(魔)와 부처(佛), 둘을 모두 얻을 수는 없다는 뜻으로 쓰였다.

◆ 해설

무엇을 갖겠다고 날뛰기에 앞서 무엇을 버려야 할까……, 그것부터 힘써라. 버리고 버려서 온갖 것이 다 버려진 곳에 오면 전에 버렸던 그 숱한 이별이 신비한 모습으로 다시 찾아올 것이다. 이별이래도 좋고 만남이래도 좋은, 그런 모습으로 물 흐르듯 되돌아올 것이다.

감도 없고 옴도 없고
_습득

감도 없고 옴도 없고 본래 고요해
안에도 밖에도 중간에도 머물지 않네
한 덩이 수정이여 티 하나 없어
그 빛살 이 세상을 두루 덮었네.

無去無來
무거무래

無去無來本湛然 不居內外及中間 一顆水晶絶瑕翳 光明透出滿人天
무거무래본담연 불거내외급중간 일과수정절하예 광명투출만인천

_출전 『한산시』

◆ 주
- 담연(湛然) : 물이 깊고 고요한 모양. 여기서는 마음의 고요한 상태를 뜻한다.
- 일과수정(一顆水晶) : 한 알의 수정.
- 하예(瑕翳) : 옥의 상처, 티, 흠.

◆ 해설
번뇌의 티끌 한 오라기도 없는 본래 마음자리를 읊고 있다. 마치 수정과도 같은 내 마음자리를 읊고 있다. 빛으로 가득 찬 그 순수를 읊고 있다.

구름 다한 가을 하늘
_청매 인오

구름 다한 가을 하늘은 한 장의 거울이니
찬 기러기 외로이 가매 그 흔적 남네
남양의 저 노인장 이 낌새 알아
꽃바람 일천 리에 두 마음 맞비치네.

圓相一點
원상일점

雲盡秋空一鏡圓 寒鴉隻去偶成痕 南陽老子通消息 千里東風不負言
운진추공일경원 한아척거우성흔 남양노자통소식 천리동풍불부언

_출전 『청매집』

◆ 주
· 우(偶) : 우연히.
· 남양노자(南陽老子) : 남양의 혜충국사(慧忠國師).

◆ 해설
 이 시의 근거는 '원상일점(圓相一點)'이라는 공안이다. 공안도 멋지고 그에 대한 청매 인오의 시도 좋다. 이 공안의 내용은 다음과 같다. 마조(馬祖)가 어느 날 일원상(一圓相, 동그라미)을 그려서 도흠(道欽)에게 보냈다. 도흠은 그 일원상 가운데 점을 하나 찍어서 다시 마조에게 돌려보냈다.

후에 이 소식을 전해들은 남양 혜충국사(남양의 저 노인장)는 이렇게 말했다.
"음, 도흠이 마조의 속임수에 넘어갔구먼."
어느 대목이 마조가 도흠을 속인 곳인가 잡아내보라. '한소식 한다(깨닫는다)'는 것은 바로 이런 것을 간파하는 것이다.

정 장군에게

_취미 수초

금빛 투구 긴 칼 찼다 무얼 그리 뽐내느뇨
다 팽개친 누비옷, 이 중만은 못한 것을
지팡이 둘러멘 채 뒤도 한 번 안 보고
천봉만학 깊은 곳으로 들어가리라.

答鄭將軍
답 정 장 군

莫道腰金頂玉鎏 何如破衲此僧休 挑筇不顧人間事 直入千峰萬壑幽
막도요금정옥류 하여파납차승휴 도공불고인간사 직입천봉만학유

_출전 『취미대사집』

◆ 주
- 류(鎏) : 깃대를 달아 늘어지게 한 장식. 여기서는 투구에 붙인 장식품인 듯하다.
- 하여(何如) : ~하는 것과 어찌 같겠는가.
- 공(筇) : 지팡이, 주장자.

◆ 해설
승조(僧肇)는 구마라집 삼장의 수제자였다. 나이 서른도 채 못 되어 반야의 이치에 통달한 사람이었다. 어느 날 황제가 승조를 불렀다. 벼슬을 주어 나라의 기둥으로 삼고자 함이었다. 이를 안 승조는 깨

끗이 거절했다. 그러나 어명은 다시 왔다. 승조는 가지 않았다. 이렇게 여러 번 어명이 내려왔으나 승조는 불복해버렸다. 황제의 어명을 어겼다면 무슨 이유든 죽어야 한다. 승조는 단두대에 오르는 몸이 되었다.

"일주일의 시간만 주십시오." 승조는 벼슬을 하면 죽이지 않겠다는 황제의 말에 이렇게 대답했다. 그 일주일 동안 승조는 하나의 책을 썼다. 이것이 『보장론(寶藏論)』이다. 죽음 앞에 선 승조는 이런 시를 읊으며 갔다.

이 육신이여, 원래 주인이 없는 것
오관이여, 본래는 텅 빈 허공
칼날이 목에 닿았으니
마치 봄바람을 베는 것 같네

四大元無主 五陰本來空 以首臨百刃 猶如斬春風
사대원무주 오음본래공 이수임백인 유여참춘풍

가을 밤 빗소리
_최치원

가을 바람에 외로이 시를 읊고 있네
이 세상에 마음 줄 이 하나 없나니
빗소리 창밖에 밤은 깊은데
등잔불 앞에 외로이 앉은 만리심이네.

秋夜雨中
추야우중

秋風惟苦吟 擧世少知音 窓外三更雨 燈前萬里心
추풍유고음 거세소지음 창외삼경우 등전만리심

_출전 『계원필경』

◆ 주
· 고음(苦吟) : 시 읊기를 반복하다.
· 거세(擧世) : 온 세상.
· 지음(知音) : 마음이 서로 통하는 사람.

◆ 해설
가을 밤 빗소리를 들으며 읊은 시다. 마음이 통하는 벗이 없어 쓸쓸한 밤, 창밖에는 가을비가 오고 있다. 시인은 지금 외로이 타고 있는 등잔불 앞에서 머나먼 만릿길을 헤매고 있다. 아니면 고향을 찾아가는 것일까.

서산에 해 지고
_허정 법종

서산에 해 지고
온 누리 바람 차네
달 비치는 개울가 밤은 깊은데
눈 덮인 암자에는 등잔불만 외로이 있네.

悼 四室
도 사실

西山一落 四溟風寒 月渚夜冷 雪庵燈殘
서 산 일 락 사 명 풍 한 월 저 야 랭 설 암 등 잔

_출전 『허정집』

◆ 주
· 도(悼) : 슬퍼하다, 죽음을 슬퍼하다.
· 사실(四室) : 사람 이름인 듯하나 자세하지 않다.
· 사명(四溟) : 온 누리.
· 월저(月渚) : 여기서는 '달이 비치는 물가'.

◆ 해설
달빛만이 교교히 비치는 겨울 밤, 눈 덮인 암자에서 벗의 죽음을 슬퍼하는 선승이 있다. 세속을 떠난 수행자도 인간인지라, 등잔불 앞에서 밤 깊도록 잠을 이루지 못한다. 시상이 깨끗하기가 얼음과 같다.

꽃 밟으니 향기가
_회암 정혜

꽃 밟으니 향기가 신 가득 차고
돌의 찬 기운이 옷자락에 스미네
마음이 울적하여 벗 찾아온 나그네
구름을 헤치며 외로이 돌아가네.

訪普聞菴主不遇
방 보 문 암 주 불 우

踏花香滿屐 捫石冷侵衣 怊悵尋朋客 披雲獨自歸
답 화 향 만 극 문 석 랭 침 의 초 창 심 붕 객 피 운 독 자 귀

_출전 『회암집』

◆ 주
- 극(屐) : 나막신.
- 문(捫) : 만지다, 더듬다.
- 초창(怊悵) : 슬프다, 울적하다.

◆ 해설

보문(普門)은 승려의 이름이요, 암주(菴主)는 '숨어 사는 수행자'를 말한다. 꽃향기 가득한 길을 따라 숨어 사는 벗을 만나러 왔으나 벗은 어디론가 가버리고 안개구름만 암자에 가득하다. 시인은 그런 안개구름을 헤치며 쓸쓸히 돌아가고 있다.

쌍계사의 밤
_경암응윤

비 젖는 쌍계사
등잔불 외로이 밤은 깊은데
먼 새 우는 저 수풀
고향 생각 깨우네.

雙溪室中
쌍 계 실 중

宿雨雙溪寺 燈殘夜欲深 無端林外鳥 啼起遠鄕心
숙 우 쌍 계 사 등 잔 야 욕 심 무 단 림 외 조 제 기 원 향 심

_출전 『경암집』

◆ 주
· 숙우(宿雨) : 간밤부터 오는 비.
· 쌍계사(雙溪寺) : 지리산 쌍계사 또는 논산 쌍계사.
· 야욕심(夜欲深) : 밤이 깊어지다.
· 무단(無端) : 뜻밖에, 의외로.

◆ 해설
산사(山寺)는 비에 젖고 밤은 깊어가는데 먼 숲에선 소쩍새가 저리 울고 있다. 고향으로 돌아가라고 울고 있다. 잃어버린 그 '순수'로 돌아가라고…….

반야송
_천동 여정

온몸은 입이라 허공에 걸려
동서남북 바람을 가리지 않고
바람과 더불어 반야를 노래하네
뎅그렁 뎅, 뎅그렁 뎅.

般若頌
반 야 송

通身是口掛虛空 不管東西南北風 一等與渠談般若 滴丁東了滴丁東
통신시구괘허공 불관동서남북풍 일등여거담반야 적정동료적정동

_출전 『여정화상어록』

◆ 주
- 반야(般若) : 지혜, 깨달음을 얻는 지혜.
- 통신(通身) : 온몸(全身).
- 불관(不管) : 상관하지 않다.
- 적정동(滴丁東) : 풍경 소리의 형용(뎅그렁).

◆ 해설
풍경 소리를 반야의 음으로 듣는다는 것은 깊은 직관의 경지가 아니면 불가능하다. 일본 조동종의 개조인 도겐(道元)은 여정의 이 「반야송」을 선시의 백미로 극찬했다. 여정은 도겐의 스승이다.

그 얼굴 빛을 뿌려
_작가 미상

달은 은하수에 갈려 점차 둥글어지고
그 소박한 얼굴에서 빛을 뿌려 온 누리를 비추네
원숭이들 어깨동무하고 달그림자 건지나
달은 본래 하늘에서 떨어지지 않았네.

無題
무제

月磨銀漢轉成圓　素面舒光照大千　連臂山山空捉影　孤輪本不落靑天
월 마 은 한 전 성 원　소 면 서 광 조 대 천　연 비 산 산 공 착 영　고 륜 본 불 락 청 천

_출전 『석문의범』

◆ 주
· 은한(銀漢) : 은하수.
· 소면(素面) : 화장 따위를 하지 않은 얼굴, 여기서는 '둥근 달'을 뜻한다.
· 대천(大千) : 삼천대천세계(三千大千世界), 우주.
· 연비(連臂) : 물에 빠진 달을 건지려고 팔에 팔을 잡고 늘어선 원숭이들의 형용.
· 산산(山山) : 산원(山猿), 즉 원숭이.
· 고륜(孤輪) : 외로이 떠 있는 달. 마치 바퀴 같다고 해서 륜(輪) 자를 썼다.

· 청천(靑天) : 하늘 또는 푸른 하늘, 맑은 하늘.

◆ 해설

'연야달다(演若達多)'라는 사람이 있었다. 어느 날 거울을 보았다. 아니, 거울 속에 자기의 얼굴이 있지 않은가. 연야달다는 놀랐다. 자기의 목이 그만 거울 속에 들어가버린 것이었다. 그리하여 연야달다는 미친 듯이 울부짖으며 거리를 헤맸다. "내 목이 없어졌다, 내 목이 없어졌다!" 연야달다의 처절한 외침이 거리마다 울려퍼졌다. 드디어 그는 미쳐버렸다. 그렇게 수년이 흘러갔다. 연야달다는 어느 현자(賢者)를 만났다. 자신의 머리가 없어진 게 아니라 단지 거울 속에 비쳤을 뿐임을 깨달았다.

그렇다. 연야달다는 바로 우리 자신이다. 이 우주의 모든 현상이, 그 현상을 지배하는 법칙이 바로 지금 이 글을 쓰고 있는 여기로부터 비롯되는데, 우리는 먼 곳만을 찾아 헤매고 있다. 하느님, 하느님을 찾고 부처님, 부처님을 찾고 있다. 찾는 그 마음이 바로 그 자체인 줄은 까맣게 모르고 있다. 두 번 죽었다가 다섯 번 깨어나도 알지 못한다. 여기 물에 빠진 달을 건지려고 어깨 건 원숭이들은 무엇인가, 바로 우리 자신이다. 나를 버리고 밖에서 열쇠를 찾아 허덕이는 나 자신이다.

봄에는 꽃 있고
_작가 미상

봄에는 꽃 있고 가을에는 달이요
여름에는 맑은 바람, 겨울 눈이네
만일 단 한 건이라도 마음에 걸어둔 일 없으면
이야말로 인간 세상 호시절이네.

偈頌 其十一
게송 기십일

春有百花秋有月 夏有凉風冬有雪 若無一事掛心頭 便是人間好時節
춘유백화추유월 하유량풍동유설 약무일사괘심두 변시인간호시절

_출전 『선문송고연주통집』

◆ 주
· 심두(心頭) : 마음. '두(頭)'는 어미다.
· 변시(便是) : 이것이 ~이다.

◆ 해설
　봄이 오면 온갖 꽃이 피어나고, 여름에는 둥근 달이 있다. 무더위 사이사이에 불어오는 여름 밤의 바람, 그리고 겨울에는 전설 속의 눈이 내린다. 벗이여, 이래도 이 삶이 지겹단 말인가. 우리에겐 시간이 많지 않다. 삶을, 이 삶을 만끽할 시간이, 사랑할 시간이 많지 않다.

悲

2. 비애 · 저 누가 옥피리를 부는가

파미르 고원을 넘으며
_혜초

눈은 차가워 얼음과 겹쳐 있는데
찬바람은 때려 땅을 쪼개는구나
저 바다 얼어붙어 평평한 단이요
강물은 낭떠러지를 능멸하며 깎아먹네
용문엔 폭포조차 끊어지고
정구엔 서린 뱀같이 얼음이 엉켜 있네
불을 가지고 땅끝에서 읊조리나니
저 파미르 고원을 어떻게 넘어갈까나.

播密吟
파밀음

冷雪牽氷合　寒風擘地烈　巨海凍墁壇　江河凌崖嚙
냉설견빙합　한풍벽지열　거해동만단　강하릉애교
龍門絶瀑布　井口盤蛇結　伴火上胲歌　焉能度播密
용문절폭포　정구반사결　반화상해가　언능도파밀

_출전『왕오천축국전』

◆ 주
- 파밀(播密) : 파미르 고원의 옛 이름.
- 만단(墁壇) : 흙이나 벽돌로 평평하게 만든 단.

· 용문(龍門) : 중국 산서성 서북과 섬서성 동북에 걸쳐 있는 지역의 이름. 전설에 의하면, 하(夏)의 우왕(禹王)이 황하를 이곳으로 몰아 뚫어 통하게 했다고 하는데, 황하의 물고기들이 이 아래로 몰려와 용문의 폭포를 넘어 올라가면 용이 되고 올라가지 못하면 이마에 점이 찍히고 아가미가 햇볕에 타 죽는다고 한다.
· 정구(井口) : 정경구(井陘口). 중국 하북성 동북에 있는 정경산의 요새지다. 정경산은 사면이 높고 평평한데 가운데가 우물같이 패여서 이런 이름이 붙었다. 하북성과 산서성을 잇는 요충지다.
· 해(胲) : 엄지발가락, 발가락을 치켜들다.

◆ 해설

혜초의 행로는 기적의 실현이다. 요즈음이라면 비행기와 자동차로 간다지만, 혈혈단신 오직 굳센 의지 하나만으로 이역만리를 돌아온 우리의 혜초. 그의 쓰라림이 여기 이 시에 괴어 있다. 여행자가 되어 보지 않은 사람은 일생에 한 번도 맛볼 수 없는, 그런 고독이 여기 있다. 자꾸 씹을수록 코끝 찡하게 오는 것이 있다.

고향 생각
_혜초

달 밝은 밤 고향 길 바라보노니
조각구름 바람 따라 떠가네
편지를 봉하여 구름 편에 부치려 하나
바람은 빨라 내 말 들으려고 돌아보지도 않네
내 고향은 하늘 끝 북쪽에 있고
다른 나라는 지구의 끝 서쪽에 있네
열대지방 남쪽에는 기러기가 없거니
누가 내 고향 계림으로 이 소식 전해주리.

龍樹菩薩住錫寺吟
용수보살주석사음

月夜瞻鄕路 浮雲颯颯歸 緘書參去便 風急不聽廻
월야첨향로 부운삽삽귀 함서참거편 풍급불청회
我國天岸北 他邦地角西 日南無有雁 誰爲向林飛
아국천안북 타방지각서 일남무유안 수위향림비

_출전 『왕오천축국전』

◆ 주
· 용수보살(龍樹菩薩) : 대승불교의 창시자인 나가르주나.
· 삽삽(颯颯) : 바람이 쌀쌀하게 부는 소리.

- 타방(他邦) : 인도.
- 림(林) : 계림, 신라.

◆ 해설

혜초, 고향을 떠날 수 없기에 영원히 고향을 등져버린 사내. 혜초, 그의 그러한 슬픔이 달빛 속에 스미어 천년, 그 까마득한 시간을 지나 지금 이 글을 보고 있는 내 가슴에 젖어들고 있다. 우리에게 가장 절실한 것은 양이 아니라 질인 것이다. 고향을 아끼는 자는 고향을 떠나간다. 보다 절실한 마음으로 돌아오기 위해.

서역에서 중국 사신을 만나다
_혜초

그대는 서역 길이 먼 것을 한탄하나
나는 동방으로 가는 길 먼 것을 원망하네
길은 거칠고 산마루에는 굉장한 눈 쌓였는데
험한 골짜기에 도적떼가 우글거리네
새는 날아 깎아지른 산의 절벽에 놀라고
사람은 좁은 다리 건너기를 어려워하네
평생에 눈물 한 번 뿌려본 적 없건마는
오늘은 천 줄이나 눈물 흐르네.

遇中漢使入蕃吟
우 중 한 사 입 번 음

君恨西蕃遠 余嗟東路長 道荒宏雪嶺 險澗賊途倡
군한서번원 여차동로장 도황굉설령 험간적도창
鳥飛驚峭嶷 人去難偏樑 平生不捫淚 今日灑千行
조비경초의 인거난편량 평생불문루 금일쇄천행

_출전 『왕오천축국전』

◆ 주
· 서번(西蕃) : 서쪽 오랑캐 나라. 여기서는 인도를 뜻한다.
· 창(倡) : 미쳐 날뛰다.

- 초(峭) : 험준하다, 가파르다.
- 의(嶷) : 높은 모양.
- 문(捫) : 움켜잡고 놓지 않다. 여기서는 '눈물을 뿌리다'라는 뜻으로, 불문(不捫)은 '눈물을 뿌리지 않다'.

◆ 해설

구도의 길은 멀고 또 험하다. 인간으로서는 갈 수 없는, 아니 인간이 가진 모든 것과 이별하는 길이다. 그리하여 나 홀로 이 지축 위에 서 있을 때 '나'라는 그 마음마저 이별하는 길이다. 우리는 흔히 '외롭다' 한다. 그러나 우리가 말하는 외로움의 대부분은 안이한 감정의 잉여다. 인간이 정말 외로움을 느낄 때 그것은 이 세상에서 오직 자기 하나만을 발견하는 그것이다.

혜초의 가슴을 오늘은 내 것으로 하여 이 고독의 끝을 따라가본다.

"그대는 서역 길이 먼 것을 한탄하나 / 나는 동방으로 가는 길 먼 것을 원망하네."

천년을 꿰뚫고 혜초, 그의 마음이 내 마음에 줄을 긋고 있다. 잠든 나를 두드려 깨우고 있다. 길을, 길을, 하고 잠든 나를 잡아 끌어내고 있다.

구름은 피어
_매월당 김시습

구름은 피어 온 산이 새벽이요
바람은 높아 나무마다 가을이네
나그네 성 아래 머무나니
물결이 고기잡이뱃전을 두드리네.

蓮經讚
연 경 찬

雲起千山曉 風高萬木秋 石頭城下泊 浪打釣魚舟
운 기 천 산 효 풍 고 만 목 추 석 두 성 하 박 랑 타 조 어 주

_출전 『매월당시사유록』

◆ 주
- 연경(蓮經) : 『묘법연화경』, 『법화경』.
- 찬(讚) : 찬탄하다.
- 천산효(千山曉) : 온 산이 새벽이다. 천산(千山)이란 '많은 산'을 뜻하며, 다음 구절의 '만목(萬木)'과 대구를 이룬다.
- 만목추(萬木秋) : 만목(일만 그루의 나무)의 가을, 즉 '나무마다 가을'이라는 뜻이다.
- 석두(石頭) : 돌. '두(頭)'는 접미사. 그러나 여기서는 김시습 자신을 지칭하는 이름인 듯하다. '석두(石頭)'는 일반적으로 선승의 이름으로 많이 쓰인다.

◆ 해설

연경(蓮經), 즉 『법화경』은 '온갖 희비애락이 교차되는 이 세상이야말로 저 영원한 것(法)의 개화현상(開花現象)'임을 가르쳐 보인 경전이다. 매월당 김시습은 그런 『법화경』을 읽으면서 산에서 구름이 피어오르고 나무에 가을이 물드는 등 이 자연현상 그대로를 저 도(道)의 흐름으로 느끼고 있다. 그래서 그는 지금 울분과 고독에 차 있던 그의 심정과는 달리 넉넉하고 무르익은 관조자의 입장에 서 있는 것이다.

떠돌이

_매월당 김시습

천봉만학 저 너머
외로운 구름새 홀로 돌아가네
금년은 이 절에서 머문다만
내년에는 어느 산으로 갈지……
바람은 자서 소나무 창문 고요하고
향불 꺼진 선실은 한가롭네
이생은 이미 내 몫이 아님이여
물 가는 곳 구름 따라 흘러가리라.

晩意
만 의

萬壑千峰外 孤雲獨鳥還 此年居是寺 來歲向何山
만학천봉외 고운독조환 차년거시사 내세향하산
風息松窓靜 香銷禪室閑 此生吾已斷 棲迹水雲間
풍식송창정 향소선실한 차생오이단 서적수운간

_출전 『매월당시사유록』

◆ 주
· 소(銷) : 꺼지다, 없어지다.
· 이단(已斷) : 이미 결단을 내리다. 즉, 떠도는 나그네로 살겠다고 이

미 결심했다는 뜻이다.

◆ 해설

선자(禪子, 선 수행자)의 길은 바늘 하나 꽂을 땅도 없는 가난이다. 바람이 부는 대로, 물결이 치는 대로 인연 따라 이곳 저곳 떠돌면서 오직 자기를 찾는 것만이 선자가 가야 할 길이다. 바랑 하나 메고 지팡이 짚고 송락(松落)의 삿갓 쓰고 산에서 산으로 숨어 다니며 참선정진에만 몰두하는 것이 선자의 이상적인 생활이다.

어느 만큼 공부가 익으면 또한 인연 닿는 사람들을 만나서 그들의 잠을 깨워주는 것이 선자의 사명이다. 향기도 없는 꽃이 구태여 바람 앞에 서서 자기의 무향(無香)을 남에게 풍기는 짓을 선가(禪家)는 금하고 있다. 오직 자기 자신을 깊이깊이 닦아갈 것, 그리하여 그 향기가 누리에 저절로 퍼져 울리게 할 것, 그러나 마지막에는 그 향기의 흔적마저 지워버릴 것.

불타는 집
_매월당 김시습

기둥과 대들보는 이미 반쯤 기울었는데
사방에서 불이 붙어 집이 활활 타고 있네
주인장의 간절한 뜻 모르는 바 아니지만
불타는 이 집이 곧 연화대인 줄 그가 어찌 알리.

蓮經讚譬喩品
연경찬비유품

柱根樑棟半欹斜 烟焰相煎苦莫加 長者一車超本望 從知火宅是蓮花
주근량동반의사 연염상전고막가 장자일거초본망 종지화택시연화

_출전 『매월당시사유록』

◆ 주
- 주근(柱根) : 기둥.
- 의(欹) : 한쪽으로 기울다.
- 연염(烟焰) : 연기와 불꽃.
- 고막가(苦莫加) : 고통이 많다.
- 연화(蓮花) : 연꽃 좌대, 부처가 앉는 자리, 연화장세계(蓮花藏世界, 극락세계).

◆ 해설
『법화경』「비유품(譬喩品)」을 보면 이 세상을 '불타는 집(火宅)'에 견

주고 있다. 욕망의 불길이 사방에서 타오르고 있는데 우리는 그 속에서 놀이에 정신이 팔려 있다는 것이다. 그러나 한 차원 더 높이 보면, 불타는 이 욕망의 세상이 그대로 연화장세계라고 한다. 과연 매월당다운 안목이다.

회암사

_매월당 김시습

옛 소나무 칡넝쿨 서로 얽혀 있는 곳
길은 깊이깊이 골짜기로 들어가네
불전에는 깜박이는 불빛만 있을 뿐
지난날의 선풍은 간 곳이 없네
드높은 누각은 구름 속에 갇혀 있고
쓸쓸한 정원에는 풀만 키로 자라네
풍광이야 천축국의 나란사 같지만
지혜의 등불 밝혀줄 스승이 없네.

檜巖寺
회암사

古松藤蔓暗相連 一徑深深入洞天 佛殿尙留三世火 法門今絶五宗禪
고송등만암상련 일경심심입동천 불전상류삼세화 법문금절오종선

崢嶸樓閣雲爲鏁 牢落庭除草作氈 勝境宛如那爛寺 恨無人導祖燈傳
쟁영루각운위쇄 뇌락정제초작전 승경완여나란사 한무인도조등전

_출전 『매월당시사유록』

◆ 주
· 삼세화(三世火) : 삼세의 등불.
· 오종선(五宗禪) : 선의 다섯 갈래. 조동종, 임제종, 법안종, 위앙종, 운

문종.
· 쟁영(崢嶸) : 높은 모양.
· 뇌락(牢落) : 적적한 모양, 쓸쓸한 모양.
· 전(氊) : 솜털로 짠 옷감.
· 나란사(那爛寺) : 날란다사. 인도 비하르주 라지기르에 있던 세계 최대의 불교 대학이자 수도원.

◆ 해설

나옹(懶翁)의 선풍이 찬란했던 곳 회암사, 그러나 매월당 시대에 오면 쓸쓸한 절이 되고 만다. 여기 이 시는 그런 폐허의 회암사를 읊고 있다. 그렇다면 지금의 회암사(경기도 양주)는 어떤가. 석조물 몇 개만 쓸쓸히 뒹구는 풀밭이다. 세월은 이토록 덧없나니, 해야 할 것은 오직 '자기를 찾는 공부'뿐이다.

옥피리

_매월당 김시습

저 누가 옥피리를 부는가
가을 바람 타고 온갖 감회가 이네
그 가락은 높아 구름 속에 아득하고
그 음절은 느릿느릿 달빛 타고 흐르네
서리 내린 포석정에 신라의 꿈은 다하고
잎 지는 계림에 별은 빛나네
이것이 애를 끊는 단장곡인가
아니면 고향을 그리는 그 곡조인가.

月夜聞玉笛
월 야 문 옥 적

誰橫玉笛暗飛聲 散入秋風百感生 詞腦調高雲渺渺 羅候歌緩月盈盈
수 횡 옥 적 암 비 성   산 입 추 풍 백 감 생   사 뇌 조 고 운 묘 묘   나 후 가 완 월 영 영

霜粘鮑石衣冠盡 木落雞林星斗明 不是欲吹腸斷曲 故城淸夜更關情
상 점 포 석 의 관 진   목 락 계 림 성 두 명   불 시 욕 취 장 단 곡   고 성 청 야 갱 관 정

_출전 『매월당시사유록』

◆ 주
· 사뇌조(詞腦調) : 향가의 가락.
· 묘묘(渺渺) : 수면이 한없이 넓은 모양.

· 나후가(羅候歌) : 향가의 한 가지.
· 완(緩) : 부드럽고 여유 있다.
· 영영(盈盈) : 넘쳐흐르다.
· 점(粘) : 끈끈하다. 여기서는 서리가 내린 모양.
· 목락(木落) : 낙엽.
· 계림(雞林) : 鷄林, 즉 신라.
· 성두(星斗) : 별.
· 관정(關情) : 고향의 정.

◆ 해설

옥피리(玉笛)는 신라의 세 가지 보배 가운데 하나다. 이 옥피리를 기점으로 시상은 무한한 감회를 자아내고 있다.

아침 햇살

_매월당 김시습

아침 햇살 창을 뚫고 쏟아지는데
단정히 앉아 말이 없네
유마는 벌써 문수의 비밀을 누설했나니
청산에 구름 가득하고 난간에는 바람이 많네.

遙億彌多因和 其韻二
요억미다인화 기운이

窓透朝陽愛日暄 蕭然端坐欲無言 維摩曾漏文殊印 雲滿靑山風滿軒
창투조양애일훤 소연단좌욕무언 유마증루문수인 운만청산풍만헌

_출전 『매월당시사유록』

◆ 주
· 훤(暄) : 따뜻하다.
· 소연(蕭然) : 조용한 모양.
· 유마(維摩) : 유마거사. 전설적인 재가(在家) 수행자.
· 문수인(文殊印) : 문수보살의 가르침(印). 문수가 본질과 현상이 둘이 아닌 경지(不二法門)를 묻자 유마는 침묵(良久)으로 대답했다.

◆ 해설
　오도(悟道)의 경지에 이른 선승이 아니면 읊을 수 없는 시다. 구름(雲)과 바람(風), 청산(靑山)과 난간(軒)의 기가 막힌 대칭을 보라.

창에 가득 붉은 해여

_매월당 김시습

창에 가득 붉은 해여 내 마음이여
유마의 방장에는 도력이 깊네
말없이 옷깃 여미고 앉아 있나니
저 솔바람 소리가 우우, 내 뜻에 화답하네.

窓日
창 일

滿窓紅日可人心 方丈維摩道力心 不語正襟危坐處 一庭松籟始知音
만 창 홍 일 가 인 심 방 장 유 마 도 력 심 불 어 정 금 위 좌 처 일 정 송 뢰 시 지 음

_출전 『매월당시사유록』

◆ 주
· 위좌(危坐) : 정좌(正坐), 단정히 앉다.

◆ 해설
내가 나마저 잊은 채 깊이 앉는다. 그때 가늘게 이어지는 솔바람 소리. 노송천궁(老松天宮)에서 듣던 내 어린 날의 그 바람 소리……. 그 솔바람 소리는 지금도 나를 기다리고 있겠지.

준상인에게, 둘

_매월당 김시습

지팡이 날리며 날리며 가노니
온 산 가득 송홧가루 날리네
문전마다 밥을 빌면서
다 떨어진 누더기 한 벌로 몸을 감쌌네
마음은 저 흐르는 물과 같고
몸은 저 조각구름에 맡겨버렸네
이 강산 다 누비고 마음눈이 밝아진 후에
우담바라꽃 피면 내 돌아오리라.

贈峻上人二十首中 其二
증 준 상 인 이 십 수 중 기 이

翩翩一錫響空飛	五月松花滿翠微	盡日鉢擎千戶飯	多年衲乞幾人衣
편 편 일 석 향 공 비	오 월 송 화 만 취 미	진 일 발 경 천 호 반	다 년 납 걸 기 인 의
心同流水自淸淨	身與片雲無是非	踏遍江山双眼碧	優曇花發及時歸
심 동 류 수 자 청 정	신 여 편 운 무 시 비	답 편 강 산 쌍 안 벽	우 담 화 발 급 시 귀

_출전 『매월당시사유록』

◆ 주
· 편편(翩翩) : 빨리 날아가는 모양.
· 기인(幾人) : 몇 사람.

◆ 해설

준상인(峻上人)에게 주는 시. 구름 따라 떠도는 납자(衲子, 선 수행자)의 모습이 눈에 선하다. 5구와 6구를 보라. 매월당이 아니면 쓸 수 없는 구절이다.

준상인에게, 넷

_매월당 김시습

한 줄기 맑은 향과 한 권의 경전
외로이 뜬 저 달과 개울 소리네
한 잔의 차에 황금을 멸시하고
소나무 아래 풀집에서 명리에 관심 없네
아득히 피어나는 산안개 속에 내 마음 묻나니
물에 비치는 달그림자 내 심정이네
진종일 찾아오는 이 없어 한가로이 조나니
바람이 지나며 대숲을 흔드네.

贈峻上人二十首中 其四
증 준 상인 이십 수 중 기사

一炷淸香一卷經 一輪孤月一溪聲 鼎中甘茗黃金賤 松下茅齊紫緩輕
일 주 청향 일 권 경   일 륜 고 월 일 계 성   정 중 감 명 황 금 천   송 하 모 제 자 완 경

縹緲煙霞心與潔 嬋娟水月性常明 閑眠盡日無人到 自有淸風撼竹楹
표 묘 연 하 심 여 결   선 연 수 월 성 상 명   한 면 진 일 무 인 도   자 유 청 풍 감 죽 영

_출전 『매월당시사유록』

◆ 주
· 명(茗) : 늦게 딴 차. 햇차는 '다(茶)'라 한다.
· 모제(茅齊) : 산풀로 지붕을 얹은 집.

· 자완(紫綬) : 여기서는 '세속의 명리나 부귀'를 뜻한다.
· 표묘(縹緲) : 아득한 모양.
· 선연(嬋娟) : 아름다운 모양.
· 영(楹) : 기둥.

◆ 해설

여기 프리초프 카프라가 말하는 무위자연적인 삶의 극치가 있다.

준상인에게, 일곱

_매월당 김시습

팔만 봉우리에 달은 기울고
새벽 기운은 안개에 섞여 뜰에 내리네
어젯밤 비에 등나무꽃은 다 시들어가고
한 줄기 봄바람에 토란잎 고개를 드네
솔방울 창을 때리고 구름은 집에 들어오고
이끼는 섬돌에 파랗고 대나무는 돌계단을 뚫네
이 세상 나이로는 몇 살이나 되었는가
빈숲에는 산새만이 속절없이 울고 있네.

贈峻上人二十首中 其七
증준상인이십수중 기칠

八萬峯頭月欲低	曙光和霧落庭除	半溪雨夜藤花老	一逕春風芋葉齊
팔만봉두월욕저	서광화무락정제	반계우야등화로	일경춘풍우엽제
松子打窓雲入戶	苔痕繞砌竹穿階	世間甲子知多少	唯有空林山鳥啼
송자타창운입호	태흔요체죽천계	세간갑자지다소	유유공림산조제

_출전 『매월당시사유록』

◆ 주
· 정제(庭除) : 뜰, 정원.
· 경(逕) : 좁은 길.

· 우(芋) : 토란.
· 체(砌) : 섬돌.

◆ 해설

아, 아, 누가 이 맛을 알리. '산새만이 속절없이 울고 있는' 이 정적 공간을 누가 느낄 수 있으리.

준상인에게, 열둘

_매월당 김시습

밤의 난간 외로운 탑에 달은 배회하고
인적 없는 봉창을 바람이 여네
나비의 꿈속에서 구름은 아득히 떠돌고
두견새 소리에 달은 더욱 높아지네
밥그릇 하나 물병 하나로 무심하게 늙어가며
만수천산 떠돌다가 뜻을 얻고 돌아오네
속인들은 이런 경지 알지 못하니
봄바람은 파랗게 이끼를 키우네.

贈峻上人二十首中 其十二
증 준 상 인 이 십 수 중 기 십 이

夜欄孤塔月徘徊 人靜蓬窓風自開 蝴蝶夢中雲縹緲 子規聲裡月崔嵬
야 란 고 탑 월 배 회 인 정 봉 창 풍 자 개 호 접 몽 중 운 표 묘 자 규 성 리 월 최 외

一瓶一鉢無心老 萬水千山得意回 自怪俗人渾不到 春風養却綠苺苔
일 병 일 발 무 심 로 만 수 천 산 득 의 회 자 괴 속 인 혼 불 도 춘 풍 양 각 록 매 태

_출전『매월당시사유록』

◆ 주
· 란(欄) : 난간.
· 봉창(蓬窓) : 다 부서지고 찢어진 낡은 창.

· 최외(崔嵬) : 높고 가파른 모양.
· 혼(渾) : 완전하다, 둥글다. 여기서는 '전혀 이를 수 없다(渾不到)'는 뜻이다.
· 매태(莓苔) : 이끼.

◆ 해설

매월당의 시는 거침이 없다. 언어에 앞서 시정이 폭포처럼 쏟아진다. 1구를 보라. 이 얼마나 과감한 발상인가.

"밤의 난간 외로운 탑에 달은 배회하고"에서 난간(欄)은 '누각의 난간'을 말한다. 외로운 탑은 이 누각과 거리를 두고 마주보고 있다. 이 탑과 누각 사이 하늘에서는 지금 갈 길을 잃었는지 달이 배회하고 있다. 아니 작자 자신이 달이 되어 배회하고 있다. 저 영원한 떠돌이로서…….

우상인에게

_매월당 김시습

등나무 지팡이 하나로
바람 따라 어디로 가는가
첩첩산 잎 지는 나무숲이요
푸른 이끼에 짚신이 다 낡았네
떡갈나무 잎은 산길에 가득하고
온갖 새소리 들려오네
해가 지면 흰 구름 속 문빗장 두드리니
산 중턱에는 쓸쓸히 비가 내리네.

送牛上人遊方
송우상인유방

手錫一介藤 飄然何處去 楓城千萬疊 碧苔濺芒履
수석일개등 표연하처거 풍성천만첩 벽태천망리
槲葉滿山徑 幽鳥聲無數 暮扣白雲扃 蕭蕭半山雨
곡엽만산경 유조성무수 모구백운경 소소반산우

_출전 『매월당시사유록』

◆ 주
· 망리(芒履) : 짚신.
· 곡(槲) : 떡갈나무.

· 구(扣) : 두드리다.
· 경(扃) : 문빗장.
· 반산(半山) : 산의 중턱.

◆ 해설

물 따라 떠도는 길손의 심정을 물 흐르듯 읊은 시다. 특히 마지막 결구(8구)가 좋다. 무한한 여운을 남긴다.

골짜기의 꽃
_매월당 김시습

들풀과 골짜기의 꽃에 봄이 왔는데
십 년의 떠돌이 생활 부질없네
새 우는 한 소리에 꿈은 깨어지나니
바삐 가는 세월은 나를 슬프게 하네.

習之山居一
습 지 산 거 일

野草幽花各自春 十年行脚眼中塵 一聲啼鳥破閑夢 鼎鼎光陰惱殺人
야초유화각자춘 십년행각안중진 일성제조파한몽 정정광음뇌살인

_출전 『매월당시사유록』

◆ 주
· 정정(鼎鼎) : 세월이 빨리 흐르는 모양.
· 뇌살(惱殺) : 사람을 고뇌하게 하다. '살(殺)'은 어조사.

◆ 해설
인생무상을 읊고 있지만, 그 시상은 일상적인 차원을 멀리 벗어나 있다. 어떤 언어라도 매월당의 손에 잡히기만 하면 멋진 시어가 된다. 그 자신의 삶이 파란만장한 한 편의 시였기 때문이다. 매월당, 그는 구름처럼 떠돌다가 비 오는 어느 날 무량사(無量寺, 충남 부여)에서 이생을 마쳤다. 무량사 입구에 초라한 그의 부도가 서 있다.

산집
_매월당 김시습

달은 밝아 대낮 같은 산집의 이 밤
홀로 앉은 내 마음 가을 물 같네
누가 내 노래에 화답하는가
물소리가 길게 솔바람에 섞이네.

題知止師房二
제지지사방이

月明如晝山家夜 獨坐澄心萬慮空 誰和無生歌一曲 水聲長是雜松風
월 명 여 주 산 가 야 독 좌 징 심 만 려 공 수 화 무 생 가 일 곡 수 성 장 시 잡 송 풍

_출전 『매월당시사유록』

◆ 주
· 만려(萬慮) : 만 가지 생각. 온갖 생각
· 무생가(無生歌) : 겁외가(劫外歌), 세월 밖의 노래.

◆ 해설
고고한 선승의 시인데도 애잔한 슬픔이 묻어나는 것은 무엇 때문인가. 가슴 깊이 풀지 못한 한(恨)이 있기 때문이다. 그 한이 달빛처럼 배어나오고 있기 때문이다.

산에 살며
_매월당 김시습

두견화 피고 지는 돌난간이여
곳곳마다 내 집이라 보는 눈도 넉넉하네
진종일 꽃에게 물어봐도 꽃은 말이 없어
반 열린 창, 실비 속에 청산을 보고 있네.

山居集句十二
산거집구십이

杜鵑花落石欄干　處處虛堂望眼寬　盡日問花花不語　半窓微雨看靑山
두견화락석난간　처처허당망안관　진일문화화불어　반창미우간청산

_출전 『매월당시사유록』

◆ 주
· 집구(集句) : 옛사람의 시구를 짜맞춰 하나의 시를 만드는 시 형식.

◆ 해설
　그 가슴에는 풀지 못할 천추의 한을 간직한 채 '반 열린 창, 실비 속에 청산을 보고 있는' 사람, 그는 누구인가. 생육신(生六臣) 매월당이다. 매월당이 된 나 자신이다.

송림사

_매월당 김시습

쓸쓸한 송림사
중은 어디 가고 찾는 이도 드무네
새 울어 봄은 적적하고
꽃 지는 비 세차게 오네
외딴곳이라 오는 이 적고
담은 낡아 대나무가 에워쌌네
석양에 산빛은 푸르러
그 맑은 그림자 붉은 문에 비치네.

松林寺
송림사

蕭洒松林寺 僧閑客到稀 鳥啼春寂寂 花落雨霏霏
소쇄송림사 승한객도희 조제춘적적 화락우비비
地僻人寰少 垣頹竹木圍 夕陽山色翠 淸影映朱扉
지벽인환소 원퇴죽목위 석양산색취 청영영주비

_출전 『매월당시사유록』

◆ 주
· 소쇄(蕭洒) : 쓸쓸한 모양.
· 비비(霏霏) : 비나 눈이 많이 오는 모양.

· 인환(人寰) : 인경(人境). 사람이 사는 곳, 이 세상.
· 퇴(頹) : 퇴락하다, 허물어지다.

◆ 해설

개성에 있는 '송림사'라는 절에서 읊은 시다. 퇴락해가는 옛 절의 정취가 석양빛에 젖어 꿈속과도 같이 아련하다.

나그네
_매월당 김시습

아이는 잠자리 잡고 노인은 울타리 고치는 곳
작은 냇가 봄물에 가마우지 목욕하네
푸른 산도 다한 곳, 돌아갈 길은 멀어
지팡이 어깨에 메고 하염없이 서 있네.

山行卽事
산행즉사

兒捕蜻蜓翁補蘺　小溪春水浴鸕鶿　靑山斷處歸程遠　橫擔烏藤一箇枝
아포청정옹보리　소계춘수욕노자　청산단처귀정원　횡담오등일개지

_출전 『매월당시사유록』

◆ 주
· 청정(蜻蜓) : 잠자리.
· 노자(鸕鶿) : 가마우지. 냇가에서 물고기를 잡아먹고 사는 물새의 한 가지.
· 귀정(歸程) : 귀로(歸路), 돌아갈 길.
· 오등(烏藤) : 검은 등나무 지팡이.

◆ 해설
지친 나그네의 심정을 노래하고 있다. 희망도 절망도 다 없어진 나그네의 외로움이 느껴진다.

산은 스스로 푸르고
_경허 성우

산은 스스로 푸르고 물 절로 차가우며
맑은 바람 불고 흰 구름 돌아가네
온종일 반석 위를 서성이나니
내가 세상을 버렸노라, 다시 무얼 바라리.

無題
무 제

山自靑水自綠　淸風拂白雲歸　盡日遊盤石上　我捨世更何希
산 자 청 수 자 록　청 풍 불 백 운 귀　진 일 유 반 석 상　아 사 세 갱 하 희

_출전 『경허집』

◆ 주
· 불(拂) : 여기서는 바람이 나부끼는 모양.
· 반석(盤石) : 평평하고 넓은 바윗돌.
· 아사세(我捨世) : 내가 세상을 버리다. '세상이 나를 버리다'가 아님.
· 갱하희(更何希) : 다시 무엇을 바라겠는가.

◆ 해설
　그렇지, 아암 그렇고말고. 누가 "산아, 너 푸르거라" 하여 산이 푸르렀는가. 그렇지, 아암 그렇고말고. 누가 "물아, 너는 차가워야 한다" 하여 물이 차가운가. 물은 자신이 차가운지 더운지 전연 모른다. 그

냥 흐르고 있을 뿐이다. 그 물의 흐름을 보고 사람들은 말한다. "물은 차갑다"라고. 산은 푸르겠다는 마음이 전혀 없기에 오히려 푸른 것이다.

착한 일을 하겠다 생각하고 남에게 동정을 베푼다면 그 착한 일 하겠다는 생각이 마침내 그 생각 곱절만큼의 결과를 불러온다. 그 곱절만큼의 결과가 다하면 거기에는 무엇이 남는가. 잔치가 지나간 집의 공허, 그것뿐이다. 정말 착한 일을 하려면 착하다는 그 생각마저 꺾어버려야 한다. 이것이 산자청수자록(山自靑水自綠)이요, 응무소주이생기심(應無所住而生其心, 굳이 어떤 목적의식 없이 마음의 흐름을 따라가다)이다.

無

3. 무상 · 표표히 날아가는 외기러기

공림사에서
_부휴 선수

흰 눈에 달빛 어리는 깊은 밤
마음은 아득히 고향에 가네
맑은 바람 뼈 깊이 스며드는데
나그네 홀로 시정(詩情)에 젖네.

宿空林寺
숙공림사

雪月三更夜 關山萬里心 淸風寒徹骨 遊客獨沈吟
설월삼경야 관산만리심 청풍한철골 유객독침음

_출전 『부휴당집』

◆ 주
· 관산(關山) : 고향에 있는 산, 고향.

◆ 해설
공림사(空林寺)는 충북 괴산 부근에 있다. 일생을 선 수행자로 산 부휴 선수가 어느 날 이 절에서 하룻밤을 자며 읊은 시다. 흰 눈에 달빛이 어리는 깊은 밤, 시인의 마음은 지금 고향집으로 가고 있다. 영원한 집으로 가고 있다.

중국 승려의 죽음을 애도하며
_혜초

고향집 등불은 주인을 잃고
객지에서 보배나무는 다 꺾이었네
영혼은 어디로 떠나갔는가
옥 같은 모습 이미 재가 되었네
생각할수록 애처로운 정만 더하고
그대 소원을 못다 이룸을 슬퍼하네
누가 고향으로 가는 길 알 것인가
부질없는 흰 구름만 떠가고 있네.

哀北天竺 那揭羅馱那寺 漢僧死
애북천축　나게라태나사　한승사

故里燈無主 他方寶樹摧 神靈去何處 玉貌已成灰
고리등무주　타방보수최　신령거하처　옥모이성회

憶想哀情切 悲君願不隨 孰知鄉國路 空見白雲飛
억상애정절　비군원불수　숙지향국로　공견백운비

_출전 『왕오천축국전』

◆ 주
· 보수(寶樹) : 나게라태나사(那揭羅馱那寺)에서 입적한 중국 승려.
· 옥모(玉貌) : 옥같이 고운 모습. 남의 용모를 미화해 이르는 말.

· 절(切) : 간절하다.
· 숙지(孰知) : 누가 ~을 알 것인가, 누가 알 것인가.

◆ 해설

 죽음 가운데 가장 슬픈 것이 객사(客死)라고 나는 생각한다. 병사(病死)는 병들었으니 죽는다는 이유라도 있다지만, 노사(老死)는 늙었으니 가야 한다는 일리라도 있다지만, 객사란 아무 이유도 없다. 객지라는 사실만으로도 서러운데 거기에 또 죽음까지 겹치다니, 객지의 죽음은 갈 곳 없는 영혼으로 하여금 무주고혼(無主孤魂)으로 이 나라 방방곡곡을 떠돌게 한다.

옛 절을 지나며
_청허 휴정

꽃 지는 곳 옛 절 문 깊이 닫혔고
봄 따라온 나그네 돌아갈 줄 모르네
바람은 둥우리의 학 그림자 흔들고
구름은 좌선하는 옷깃 적시네.

過古寺
과고사

花落僧長閉 春尋客不歸 風搖巢鶴影 雲濕坐禪衣
화 락 승 장 폐 춘 심 객 불 귀 풍 요 소 학 영 운 습 좌 선 의

_출전 『청허당집』

◆ 주
- 승장폐(僧長閉) : 절 문이 오랫동안 닫혀 있다.
- 춘심객(春尋客) : 봄을 찾는 나그네.
- 요(搖) : 흔들다, 흔들리다.
- 소학(巢鶴) : 학의 둥우리.
- 습(濕) : 젖다.
- 좌선(坐禪) : 참선.

◆ 해설
  서산대사 청허 휴정의 시에는 지극한 고요와 유리같이 어리는 선기

(禪氣) 그리고 신비로움에 가까운 발상이 있다. 1구의 '화락승장폐(花落僧長閉)'는 무언지 모를, 애틋하고도 짙은 여운을 가져다준다. 2구도 얼마나 좋은지 모르겠다. 봄을 따라(尋은 원칙적으로 해석하자면 '찾아'라고 해야 된다. 그러나 여기 이 시에서는 '찾아'보다는 '따라'로 옮겨야 그 맛이 한결 돋보인다) 온 나그네 한 사람, 그 봄에 취하여 돌아갈 길을 잃었다.

3구의 요(搖)와 4구의 습(濕)은 오랫동안의 좌선에서 닦이고 닦인 서산의 직관이다.

원선자를 보내며
_청허 휴정

표표히 날아가는 외기러기이듯
그 찬 그림자 가을 하늘에서 떨어지네
저문 산 비에 지팡이 재촉하고
먼 강바람에 삿갓 기우네.

送願禪子之關東
송 원 선 자 지 관 동

飄飄如隻鴈 寒影落秋空 促筇暮山雨 倚笠遠江風
표표여척안 한영락추공 촉공모산우 의립원강풍

_출전 『청허당집』

◆ 주
- 표표(飄飄) : 바람에 가볍게 나부끼는 모습.
- 척안(隻鴈) : 외기러기.
- 촉(促) : 바삐 재촉하다.
- 공(筇) : 지팡이.
- 의(倚) : 한쪽으로 기울다.
- 원강풍(遠江風) : 먼 강에서 불어오는 바람.

◆ 해설
　납자(衲子, 선 수행자)의 가고 옴은 구태여 '나는 가겠습니다', '문안드

립니다' 따위의 군말이 필요없다. 갈 때가 되면 가는 것이고 올 때가 되면 오는 법이다. 어젯밤에 도란도란 이야기를 나누며 자던 사람이 새벽 예불을 드리고 보니 간데없다. 아마 길이 멀어서 날이 덥기 전에 새벽길을 나선 모양이다.

까마득히 잊고 있던 도반(道伴, 수행 친구)이 불현듯 나타나기도 한다. "어디서 오는 길이오?" 이쪽의 물음이 가면 "지리산에서 옵니다" 저쪽의 대답이 온다. 이로써 그만이다. 다시 그동안이 어떻냐는 등 사는 재미가 무어라는 등의 군더더기는 필요치 않다. 우리가 죽을 때 "나는 이제 죽습니다" 인사하고 가는 것 본 일 있는가. 어젯밤에 잘 자던 사람이 눈떠 보니 황천객이 되는 법이다.

납자들의 가고 옴이야말로 여기 이 청허의 시처럼 한 줄기 바람과 같다.

용정강을 지나며
_경허 성우

용정강에 낚시 드리운 노인장에게
고개 돌려 길이 갈라지는 곳 묻네
노인장은 말이 없고 산 또한 저무는데
어디서 물소리만 쓸쓸히 들려오네.

偶吟八
우음 팔

龍汀江上野叟之 回首喟問路分岐 野叟無語山又晚 何處滄浪韻凄遲
용정강상야수지 회수위문로분기 야수무어산우만 하처창랑운처지

_출전『경허집』

◆ 주
- 용정강(龍汀江) : 강의 이름. 소재지는 자세하지 않다.
- 야수(野叟) : 시골 노인장.
- 위문(喟問) : 한숨 쉬며 묻다.
- 로분기(路分岐) : 길이 갈라지는 곳.
- 운처지(韻凄遲) : 물결치는 소리가 멀리서 들려오다.

◆ 해설
작품 전체에 깔리는 깊이가 있다. 혜초의 여행이 피와 살의 깎임이라면, 경허의 유행(流行)은 바람 부는 나뭇잎이다.

1구가 '용정강 위에 앉아서 낚싯대 드리운 노인장'으로 시작된다. 문인화의 〈독조한강도(獨釣寒江圖)〉가 바로 이것이다. 경허는 이 노인에게 길이 갈린 곳을 묻고 있다. 3구가 1구와 2구 그리고 마지막 구를 살리고 있다. 그렇지, 낚시 노인은 말이 없어야 하지 않겠는가. 그가 만일 "이 길로 가면 어디어디요" 하고 입을 놀렸다면 이 시의 분위기는 산산조각이 날 것이다. 낚시 노인의 침묵 속에서 산도 또한 거기 맞춰 저무는 모습을 상상해보라. 장엄한 깊이가 느껴진다. 마지막 구의 하처(何處)는 탄식조다. 침묵을 침묵으로 있게 하지 않고 탄식의 또 다른 형태로 변형시키고 있다. 말하자면, 끝 구절은 이 시의 눈이다.

금산 보석사
_경허 성우

비석 하나 쓸쓸히 절 문 옆에 서 있네
푸른 산 그림자 속에서 얼마나 긴 세월 흘러갔는가
규사의 자취를 묻는 이 하나 없어
석양에 마소의 무리만 먼 촌으로 내려가네.

題錦山寶石寺
제 금 산 보 석 사

蕭瑟一碑傍寺門 靑山影裏幾朝昏 圭師往蹟無人問 落日牛羊下遠村
소슬일비방사문 청산영리기조혼 규사왕적무인문 낙일우양하원촌

_출전 『경허집』

◆ 주
· 소슬(蕭瑟) : 가을 바람이 쓸쓸하게 부는 모양.
· 기(幾) : 얼마나, 몇 번이나.
· 조혼(朝昏) : 시간, 세월.
· 규사(圭師) : 임진왜란 당시의 승병장인 기허 영규대사(騎虛 靈圭大師)인 듯.
· 낙일(落日) : 석양.

◆ 해설
이 시의 배경은 가을이다. 1구의 일비(一碑), 2구의 청산(靑山), 3구의

규사(圭師) 그리고 4구의 낙일(落日) 등으로 인해 작품 전반에 가을과 몰락이 괴어 있다.

비석의 싸늘함과 그 비석이 절의 문 옆에 '서 있다'는 말은 차라리 죽음마저 갈 수 없는 완전 고체의 상태다. 2구의 청산에서는 이런 고체 상태가 어떤 조짐 같은 것, 즉 유동성 같은 것으로 변해갈 수 있다는 가능성 비슷한 것을 비치지만, 청산을 떠받치고 있는 영(影)이라는 말 때문에 그 가능성은 다시 저절로 쓰러져버리며 기(幾) 자를 끌어들이고 있다. 그리하여 "푸른 산 그림자 속에서 얼마나 긴 세월 흘러갔는가" 하는 탄식조로 주저앉는다.

3구의 규사, 그는 임진왜란 때 계룡산 갑사에서 나무창을 깎아들고 승병을 일으킨 사람이다. 마지막 전투 때 심한 부상을 입은 그는 이 금산 보석사에 계시는 팔십 노모를 보러 오다가 길에서 숨을 거두었다 한다. 그의 그런 슬픔이 4구의 낙일에 물들고 있다.

화장암에서
_추파 홍유

자네는 어느 산에서 왔는가
나는 방금 황악(산)에서 오는 길일세
서로 보고 한바탕 웃음판 벌이는데
가을빛이 뜨락의 회나무에 젖네.

宿華莊庵遇豊溪和贈
숙 화 장 암 우 풍 계 화 증

君自何山至　我從黃嶽來　相逢成一笑　秋色入庭槐
군 자 하 산 지　아 종 황 악 래　상 봉 성 일 소　추 색 입 정 괴

_출전 『추파집』

◆ 주
· 황악(黃嶽) : 황악산. 경북 김천에 있는 이 산에 직지사(直指寺)가 있다.
· 괴(槐) : 회나무.

◆ 해설
운수납자(雲水衲子)들의 삶을 마치 한 폭의 문인화처럼 그려내고 있다. 그러나 마지막 구절에 오면 쓸쓸한 무상감(無常感)이 느껴진다.

개었다가 비 뿌리다
_원감 충지

개었다가 비 뿌리다 하늘은 흐린데
따뜻한 듯 추운 듯 봄은 쓸쓸하네
문 닫고 한숨 자자 황혼이 되었나니
머언 종소리 창의 벽에 울리네.

卽事
즉사

半晴半雨天陰陰 似暖似寒春寂寂 閉門憨臥到黃昏 隱隱踈鐘撼窓壁
반청 반 우 천 음 음 사 난 사 한 춘 적 적 폐 문 감 와 도 황 혼 은 은 소 종 감 창 벽
_출전 『원감록』

◆ 주
· 음음(陰陰) : 날씨가 흐린 모양.
· 감와(憨臥) : 감와(酣臥), 숙면, 푹 잠.
· 은은(隱隱) : (종소리 등이) 멀리서 들리다.

◆ 해설
시상은 무척 자유로우나 그 시정에는 역시 독신 수행자의 외로움이 있다. 언어구사 능력이 돋보이는 시다.

자네를 보내며
_소요 태능

작년에 우리 여산에서 이별했더니
오늘은 초수 가에서 자네를 보내네
나뉘는 마음 흘러 아득히 그대와 나는 말이 없고
꽃 지고 새 울며 남은 봄이 가고 있네.

贈別俊少師
증별준소사

去年別我廬山頂 今日送君楚水濱 離思悠悠兩無語 洛花啼鳥又殘春
거년별아여산정 금일송군초수빈 이사유유양무어 낙화제조우잔춘

_출전 『소요당집』

◆ 주
· 여산(廬山) : 중국 강서성 북쪽에 있는 산. 경치가 아름답고 불교 유적이 많다.
· 초수(楚水) : 초나라 물. 여기서의 여산과 초수는 별다른 뜻보다 '멀리 떨어져 있다' 정도로 쓰이고 있다.
· 빈(濱) : 물가.
· 유유(悠悠) : 여기서는 나뉘는 마음이 물이듯 흐르는 모양.

◆ 해설
이별은 어쩌면 가장 순수해지는 순간일지도 모른다. 떠난다는 그 자

체가 일체의 수식을 배제하기 때문이다. 우리는 너무나 많은 수식 속에서 살고 있다. 일체의 수식을 뽑다 보면 현실의 관계 속에서 패배자가 된다. 그러나 이별은 이런 수식에서 우리를 해방시켜준다. 그러므로 해탈을 원하는 사람은 되도록 많은 것과 이별해야 한다. 그런 이별의 순간이 많아질수록 그 마음의 거울은 투명하게 닦여가기 때문이다.

병들어 서재에 앉아
_소요 태능

병들어 오랫동안 방에만 앉아 있으니
찬 기운 두려워 문밖을 못 나가네
'봄이 간다'는 동자아이의 말에
놀라 일어나 산을 보니 푸른 잎이 시들고 있네.

病裡書軒
병 리 서 헌

抱疾經年長打坐　㤼寒惟恐出門遊　兒童忽報春光盡　驚起看山綠葉稠
포 질 경 년 장 타 좌　겁 한 유 공 출 문 유　아 동 홀 보 춘 광 진　경 기 간 산 록 엽 조

_출전 『소요당집』

◆ 주
· 서헌(書軒) : 서재의 창문.
· 타좌(打坐) : 앉아 있다.
· 겁(㤼) : 두려워하다.

◆ 해설

산에서 사는 사람의 정서를 무리없이 표현한 작품이다. 1구와 2구의 일상적인 발상이 문득 3구에 와서 한 번 굽이치더니 마지막 구절에서 빛을 발하고 있다.

그대를 보내고
_초의 의순

그대 보내고 고개 돌리니 날은 저무는데
마음은 안개비에 아득히 젖네
오늘 아침 안개비 따라 봄마저 가고
쓸쓸히 낙화를 마주하고 잠드네.

用前韻奉呈水使沈公
용 전 운 봉 정 수 사 심 공

離來回首夕陽天 思入濛濛煙雨邊 煙雨今朝春倂去 悄然空對落花眠
이 래 회 수 석 양 천　사 입 몽 몽 연 우 변　연 우 금 조 춘 병 거　초 연 공 대 락 화 면

_출전 『초의집』

◆ 주
- 회수(回首) : 고개를 돌리다.
- 몽몽(濛濛) : 비, 구름, 안개 같은 것으로 인해 날씨가 침침한 모양. 여기서는 주관적인 작가의 심정을 석양과 대조시켜 객관화한 것이다.
- 병(倂) : 더불어.
- 초연(悄然) : 고적하고 맥이 없는 모양.

◆ 해설
이별의 시로서는 어디에 내놔도 부끄럽지 않을 작품이다. 전편의 흐름에 무리가 없고 꽃잎인 듯한 부드러움과 가랑비인 듯한 슬픔이 온

다. 특히 2구 '사입몽몽연우변(思入濛濛煙雨邊)'의 '입'은 기가 차다. 이별하는 그 생각이 가랑비 아득한 저 끝에 스미어 들어간다는 뜻이다. 연우(煙雨)와 몽몽(濛濛), 변(邊)과 입(入)의 어울림은 이별의 정을 나타낸 극치라 할 수 있다. 그렇기에 초의는 시승(詩僧)이요, 선승이요, 다승(茶僧)이요, 추사 김정희(秋史 金正喜)의 친구였더란 말인가.

벗에게
_설담 자우

손잡고 가는 길 묻는 나에게
낙수를 건너간다 그대는 대답하네
저 강물 흐름이 멎지 않는 한
우리 이 나뉨도 두고두고 깊어지리.

贈聖道友送太白山
증성도우송태백산

握手問歸路 云過洛水湄 江流若不斷 別後長相思
악수문귀로 운과낙수미 강류약부단 별후장상사

_출전 『설담집』

◆ 주
- 낙수(洛水) : 강 이름. 중국 섬서성에서 발원, 황하로 흘러든다. 여기서는 이렇다 할 뜻은 없고 그저 빌려와 썼을 뿐이다.
- 미(湄) : 물가.
- 약(若) : 만일 ~하지 않는다면, 만약 ~한다면.
- 별후(別後) : 이별한 후.

◆ 해설
  악수란 원래 서양에서 비롯되었다 한다. 중세의 기사들은 상대를 만나면 서로의 오른손을 잡았다. 그것은 "나는 당신에게 칼을 뽑지 않겠다"는 우정의 표시였다고 한다. 그렇게 악수는 그 출발이 아름답지 못하니 야만의 짓이라 혹평한 것을 어느 신문 귀퉁이에서 읽은 일이 있다. 그런데 동양의 이 한시(漢詩)에 '악수'라는 말이 나오는 것은 웬일인가. 도대체 뭐가 뭔지 모르겠다.

먼 산봉우리
_야운 시성

먼 산봉우리 하늘 괴어 푸르렀고
긴 강은 땅을 쪼개며 흘러가네
날 샐 녘 밤비 소리 들으며
쓸쓸히 바람 부는 난간에 기대었네.

題 浮石寺 極樂庵壁
제 부석사 극락암벽

遠峀撐天碧 長江劈地喧 五更殘夜雨 愁殺倚風軒
원수탱천벽 장강벽지훤 오경잔야우 수살의풍헌

_출전 『야운집』

◆ 주
- 부석사(浮石寺) : 소백산에 있는 절.
- 수(峀) : 수(岫), 산봉우리.
- 벽(劈) : 쪼개다.
- 오경(五更) : 날 샐 녘.
- 수살(愁殺) : 쓸쓸하다, 시름에 젖다. '살(殺)'은 어조사.
- 풍헌(風軒) : 바람이 불고 있는 난간.

◆ 해설
  시상은 웅대하기 이를 데 없고 시정은 섬세하기 그지없다. 1구와 2구는 그 웅대하기가 두보의 시 「등악양루(登岳陽樓)」를 능가한다. 이 장중한 시상이 3구에 와서는 여린 시정으로 변한다. 그리고 4구에 이르러서는 새벽 바람에 흔들리는 한 그루의 갈대로 변하고 있다.

말을 채찍질해 옛 성을 지나가네
_한산

말을 채찍질해 옛 성을 지나가네
허물어진 저 모습 나그네 마음 흔드네
높고 낮은 성 위의 낮은 담이며
크고 작은 옛 무덤뿐이네
스스로 흔들리는 외로운 다북쑥의 그림자
길이 울리는 무덤 곁의 바람 소리
슬프다, 어찌 모두 이런 풍경뿐인가
오래 두고 남을 이름 하나 없네.

驅馬度荒城
구 마 도 황 성

驅馬度荒城　荒城動客情　高低舊雉堞　大小古墳塋
구마도황성　황성동객정　고저구치첩　대소고분영
自振孤蓬影　長凝拱木聲　所嘆皆俗骨　仙史更無名
자진고봉영　장응공목성　소탄개속골　선사갱무명

_출전 『한산시』

◆ 주
· 구마(驅馬) : 말을 몰다.
· 도(度) : 물 같은 곳을 '건너가다'. 여기서는 '지나가다'.

- 황성(荒城) : 허물어진 옛 성.
- 치첩(雉堞) : 성 위에 낮게 쌓은 담.
- 고분영(古墳塋) : 옛 무덤.
- 봉(蓬) : 다북쑥, 쑥의 한 가지.
- 공목성(拱木聲) : 무덤가의 나무 바람 소리.
- 선사(仙史) : 신선의 역사를 기록한 책. 여기서는 '불로장생'을 의미한다.

◆ 해설

가을날 당신은 낙엽 한 장이 되어보십시오. 그리하여 가장 깊은 곳에서 당신의 모습과 만나십시오. 아아, 거기에는 백골의 싸늘함만이 뒹굴 뿐입니다.

저 긴 무덤의 행렬은 무엇을 말하는 것입니까. 그것은 결국 미래의 내 모습인 것입니다. 그러나 우리는, 무덤은 결코 내가 가야 할 곳이 아닌 걸로 천년의 삶을 꿈꾸고 있습니다. 여기서 비극이 싹트는 것입니다.

어젯밤 꿈에
_한산

나는 어젯밤 꿈에 집에 갔었네
아내는 베틀에서 베를 짜고 있었네
북을 멈출 때는 무슨 생각 있는 듯
북을 올릴 때는 맥이 없어 보였네
내가 부르매 돌아보긴 했으나
멍히 앉아서 날 알아보지 못했네
아마 서로 나누인 지 오래됐기 때문이리
귀밑 머리털도 옛 빛이 아니었네.

昨夜夢還家
작야몽환가

昨夜夢還家 見婦機中織 駐梭如有思 擎梭似無力
작야몽환가 견부기중직 주사여유사 경사사무력

呼之廻面視 況復不相識 應是別多年 鬢毛非舊色
호지회면시 황부불상식 응시별다년 빈모비구색

_출전 『한산시』

◆ 주
· 작야(昨夜) : 어젯밤.
· 기중직(機中織) : 베틀에서 베를 짜다.

· 사(梭) : 베 짜는 북.
· 사(似) : ～와 같다.
· 다년(多年) : 오랜 세월.
· 빈모(鬢毛) : 귀밑머리.

◆ 해설

'여옹침(呂翁枕)'이라는 말이 있다. 당(唐)의 개원(開元) 19년, 노생(盧生)이라는 사람이 한단(邯鄲)의 여사(旅舍)에서 도사인 여옹(呂翁)의 베개를 빌려서 잠시 낮잠을 잤는데, 조밥을 짓는 사이에 80년간의 영화스러운 생활을 꿈꾸었다는 이야기에서 나온 말이다.

결국 인생이란 하룻밤의 꿈이란 말인가. 어떤 사람이 말하기를, 꿈의 길이는 아무리 길다 해도 불과 몇 초를 넘지 못한다고 한다. 그렇다면, 인생이란 이 길고 긴 잠의 몇 초란 말인가. 이것은 너무 허망하지 않은가.

그러나 아인슈타인도 말했다. 시간이란 중력에 따라 길어지기도 하고 짧아지기도 한다고. 우리가 살고 있는 이 지구보다 몇백 배 무거운 중력을 가진 별에서 보면 우리의 100년은 한 시간이 될 것이다. 울고불고하는 나의 일생이 어느 세계의 한 시간이라면, 나는 바람 앞에 우는 갈꽃(갈대꽃)이란 말인가.

갈댓잎 쓸쓸히
_작가 미상

갈댓잎 쓸쓸히 강물에 비쳐 흐르고
외로운 돛대 조각배 가네
가는 비 기우는 바람에
그 마음은 오직 낚싯대에 있네.

37

蕭蕭蘆葦映江流　獨棹孤篷漾小舟　細雨斜風渾不顧　一心只在釣竿頭
소소려위영강류　독도고봉양소주　세우사풍혼불고　일심지재조간두

_출전 『선림어구초』

◆ 주
· 소소(蕭蕭) : 갈대가 바람에 흔들리는 소리.
· 려위(蘆葦) : 아직 이삭이 나오지 않은 갈대.
· 도(棹) : 배의 돛대.
· 봉(篷) : 비올 때 배에 씌우는 거적.
· 조간두(釣竿頭) : 낚싯대.

◆ 해설
 "미친다는 것은 자기에게로 돌아오는 것이다". 일본의 반항아 미시마 유키오(三島由紀夫)의 말이다. 미치고 미쳐라, 미치는 것만이 사는

길이다. 사랑에 미치고, 돈에 미치고, 도 닦는 데 미치고, 사기 치는 데 미치고…… 그래그래, 어디든 그대가 몸담고 있는 그곳에서 한번 짙게 미쳐봐라. 활짝 문이 열린다. 동서남북 어느 곳으로든 갈 수 있는 대자유가 찾아온다.

인간이 한곳에 자신의 몸과 마음을 다 쏟아버릴 때, 그에게서는 수식이 떠나간다. 그 번거롭고 지루하다 못해 곰팡이 피는 인습이 벗겨진다. 결국 생명이란 불타는 것이 아닐까. 그렇다면 그 타는 불의 원동력은 어디서 오는가. 그것은 집중이다. 집중은 미치는 것이다. 그러므로 미친다는 것은 불타는 것이요, 그의 삶이 가장 뚜렷하게 부각되는 것이다. 또한 절실해지는 길이기도 하다. 절실함을 모든 일에서 느낄 때 우리의 삶은 진짜 살아 굽이친다.

餘

4. 여백 · 산비 그윽한 곳

산비 그윽한 곳
_용담 조관

산비 그윽한 곳
새소리 지저귈 때네
마음 일어나고 멸하는 곳 돌아보노니
바람에 노송의 가지 움직이네.

返觀
반 관

山雨濛濛處　喃喃鳥語時　返觀心起滅　風動老松枝
산 우 몽 몽 처　남 남 조 어 시　반 관 심 기 멸　풍 동 노 송 지
_출전 『용담집』

◆ 주
· 몽몽(濛濛) : 가랑비 오는 모양, 비나 안개가 끼어 침침한 모양.
· 남남(喃喃) : 새가 우는 소리.

◆ 해설

반관(返觀, 回光返照)이란 '마음(생각)이 일어나고 사라짐을 되돌아보는 것(sati)'을 말한다. 참선수행은 바로 이 반관의 부단한 수련이다. 시인은 지금 이 반관의 내공을 통하여 비 오는 소리, 새 우는 소리, 바람에 흔들리는 노송의 가지들을 자기화하고 있다. 자기 자신과 일체화하고 있다. 선지(禪智)가 빼어난 작품이다.

풀집에 앉아
_환성 지안

온종일 눈부시게 앉아 있나니
하늘과 땅이 내 눈 속에 있네
벗들이 풀집을 찾아오노니
명월과 청풍이네.

偶吟
우음

盡日惺惺坐 乾坤一眼中 有朋來草屋 明月與淸風
진일성성좌 건곤일안중 유붕래초옥 명월여청풍

_출전 『환성시집』

◆ 주
· 우음(偶吟) : 우연히 읊다.
· 성성(惺惺) : 총명한 모양.
· 여(與) : ~와 더불어.

◆ 해설
온종일 초롱초롱하게 앉아 있는 사람, 그에게 벗들이 번갈아가며 찾아온다. 벗들이란 도대체 누구인가. 명월(밝은 달)과 청풍(맑은 바람)이다. 이 시에서는 밝히지 않았지만, 여기 또 하나의 벗이 있다. 그는 누구인가. 명월과 청풍 사이에 찾아오는 '침묵'이다.

어느 봄날
_환성 지안

지팡이 끌고 깊은 골 따라
배회하며 홀로 봄을 만끽하네
돌아오는 길 소매 가득 꽃향기여
나비 한 마리 향기 따라 멀리서 오네.

禪偈
선 게

曳杖尋幽逕 徘徊獨賞春 歸來香滿袖 蝴蝶遠隨人
예 장 심 유 경   배 회 독 상 춘   귀 래 향 만 수   호 접 원 수 인

_출전 『환성시집』

◆ 주
· 예(曳) : (지팡이 등을) 끌다.
· 유경(幽逕) : 수풀 깊숙이 나 있는 오솔길.
· 수(袖) : 옷의 소매.
· 호접(蝴蝶) : 나비.

◆ 해설
봄을 만끽하고 돌아오는 길, 멀리서 나비 한 마리가 향기 따라 날아오고 있다. 한 폭의 그림이다.

물은 산 밖으로 흐르고
_기암 법견

물은 산 밖으로 흐르고
상엿소리 구름골로 가고 있네
황천은 어드메쯤 있는가
간 사람 다시는 오지 않네.

輓詞
만 사

溪水流別山　輓歌入雲間　黃泉知何許　無限去不還
계수류별산　만가입운간　황천지하허　무한거불환

_출전 『기암집』

◆ 주
- 만가(輓歌): 상여를 메고 가면서 부르는 노래.
- 황천(黃泉): 저세상, 저승.
- 지하허(知何許): 하허(何許)는 하처(何處, 어느 곳)를 뜻하므로, '어느 곳에 있는 줄 아는가'.
- 무한(無限): 여기서는 '무한한 사람들'.

◆ 해설
　망자(亡者)를 위한 슬픈 노래인데, 그 시정은 신비롭기만 하다. 물은 산 밖으로 흘러가는데 상엿소리는 구름골짜기로 들어간다니…… 한

번 간 사람은 다시 돌아오지 않는다니…… 이 엄연한 사실을 우리는 어떻게 받아들여야 할까.

한 조각 가을 소리
_기암 법견

한 조각 가을 소리 오동나무에 떨어질 때
노승은 놀라 일어나 서풍에게 묻네
이른 아침 홀로 개울 위를 거니나니
칠십 년 지난날이 이 거울(개울물) 속에 있네.

初秋有感
초추유감

一片秋聲落井桐 老僧驚起問西風 朝來獨步臨溪上 七十年光在鏡中
일편추성락정동　노승경기문서풍　조래독보임계상　칠십년광재경중

_출전 『기암집』

◆ 주
· 정동(井桐) : 우물가에 서 있는 오동나무.
· 조래(朝來) : 아침부터, 아침 일찍부터.

◆ 해설
인생무상을 읊고 있다. 선승도 인간인지라 어쩔 수 없이 늙어간다. 그러나 그 마음만은 번뇌의 티끌이 없는 거울과 같다. 지나온 70년이 거울 속에 담긴 것 같다.

일정선자를 보내며
_청허 휴정

한밤중 맑은 이야기 터뜨리니
일천 구슬 옥쟁반에 구르는 것 같네
나는 듯한 지팡이에 산 그림자 저물고
바람이 보내오는 물소리 차갑네.

送一晶禪子
송 일 정 선 자

半夜開淸話 千珠落玉盤 錫飛山影晩 風送水聲寒
반 야 개 청 화 천 주 락 옥 반 석 비 산 영 만 풍 송 수 성 한

_출전 『청허당집』

◆ 주
· 반야(半夜) : 한밤중.
· 개(開) : 입을 열어 말하다, 닫힌 것을 열다, 트다.
· 옥반(玉盤) : 옥쟁반.
· 석(錫) : 지팡이.
· 선자(禪子) : 참선하는 수행자, 납자(衲子)라고도 한다.

◆ 해설
  일정(一晶)이라는 선승을 보내며 읊은 시다. 3구와 4구가 일품이다.

봉래산 오색구름
_청허 휴정

봉래산 오색구름
명삿벌 비로 내려
해당화 꽃비 속
세 선승과 관원 한 사람.

癸丑秋遊鳴沙
계 축 추 유 명 사

蓬萊五色雲　下作鳴沙雨　落盡海棠花　三僧一萬戶
봉래오색운　하작명사우　낙진해당화　삼승일만호

_출전『청허당집』

◆ 주
- 봉래(蓬萊) : 금강산의 다른 이름. 신선이 산다는 산.
- 작(作) : ~이 되다, ~으로 변하다.
- 명사(鳴沙) : 명사십리. 지명이다.
- 만호(萬戶) : 벼슬 이름. 관원(官員).

◆ 해설
　계축년(癸丑年) 봄에 명사십리(鳴沙十里)로 놀러 가서 읊은 시다. 시상이 뛰어나다. 금강산의 오색구름이 명사십리로 흘러와서 해당화 꽃비로 내리는데, 세 선승과 한 관원이 여기 취하고 있다.

준선자에게
_청허 휴정

슬픔과 기쁨은 한 베개 꿈이요
만남과 헤어짐은 십 년의 정이네
말없이 고개 돌리니
산머리엔 흰 구름만 이네.

俊禪子
준선자

悲歡一枕夢 聚散十年情 無言却回首 山頂白雲生
비환일침몽 취산십년정 무언각회수 산정백운생

_출전 『청허당집』

◆ 주
· 각(却) : 도리어.
· 회수(回首) : 고개를 다른 방향으로 돌리다.
· 산정(山頂) : 산꼭대기.
· 생(生) : (구름 등이) 피어오르다.

◆ 해설
특히 3구와 4구가 절창이다. 말없이 고개 돌리니 산 위에서는 흰 구름만 피어오른다…… 그렇다. 우리가 만나고 헤어지는 것은 마치 흰 구름이 일었다 사라지는 것과 같다. 모든 것이 이 자연의 순리에 따라 만나야 할 사람이 만나고 헤어져야 할 사람이 떠나간다. 그렇지만 이별은 슬픈 것이다.

해탈
_소요 태능

한 그루 그림자 없는 나무를
불 속에 옮겨심네
봄비가 적셔주지 않아도
붉은 꽃 어지럽게 피어나네.

賽一禪和之永
새 일 선 화 지 영

一株無影木 移就火中栽 不假三春雨 紅花爛漫開
일 주 무 영 목   이 취 화 중 재   불 가 삼 춘 우   홍 화 란 만 개

_출전 『소요당집』

◆ 주
· 새일(賽一) : 여기서는 승려의 이름인 듯하다.
· 선화(禪和) : 선 수행자.
· 영(永) : 여기서는 '사라지다(消磨)', '죽다'.

◆ 해설

  한 선승의 입적(入寂, 죽음)을 읊은 시다. 이 선승은 이미 득도의 경지에 이르렀기 때문에 마치 '불 속에서 자라는 나무(無影木)'와 같아서, 봄비가 적셔주지 않아도 싹이 트고 꽃을 피운다는 것이다. 생사윤회(生死輪廻)를 벗어났다는 것이다.

이 꽃 한 송이 깨어날 때
_청매 인오

우담화 꽃 피자
문득 떨어져 이 세상이었네
지팡이 한 자루 봄바람 속에서
이 세상을 떠나갔다가 또다시 오네.

敬次西山大師韻讚
경차 서 산 대 사 운 찬

優曇花一發 從頂落懷胎 一錫春風裏 閻浮去又來
우담화일발 종정락회태 일석춘풍리 염부거우래

_출전 『청매집』

◆ 주
· 우담화(優曇花) : 우담발라(優曇跋羅). 3천 년 만에 한 번 핀다는 전설의 꽃. 여기서는 '한 생명의 태어남'을 뜻한다.
· 염부(閻浮) : 이 세상.

◆ 해설
서산대사의 시에 화답한 작품이다. 청매 인오는 서산대사의 제자다. 자신이 이 세상에 태어난 것을 '우담화가 핀 것 같다'고 읊은 것으로 보아, 그는 '이 삶의 파도타기(긍정)'를 게을리 하지 않은 것 같다. 지리산 피아골 연곡사에 그의 부도가 있다.

임진강에서
_함허 득통

금산 황야 푸른 강 가을
만경창파에 한 잎 배네
끝없이 가는 돛폭 거울 속이듯
외로운 배 그림자 물속에 누각 짓네.

臨津船上吟
임진선상음

錦山黃野碧江秋 萬頃波頭一葉舟 無限奇觀同鏡裏 孤帆影接水中樓
금산황야벽강추 만경파두일엽주 무한기관동경리 고범영접수중루

_출전 『함허집』

◆ 주
· 금산(錦山) : 임진강 주변의 지명인 듯하다.
· 황야(黃野) : 벼가 익은 들.
· 만경파두(萬頃波頭) : 만경창파, 끝없는 파도.
· 접(接) : 배의 그림자가 물에 닿는 모양.

◆ 해설
임진강에서 뱃놀이를 하며 읊은 시다. 그 시상과 시정이 청정하고 고요하다. 그러나 이 고요 속에는 무언지 모를 외로움이 있다.

못가에서
_진각 혜심

못가에 홀로 앉았네
물 밑 한 사내와 서로 만났네
둘이 보며 말없이 미소 짓는 건
그 마음과 이 마음 비치는 때문.

對影
대 영

池邊獨自坐 池底偶逢僧 默默笑相視 知君語不應
지변독자좌 지저우봉승 묵묵소상시 지군어불응

◆ 주
· 독자좌(獨自坐) : 혼자 앉다.
· 어불응(語不應) : 말이 없다.

◆ 해설
  못에 비친 자신의 그림자를 보면서 읊은 시다. 자기 그림자를 마치 다른 사람이듯 의인화시킨 발상이 재미있다. '둘(그림자와 자신)이 보며 서로 미소 짓는다'는 표현이 재미있다.

꽃을 탄식함
_설암 추붕

엊저녁 바위 아래 몇 송이 꽃들
달빛 젖은 그 얼굴빛이 무슨 말인가 하는 것만 같았네
새벽에 문득 일어나 발을 걷고 내다보니
하룻밤 비바람 따라 모두들 가버렸네.

嘆花
탄 화

昨夕巖邊數朶花 浮光似向幽人語 淸晨忽起卷簷看 一夜盡隨風雨去
작 석 암 변 수 타 화　부 광 사 향 유 인 어　청 신 홀 기 권 첨 간　일 야 진 수 풍 우 거

_출전 『설암집』

◆ 주
- 작석(昨夕) : 엊저녁.
- 타화(朶花) : 꽃송이.
- 부광(浮光) : 물에 비친 달.
- 유인(幽人) : 세상을 피하여 숨어 사는 사람, 은자(隱者).
- 청신(淸晨) : 맑게 갠 아침.
- 첨(簷) : (문 밖에 치는) 발.
- 진~거(盡~去) : 모두 다 ~ 가버리다.

◆ 해설

지는 꽃을 애석해하는 시다. 어제는 그렇게도 아름다웠던 꽃이 아침에 일어나 보니 비바람 따라 모두 가버렸다. 벗이여, 그 젊음 너무 자랑하지 마라. 이 밤이 지나면 그 젊음은 흔적도 없이 사라진다.

목련화
_삼봉 지탁

나무 끝에 연꽃 피었네
이 향기 엿볼 자 누군가
가지 끝 따라 오고가며 늙어가다가
바람이 불면 경상에 떨어지네.

木蓮花
목련화

木末蓮花發 何人來取香 任其枝上老 風吹落經床
목 말 련 화 발　하 인 래 취 향　임 기 지 상 로　풍 취 락 경 상

_출전 『삼봉집』

◆ 주
- 목말련화(木末蓮花) : 목련화(木蓮花).
- 임(任) : ~에 (자신을) 맡겨버리다.
- 경상(經床) : 불경을 볼 때 사용하는 앉은뱅이책상.

◆ 해설

"삶은 삶에 맡기고 죽음은 죽음에 맡겨라." 도겐(道元)의 말이다. 필 때는 저 목련처럼 눈부시게 피었다가 질 때는 또 미련없이 다 떨어져라. 불멸(不滅)을 노래하며…….

이별의 시
_부휴 선수

한 번 웃고는 서로 친숙했으니
절차탁마로 나날이 새로웠네
어느 날 문득 구름 따라 가버렸으니
자네 없는 이 봄은 내 가슴 찢네.

別天池
별 천 지

一笑卽相親 切磋又日新 忽從雲外去 腸斷楚山春
일소즉상친 절차우일신 홀종운외거 장단초산춘

_출전 『부휴당집』

◆ 주
· 절차(切磋) : 절차탁마, 벗이 서로 격려하며 공부를 쌓는 것.
· 홀~거(忽~去) : 문득 ~ 가버리다.
· 초산춘(楚山春) : 초나라 산천의 봄. 여기서는 그냥 '봄'을 뜻한다.

◆ 해설
깔끔한 이별의 시다. 4구에 너무 힘이 들어가 있다. 친구와의 이별을 마치 연인과의 이별처럼 애간장을 태운다. 그러나 전체적인 시상에는 무리가 없다.

마음뿌리 가꾸어
_경허 성우

마음뿌리 가꾸어 가지와 잎에 이르렀으나
빠른 바람 힘센 비에 어린 가지 꺾이네
뒷날, 푸른 구름 속에서 긴 가지 흔들릴 때면
신선의 피리 소리가 이곳을 지나가리.

詠蓮隱種樹栽花
영연은종수재화

培養靈根上達枝 疾風暴雨不須垂 他年高拂靑雲裏 倘有仙笛過此吹
배양령근상달지　질풍폭우불수수　타년고불청운리　당유선적과차취

_출전 『경허집』

◆ 주
· 배양(培養) : 심고 가꾸다.
· 달(達) : ~에 이르다.
· 질풍(疾風) : 속도가 빠른 바람.
· 불수수(不須垂) : 가지를 뻗지 못하다.
· 불(拂) : 휘날리다, 나부끼다, 얇게 스치다.
· 당(倘) : 아마, 혹은.
· 선적(仙笛) : 신선이 부는 피리.

◆ 해설

연은(蓮隱)이라는 승려가 나무와 꽃을 심는 것을 보고 읊은 시다. 지금은 비록 어린 나무라 비바람에 시달리겠지만 마침내 구름을 뚫고 우뚝 솟을 것이다. 그러면 그때 학을 탄 신선이 피리를 불며 이 나무 위를 지나갈 것이다. 우리도 이 나무처럼 되어야 하지 않겠는가. 지금은 비록 나약한 인간이지만 부지런히 갈고 닦아 수행의 내공이 쌓이면 마침내 저 불멸의 하늘(열반)에 닿지 않겠는가.

은선동에 노닐며
_경허 성우

산과 사람은 말이 없고
구름은 새를 따라 함께 나네
물 흐르고 꽃 피는 곳
돌아가 모든 것 잊고자 하네.

遊隱仙洞
유 은 선 동

山與人無語 雲隨鳥共飛 水流花發處 淡淡欲忘歸
산 여 인 무 어   운 수 조 공 비   수 류 화 발 처   담 담 욕 망 귀

_출전 『경허집』

◆ 주
· 은선동(隱仙洞) : 어느 산의 골짜기. 어느 산인지는 자세하지 않다.
· 여(與) : 조사, '~과'에 해당한다.
· 발(發) : 꽃이 피다.
· 담담(淡淡) : 물이 고요함. 여기서는 마음에 욕심이 없고 고요한 상태를 뜻한다.

◆ 해설
경허의 시 같지 않게 관조적이며 차분하다. '물 흐르고 꽃 피는 곳으로 돌아가 한세상 잊고 싶다'고 읊었지만, 그러나 경허는 자신의 생

각대로 살지 못했다. 파란만장한 기승(奇僧)이요 파격적인 선승으로, 그의 삶은 그렇게 흘러갔다.

바람이 서리 묻은 잎을
_경허 성우

바람이 서리 묻은 잎을 떨어뜨리네
떨어지는 잎 다시 바람에 날아가네
어쩔까나 이 마음 맡길 데 없어
잎비 속에 길을 잃고 헤매나니.

偶吟
우 음

風飄霜葉落 落地便成飛 因此心難定 遊人久未歸
풍표상엽락 낙지변성비 인차심난정 유인구미귀

_출전 『경허집』

◆ 주
- 풍표(風飄) : 회오리바람.
- 변(便) : 한 동작이 미처 끝나기 전에 다른 동작이 이어지는 것. 다시, 문득, 즉.
- 인차(因此) : 이로 인하여, 이것 때문에.
- 심난정(心難定) : 마음을 잡기 어렵다.
- 유인(遊人) : 나그네.

◆ 해설
　낙엽이 비 오듯 지는 숲을 지금 한 사람이 마음을 가누지 못하고 서성이고 있다. 이때야말로 브람스의 음악을 들어야 한다. 방황하는 자의 고뇌 속으로 들어가야 한다.

이 한 장면의 진풍경을
_천동 정각

이 한 장면의 진풍경을 보았는가
섬세한 '조화의 어머니(化母)'가 베틀 북을 놀려서
옛 비단 위에 봄의 모습을 짜넣고 있네
그러나 동군이 이미 누설했음을 어찌하리.

從容錄 第一則 公案 世尊陞座頌
종용록 제 1 칙 공안 세존승좌송

一段眞風見也麼 綿綿化母理機梭 織成古錦含春像 無奈東君漏洩何
일단진풍견야마 면면화모리기사 직성고금함춘상 무내동군루설하

_출전 『종용록』

◆ 주
· 일단(一段) : 한 장면.
· 진풍(眞風) : 진기한 풍경.
· 견야마(見也麼) : 보는가, 보았는가.
· 면면(綿綿) : 세밀한 모양.
· 화모(化母) : 만물을 생성·변화시키는 조화력을 어머니로 본 것.
· 리(理) : 깁다, 수선하다. 여기서는 '베를 짜다'.
· 기(機) : 베틀.
· 사(梭) : 베 짜는 북.
· 고금(古錦) : 오래된 비단.

- 함(含) : 입에 무엇을 머금고 있다, 포함하고 있다.
- 동군(東君) : 봄을 맡았다는 동쪽의 신.
- 무내~하(無奈~何) : ~했음을 어찌하겠는가.

◆ 해설

공안선시(公案禪詩)로서 격이 높은 작품이다. '세존승좌(世尊陞座)'라는 공안을 두고 그 경지를 읊은 시인데, 공안의 대강은 다음과 같다. 세존(부처)이 어느 날 설법을 하기 위해 법상(法床)에 올라가 앉자 문수보살(文殊菩薩, 지혜의 보살)은 설법이 끝나는 종을 치며 이렇게 말했다. "여러분, 부처의 말씀을 잘 들었지요? 부처의 가르침은 이와 같습니다." 이 말을 들은 부처는 즉시 법상에서 내려와버렸다.

이 시의 1구, 2구, 3구는 법상에 올라가 아무 말 없이 내려온 부처를 읊고 있다. 그리고 4구는 아무 말도 하지 않았는데 부처의 설법이 끝났다고 종을 친 문수를 읊은 것이다.

가고 감에 흔적 없어
_향엄 지한

가고 감에 흔적 없어
올 때 또한 그러하네
누가 만일 묻는다면
말없이 그저 웃으리.

玄旨
현지

去去無標的　來來只麼來　有人相借問　不語笑哈哈
거 거 무 표 적　래 래 지 마 래　유 인 상 차 문　불 어 소 해 해

_출전 『선문제조사게송』

◆ 주
· 지마래(只麼來) : 다만 이렇게 온다.
· 해해(哈哈) : 기뻐서 웃는 모양.

◆ 해설

　선지(禪智)가 번뜩이는 작품이다. 여기서 '간다(去)'는 것은 '죽는다'는 뜻이요, '온다(來)'는 것은 '태어난다'는 뜻이다. 나고 죽는 이것이 이처럼 풍류가 될 수 있다면…… 벗이여, 더 이상 무엇을 바라겠는가.

어지러이 산 향기

_삼계○익

어지러이 산 향기 길에 가득 날리네
이름 없는 꽃들이 풀숲에 흩어지나니
모를레라 봄바람 머언 이 뜻은
꾀꼬리 저 아니면 뉘에게 울게 하리.

拈頌 第四九○則 公案頌
염송 제490칙 공안송

拂拂山香滿路飛 野花零落草離披 春風無限深深意 不得黃鸝說與誰
불불산향만로비 야화영락초리피 춘풍무한심심의 부득황리설여수

_출전 『선문염송』

◆ 주
- 야화(野花) : 들꽃, 들에 피는 꽃.
- 영락(零落) : 꽃이 떨어지다.
- 리피(離披) : 나뉘어 흩어지다.
- 황리(黃鸝) : 꾀꼬리.
- 부득~설여수(不得~說與誰) : ~가 아니면 누구와 더불어 말하겠는가.

◆ 해설
장사(長沙)와 어느 선 수행자의 문답을 읊은 시다. 이만하면 무르익을 대로 익어서 손짓도 필요없고 몸짓 또한 필요없다. 더구나 말장

난 따위는 발도 못 붙인다. 아서라, 이 녀석아. 왜 맨땅 위에 파도를 일으키는가. 그래도 주둥이가 간지럽다면 어디 장사의 문답이나 끌러보아라.

어느 날 장사가 산 구경 갔다 오는 참이었다. 문 앞에 이르렀다. 웬 녀석이 물었다. "스님, 어디 갔다 오십니까?" 장사가 말했다. "음, 산 구경 갔다 오네." 녀석이 다시 물었다. "어드메쯤 갔다 왔습니까?" 장사는 말했다. "풀잎 길을 따라가서 꽃 지는 곳으로 돌아왔다네." 이 말을 들은 녀석이 말했다. "봄빛이 깊습니다." 장사는 한 술 더 떴다. "가을꽃 매운 향기 그보다 더 좋았지."

이 몸이 드러나매

_삽계○익

이 몸이 드러나매 잎가지 다 말랐네
한 줄기 성근 빗발 차갑게 꽂히는 곳
오는 해엔 다시 어린 가지 돋아나
봄바람에 끊임없이 흔들리리.

拈頌 第一○一○則 公案頌
염송 제 1 0 1 0 칙 공안송

體露堂堂葉已凋 一番踈雨轉蕭蕭 來年更有新條在 惱亂春風卒未休
체로당당엽이조 일번소우전소소 내년갱유신조재 뇌란춘풍졸미휴

_출전『선문염송』

◆ 주
· 당당(堂堂) : 형세가 대단한 모양.
· 소우(踈雨) : 성근 빗발.
· 소소(蕭蕭) : 바람이 부는 모양, 빗발이 날리는 모양.
· 졸미휴(卒未休) : 좀처럼 쉬지 않는다.

◆ 해설
오래전에 입적하신 옛 스승[환성(幻惺) 노스님]이 제일로 아끼던 공안이다.
어떤 승려가 운문(雲門)에게 물었다.

"나무 마르고 잎 지는 이곳까지 오면 어떻습니까?"
운문은 말했다.
"음, 그 빼빼 마른 나무에서 가을 바람이 나온다네."
여기 덧붙여 옛 스승의 임종게를 끼운다.

만일 오늘의 일을 논한다면
물이 물로 되돌아가는 것 같네
낙엽은 쓸쓸히 지고 있는데
바람은 맑고 달빛은 희네.

若論今日事　如水歸于水　落木下蕭蕭　風淸月白裏
약론금일사　여수귀우수　낙목하소소　풍청월백리

불 꺼진 향롯가에

_자항 요박

불 꺼진 향롯가에 물시계 소리
가는 바람에 끈질긴 추위여
봄기운 날 휘저어 잠 못 이룰 제
달은 꽃 그림자 옮겨서 난간 위에 얹네.

拈頌 第九五則 公案頌
염송 제95칙 공안송

金爐香盡漏聲殘 剪剪輕風陳陳寒 春色惱人眠不得 月移花影上欄杆
금로향진루성잔 전전경풍진진한 춘색뇌인면부득 월이화영상난간

_출전 『선문염송』

◆ 주
· 금로(金爐) : 쇠로 만든 향로.
· 루성(漏聲) : 물시계의 물 떨어지는 소리.
· 전전(剪剪) : 바람이 가늘게 부는 모양.
· 경풍(輕風) : 가는 바람.
· 진진(陳陳) : 추위가 끈질기게 계속되는 모양.

◆ 해설
  이 시의 근거가 된 공안의 대강은 다음과 같다.
  계빈국왕 : "스님, 이 육신이 덧없음을 알았나이까?"

사자존자 : "알았습니다."
계빈국왕 : "그렇다면 나고 죽음(生死)에 자유롭겠군요."
사자존자 : "그렇습니다."
계빈국왕 : "이 칼로 스님의 목을 시험 삼아 베겠습니다."
사자존자 : "이 육신은 옷일 뿐, 이 옷이 필요하다면 베어가시오."
계빈국왕은 사자존자의 목을 쳤다. 흰 물이 분수처럼 용솟음치며 왕의 팔이 떨어졌다.
이 시의 1구와 2구는 왕안석(王安石)의 시 「야직(夜直)」을 그대로 옮겨온 것이다.

화음산 앞
_대혜 종고

화음산 앞 백 길 우물이여
여기 찬 샘물 있어 뼛골에 사무치네
뉘 집 아씨 예 와서 그림자 비치는가
그림자 비치기 전 기운 옷깃 먼저 비쳤네.

拈頌 第七二則 公案頌
염송 제 7 2 칙 공안송

華陰山前百尺井 中有寒泉徹骨冷 誰家女子來照影 不照其餘照斜領
화음산전백척정 중유한천철골랭 수가여자래조영 부조기여조사령

_출전 『선문염송』

◆ 주
- 화음산(華陰山) : 화산(華山). 중국 섬서성 화음현에 있는 오악(五嶽)의 하나.
- 철골랭(徹骨冷) : 찬 기운이 뼈에 사무치다.
- 조영(照影) : 물에 그림자가 비치다.
- 사령(斜領) : 비스듬히 기울어진 옷자락.

◆ 해설
이 시의 근거는 『선문염송』 제72칙 공안의 앙굴마라(央掘魔羅) 이야기다.

앙굴마라는 구도심에 불타는 젊은이로, 오직 스승의 가르침을 따를 뿐이었다. 어느 날 스승은 먼 여행길에 오르면서 말했다. "나 없는 동안 내 집을 보살펴라." 앙굴마라는 스승의 부인과 같이 스승이 없는 스승의 집을 지켰다. 스승의 부인은 그런 앙굴마라를 유혹했다. 그러나 앙굴마라의 마음은 바위였다.

스승이 돌아왔다. 부인은 말했다. "여보, 당신이 없는 사이에 글쎄 저 앙굴마라가 나를 욕보였지 뭡니까." 스승은 앙굴마라에게 보복을 하기로 했다. 앙굴마라를 불러 말했다. "지금부터 사람을 죽여서 오른손 엄지손가락 천 개를 꿰어 염주를 만들어 오너라. 그러면 너는 도를 깨칠 것이다."

앙굴마라는 거리로 나가 미친 듯 사람을 죽이기 시작했다. 거리는 앙굴마라의 미친 짓으로 인해 두려움에 떨었다. 앙굴마라가 999명을 죽이고 1,000명째에 부처를 만났다. 앙굴마라는 외쳤다. "이놈, 게 있거라!" 그러나 부처 앞에 온 앙굴마라의 마음은 문득 잠에서 깨었다. 앙굴마라는 부처의 미소 앞에서 무릎을 꿇었다. "당신의 제자가 되겠습니다." 부처는 말했다. "젊은이여, 나를 따라오너라."
그리하여 앙굴마라는 부처의 착한 제자가 되었다.

연꽃잎 달빛 향해
_심문 담분

연꽃잎 달빛 향해 날개를 열고
버들잎 바람은 내 얼굴에 불어오네
밤 깊도록 춤추다가 날이 밝아서
돌아보니 옷자락엔 분 냄새만 붐비네.

拈頌 第三六八則 公案頌
염송 제 3 6 8 칙 공안송

芙蓉月向懷中照 楊柳風來面上吹 夜半庭前柘枝舞 天明羅袖濕燕脂
부용월향회중조 양류풍래면상취 야반정전자지무 천명라수습연지

_출전 『선문염송』

◆ 주
· 부용(芙蓉) : 연꽃의 다른 이름.
· 자지무(柘枝舞) : 춤의 한 가지.
· 라수(羅袖) : 비단옷의 소매.

◆ 해설

참 재미있다. 공안의 짜임을 보라. 이 얼마나 부드럽고 따뜻하고 걸림이 없는가.

위산(潙山)이 앉아 있는데 마침 제자 앙산(仰山)이 들어왔다. 위산은 두 주먹을 불끈 들어 보였다. 그러자 앙산이 공손히 큰절을 하는 것

이었다. 이를 본 위산은 고개를 끄덕이면서 말했다. "옳지, 옳지."
하, 하, 위산이여, 위산이여, 이 무슨 망령인고, 시퍼런 칼날이 그대 목에 닿았도다.

우물 밑에서
_습득

우물 밑에서 붉은 티끌이 일고
높은 산 이마에 파도가 치네
돌계집이 돌아이 낳고
거북이의 털이 날로 자라네.

井底紅塵生
정저홍진생

井底紅塵生 高山起波浪 石女生石兒 龜毛數寸長
정저홍진생 고산기파랑 석녀생석아 구모수촌장

_출전 『한산시』

◆ 주
· 석녀(石女) : 돌계집, 아이를 낳을 수 없는 여자.
· 생(生) : 낳다.
· 구모(龜毛) : 거북이의 털. '거북이 털'은 실재하지 않는다.
· 장(長) : 자라다.

◆ 해설
　여기 돌계집 이야기가 나왔다. 경봉 노스님 생존 시에 스님께 받아 온 글씨가 있다. 지금 이 글을 쓰고 있는 내 바로 앞에 걸려 있다. '석인상이어(石人相耳語)'라고 쓴 것 같다. 단정하고 꾸밈없는 붓의 움직임은 보고 보고 또 보아도 마냥 첫날밤 기분이다. 묵향(墨香)에 흐르는 이 고요, 고요에 넘치는 노스님의 자비 앞에서 나는 울기도 하고 웃기도 하고 귀찮아하기도 하며 지워져가고 있는 것이다.

'돌사람이 서로 귓속말을 한다(石人相耳語)'란 무슨 뜻인가, 온종일 지껄여도 지껄인다는 생각 없고(不說說) 온종일 듣고 들어도 들었다는 생각이 없는(不聞聞) 그런 경지를 이르심이다. 그런데 나에게는 왜 이렇게 들리는 것도 많고 지껄이는 일에 피곤한가. 마음은 저 구만리장천을 휘젓는데 몸은 한 치 밖을 못 나가는구나. 불쌍한 세월이여, 용서하라.

빈손에 호미 들고
_부대사

빈손에 호미 들고
걸어가면서 무소를 탔네
사람은 다리 위를 지나가는데
다리는 흘러가고 물은 흐르지 않네.

偈頌
게송

空手把鋤頭 步行騎水牛 人從橋上過 橋流水不流
공수파조두 보행기수우 인종교상과 교류수불류

_출전 『오등회원』

◆ 주
· 조두(鋤頭) : 호미.
· 기(騎) : (소나 말을) 타다.

◆ 해설
우리 눈에는 분명히 물은 흘러가지만 다리는 흐르지 않는다. 그러나 깨친 이의 눈으로 보면 그 반대다. 다리가 흘러가고 물은 흐르지 않는다. 그럼 깨달음마저 버린 사람의 눈에는 어떻게 보이는가. 다리도 물도 흘러가지 않는다. 그러면서 동시에 다리도 흘러가고 물도 흘러간다.

이 마음
_마나라 존자

이 마음 모든 경계를 따라 움직이는데
움직이는 곳마다 깊은 이치가 있네
이 마음 흐름 따라 본성을 깨달아 알면
기쁠 것도 없고 또한 걱정할 것도 없네.

偈頌
게송

心隨萬境轉 轉處實能幽 隨流認得性 無喜亦無憂
심수만경전 전처실능유 수류인득성 무희역무우

_출전 『경덕전등록』

◆ 주
- 만경(萬境) : 객관적인 모든 상황.
- 류(流) : 마음의 흐름.

◆ 해설

우리의 마음은 객관적인 상황에 따라 끊임없이 각기 다른 반응을 보이고 있다. 그러나 울기도 하고 웃기도 하는 이 감정의 변화는 그대로가 저 '불멸의 굽이침 현상'이라는 것을 알아야 한다. 그러므로 울고 웃는 이 속에서 불멸의 본성을 감지할 수만 있다면 우리는 더 이상 걱정할 것이 없다. 이제 기나긴 여행의 목적지에 가까이 왔기 때문이다.

그 누구도 짝할 이 없이
_작가 미상

그 누구도 짝할 이 없이 언제나 높고 높아
일천 강에 달 비치듯 온갖 곳에 응하나니
꽉 막혔으나 허공에 가득 차서
볼 때는 먼지 한 오라기도 볼 수가 없네.

偈頌
게 송

獨行獨坐常巍巍　百億化身無數量　縱令逼塞滿虛空　看時不見微塵相
독행 독좌 상 외 외　백억 화신 무수 량　종령 핍색 만 허공　간시 불견 미 진 상
_출전 『오등회원』

◆ 주
· 외외(巍巍) : 드높다.
· 핍색(逼塞) : 꽉 막히다.

◆ 해설
절대고독의 경지에 홀로 노닐면서 동시에 이 누리 곳곳에 나타나는 것, 허공에 가득하여 없는 곳이 없으나 막상 보려 하면 전혀 보이지 않는 것, 이것이 도대체 무엇이란 말인가. 이것을 아는 순간, 느끼는 순간이 바로 깨달음의 순간이다.

옳거니 옳거니
_작가 미상

옳거니, 옳거니
이 누리 종횡무진 발길대로 가다가
틀렸다, 틀렸다
지팡이 둘러메고 갈바람에 춤추네.

偈頌
게송

恁麼 恁麼 大地踏翻信脚行 不恁麼 不恁麼 橫擔櫛栗舞秋風
임마 임마 대지답번신각행 불임마 불임마 횡담즐율무추풍
_출전 『대응록』

◆ 주
· 임마(恁麼) : 그렇다, 옳다.
· 즐율(櫛栗) : 즐율나무로 만든 지팡이.

◆ 해설
'옳거니 옳거니' 해도 옳지 않고 '틀렸다 틀렸다' 해도 틀리지 않나니, 굳이 지팡이까지 둘러멜 필요가 있겠는가. 가을 바람에 춤추는 것마저도 사족인 것을…….

愚

5. 바보 · 멍청이의 노래

멍청이의 노래 (十二時歌)

_조주 종심 | 출전 『조주록』

하나, 닭 우는 때

문득 잠에서 깨어 쓸쓸한 내 모습 보네
속옷과 윗옷은 한 벌도 없고
다 해진 겉옷만 남아 있네
허리 없는 잠방이, 발 들일 곳조차 없는 바지 한 벌
머리에는 비듬이 서너 말은 되겠네
도를 깨쳐 중생제도 해보려던 내가
이렇게 멍청하게 될 줄 뉘 알았으리.

丑時
축시

鷄鳴丑　愁見起來還漏逗　裙子褊衫箇也無　袈裟形相些些有
계명축　수견기래환루두　군자편삼개야무　가사형상사사유

裩無腰　袴無口　頭上靑灰三五斗　比望修行利濟人　誰知變作不啷溜
곤무요　고무구　두상청회삼오두　비망수행리제인　수지변작부즉류

◆ 주
· 계명축(鷄鳴丑) : 첫닭 울 무렵.
· 루두(漏逗) : 가난한 모습, 쓸쓸한 모습.
· 군자(裙子) : 승복(僧服).
· 편삼(褊衫) : 역시 승복.

- 사사(些些) : 아주 조금.
- 곤(褌) : 잠방이.
- 두상청회(頭上靑灰) : 비듬.
- 비망(比望) : 이전에 희망하기를.
- 부즉류(不喞溜) : 영리하지 못하다, 멍청하다.

둘, 새벽녘

벽촌의 부서진 암자, 말로 형언키 어려워
아침 죽 속에는 쌀알이라곤 전혀 없네
하염없이 창틈 사이 먼지만 바라볼 뿐
들리느니 참새 지저귀는 소리뿐, 인적은 없어
홀로 앉아 잎 지는 소리 듣네
누가 말했는가, 수행자는 애증(愛憎)을 끊는다고
생각할수록 눈물이 손수건을 적시네.

寅時
인 시

平旦寅 荒村破院實難論 解齊粥米全無粒 空對閑窓與隙塵
평단인 황촌파원실난론 해제죽미전무립 공대한창여극진

唯雀噪 勿人親 獨坐時聞落葉頻 誰道出家憎愛斷 思量不覺淚沾巾
유작조 물인친 독좌시문낙엽빈 수도출가증애단 사량불각루첨건

◆ 주
- 평단인(平旦寅) : 새벽녘, 새벽 4시경.

191

- 파원(破院) : 폐사(廢寺).
- 해제(解齊) : 아침 식사.
- 극진(隙塵) : 창틈 사이로 보이는 먼지.
- 수도(誰道) : 누가 ~라고 말했는가.
- 루(淚) : 눈물.
- 첨건(沾巾) : 손수건을 적시다.

셋, 해 뜨는 시간

청정함이 도리어 번뇌가 되나니
유한한 공덕은 티끌에 묻히고
무한한 마음밭은 비질 한 번 한 적 없네
눈썹 찌푸릴 일만 많고 웃을 일 적은데
더욱 견딜 수 없는 것은 동쪽 마을 황씨 노인
공양이라곤 단 한 번도 가져온 적 없는데
노새를 놓아 우리 절 앞의 풀을 함부로 뜯어먹이네.

卯時
묘시

日出卯 淸淨却翻爲煩惱 有爲功德被塵埋 無限田地未曾掃
일출묘 청정각번위번뇌 유위공덕피진매 무한전지미증소

攢眉多 称心少 叵耐東村黑黃老 供利不曾將得來 放驢喫我堂前草
찬미다 칭심소 파내동촌흑황로 공리부증장득래 방려끽아당전초

192

◆ 주
- 일출묘(日出卯) : 해 뜰 무렵, 아침 6시경.
- 찬미(攢眉) : 눈썹을 찌푸리다.
- 파내(叵耐) : 참을 수 없다.
- 공리(供利) : 공물(供物). 불전에 올리는 공양물.
- 당전(堂前) : 불당 앞.

넷, 아침 먹을 때

이웃들의 밥 짓는 연기만 바라볼 뿐
만두와 떡은 작년에 이별했나니
지금은 생각만 해도 군침이 도네
마음을 가다듬을 수 없어 탄식만 하고 있나니
백여 호나 되는 마을에 착한 사람 하나 없네
찾아오는 이는 오직 차만 달라 하고
차를 내주지 않으면 화를 내며 돌아가네.

辰時
진 시

食時辰 煙火徒勞望四隣 饅豆飿子前年別 今日思量空嚥津
식 시 진 연 화 도 로 망 사 린   만 두 퇴 자 전 년 별   금 일 사 량 공 연 진

持念少 嗟歎頻 一百家中無善人 來者祇道覓茶喫 不得茶嗔去又嗔
지 념 소 차 탄 빈 일 백 가 중 무 선 인 래 자 지 도 멱 다 끽 부 득 다 당 거 우 진

◆ 주
- 식시진(食時辰) : 아침밥을 먹을 무렵, 아침 9시경.

- 퇴자(飩子) : 찐 떡.
- 연진(嚥津) : 침을 삼키다.
- 당(噇) : 먹다, 마시다.

다섯, 해가 높아지는 시간

머리 깎고 이 지경이 될 줄 뉘 알았으랴
어쩌다가 시골 중이 되어
굴욕과 굶주림에 죽을 지경이네
거친 장씨와 얼굴 검은 이씨는
나를 존경하는 마음은 전혀 없고
아까도 왔다 가더니 또다시 찾아와서는
차를 꿔달라 종이를 꿔달라 귀찮게 구네.

巳時
사 시

禺中巳 削髮誰知到如此 無端被請作村僧 屈辱飢悽受欲死
우중사 삭발수지도여차 무단피청작촌승 굴욕기처수욕사

胡張三 黑李四 恭敬不曾生些子 適來忽爾到門頭 唯道借茶兼借紙
호장삼 흑이사 공경부증생사자 적래홀이도문두 유도차다겸차지

◆ 주
- 우중사(禺中巳) : 오전 10시경.
- 무단(無端) : 까닭 없이.
- 장삼이사(張三李四) : 장씨의 셋째아들과 이씨의 넷째아들. 장씨와

194

이씨는 중국에서 제일 흔한 성이다. 장씨의 셋째와 이씨의 넷째는 '흔한 가운데 흔하다'는 뜻으로, 우리말의 '개똥이 소똥이' 정도에 해당한다.
· 호(胡) : 여기서는 '거칠다'는 뜻이다.
· 사자(些子) : 조금도.
· 적래(適來) : 우연히 오다, 이따금 찾아오다.

여섯, 해가 머리 위에 온 시간

차를 마시다 밥을 먹다 도무지 순서가 없어
남쪽 집에 갔다가 북쪽 집에 들렀더니
북쪽 집 역시 별로 반가워하지 않네
쓰디쓴 소금덩이에 쉬어버린 보리밥
수수밥에 상추를 내주고 하는 말이
식사를 소홀히 해서는 안 되니
도심(道心)은 더욱 견고해야 한다나…….

午時
오시

日南午 茶飯輪還無定度 行却南家到北家 果至北家不推註
일 남 오 다 반 륜 환 무 정 도　행 각 남 가 도 북 가　과 지 북 가 불 추 주
苦沙塩 大麥醋 蜀黍米飯薑萵苣 唯称供養不等閑 和尙道心須堅固
고 사 염　대 맥 초　촉 서 미 반 제 와 거　유 칭 공 양 부 득 한　화 상 도 심 수 견 고

◆ 주
- 일남오(日南午) : 한낮, 정오, 낮 12시경.
- 추주(推註) : 추(推)는 밀어내다, 배척하다. 주(註)는 알아보다, 아는 체하다. 즉 '추주(推註)'는 '별로 반가워하지 않는다'는 뜻이다.
- 고사염(苦沙塩) : 쓴맛이 도는 소금.
- 대맥초(大麥醋) : 시큼한 맛이 나는 보리밥.
- 촉서(蜀黍) : 수수.
- 제(虀) : 나물.
- 와거(萵苣) : 쌈을 싸먹는 채소, 상추.

일곱, 해가 기우는 때

이제는 굳이 밥 빌러 다닐 필요가 없네
배부르면 지난날 굶주린 일 잊는다더니
오늘 내 신세가 그리 되었네
참선도 하지 않고 경전도 안 읽나니
해어진 멍석 깔고 누워 낮잠을 자네
천상의 그 어디라 해도
등을 따뜻하게 데워주는 이런 햇살 없으리.

未時
미시

日昳未 者回不踐光陰地 曾聞一飽忘百飢 今日老僧身便是
일질미 자회불천광음지 증문일포망백기 금일노승신변시

不習禪 不論義 鋪箇破蓆日裡睡 想料上方兜率天 也無如此日炙背
불습선 불논의 포개파석일리수 상료상방도솔천 야무여차일자배

196

◆ 주
· 일질미(日昳未) : 오후 2시경.
· 자회(者回) : 저회(這回), 이번에는.
· 상료(想料) : 곰곰이 생각하다.
· 일자배(日炙背) : 햇빛이 등에 따끈하게 비치다.

여덟, 저녁때

그래도 향을 사르며 예배하는 사람 있네
다섯 할멈 가운데 세 명은 혹이 달리고
두 사람의 얼굴은 온통 주름투성이
참깨와 차를 공양 올리다니 진귀한 일이네
금강역사여, 팔뚝에 너무 힘을 주지 말게나
내년에 누에농사 보리농사 잘되면
나도 나한전에 공양 좀 올리려 하네.

申時
신시

晡時申 也有燒香禮拜人 五箇老婆三箇癭 一双面子黑皺皺
포시신 야유소향예배인 오개노파삼개영 일쌍면자흑준준

油麻茶 實是珍 金剛不用苦張筋 願我來年蚕麥熟 羅睺羅兒與一文
유마다 실시진 금강불용고장근 원아내년잠맥숙 나후라아여일문

◆ 주
· 포시신(晡時申) : 오후 4시경.

- 영(瘿) : 목에 난 혹.
- 일쌍면자(一双面子) : 두 사람의 얼굴.
- 준준(皴皴) : 주름살.
- 유마다(油麻茶) : 참깨와 차인 듯하다.
- 금강(金剛) : 금강역사. 절의 문 입구에서 근육에 힘을 주며 인상을 쓰고 있는 수호 신장(神將).
- 고장근(苦張筋) : 억지로 근육에 힘을 주다.
- 잠(蚕) : 잠(蠶)의 속자. 누에.
- 나후라아(羅睺羅兒) : 여기서는 16나한(羅漢) 가운데 한 사람을 가리킨다.
- 일문(一文) : 한 푼. '문(文)'은 돈을 세는 단위.

아홉, 해 지는 시간

이 황량함밖엔 무엇이 또 남아 있는가
눈 푸른 납자(수행자)는 눈에 안 띄고
절을 거쳐가는 사미승은 언제나 있네
벼락 치는 활구(活句)는 단 한 마디 없이
그저 엉터리로 부처의 뒤를 이어가네
한 개의 든든한 이 쥐똥나무 주장자여
산 오를 땐 지팡이요 때론 개도 후려 쫓네.

酉時
유시

日入酉 除却荒涼更何守 雲水高流定委無 歷寺沙彌鎭長有
일입유　제각황량갱하수　운수고류정위무　역사사미진장유

出格言 不到口 枉續牟尼子孫後 一條拄杖齇欭藜 不但登山兼打狗
출격언　부도구　왕속모니자손후　일조주장추날려　부단등산겸타구

◆ 주
· 일입유(日入酉) : 저녁 7시경.
· 정위무(定委無) : '별로 없다' 정도의 뜻인 듯하다.
· 역사(歷寺) : 잠시 절에 머물다 가다.
· 왕속(枉續) : 잘못 이어가다.
· 날려(欭藜) : 날(欭)은 쥐똥나무, 려(藜)는 질려(蒺藜) 즉 남가새(1년생 가시나무).

열, 황혼의 때

캄캄한 방에 홀로 앉아 있나니
가물거리는 호롱불은 켜본 적 없어
눈앞은 온통 어둠뿐이네
종소리도 듣지 못한 채 하루해가 저무나니
들리는 것은 늙은 쥐의 찍찍거리는 소리뿐
아아, 내 무슨 심정으로
저 바라밀(진리)을 생각하겠는가.

戌時
술시

黃昏戌 獨坐一間空暗室 陽焰燈光永不逢 眼前純是金州漆
황혼술 독좌일간공암실 양염등광영불봉 안전순시금주칠

鐘不聞 虛度日 唯聞老鼠鬧啾喞 憑何更得有心情 思量念箇波羅蜜
종불문 허도일 유문노서뇨추즉 빙하갱득유심정 사량염개바라밀

◆ 주

· 황혼술(黃昏戌) : 저녁 8시경.
· 양염(陽焰) : 아지랑이.
· 금주칠(金州漆) : 여기서는 '칠흑 같은 어둠'을 뜻한다.
· 뇨추즉(鬧啾喞) : 여기서는 쥐들이 찍찍거리는 소리.
· 염개(念箇) : 생각하다. '개(箇)'가 여기서는 별 뜻 없는 어조사로 쓰였다.
· 바라밀(波羅蜜) : 여기서는 '참선수행의 완성에 이르는 과정'을 말한다.

열하나, 잠들 시간

휘영청 저 달은 밝기만 한데
제일로 걱정되는 것은 잠자리에 누울 때라
옷 한 벌 없으니 무엇을 덮고 자겠는가
절 살림 사는 원주와 신도들은
입으론 곧잘 착한 말 하나 그 마음씨 의심스럽네
내 호주머니 이렇게 텅 비어 있는데도
물어보면 그저 무조건 모른다고만 하네.

亥時
해시

人定亥 門前明月誰人愛 向裏唯愁臥去時 勿箇衣裳著甚蓋
인정해 문전명월수인애 향리유수와거시 물개의상착심개

劉維那 趙五戒 口頭說善甚奇怪 任儞山僧囊罄空 問著都緣總不會
유유나 조오계 구두설선심기괴 임이산승낭경공 문착도연총불회

◆ 주

· 인정해(人定亥) : 잠들 무렵, 밤 10시경.
· 향리(向裏) : 방 안.
· 물개의상(勿箇衣裳) : 옷이 전혀 없다.
· 착심개(著甚蓋) : 인심개(因甚蓋), 무엇으로 몸을 가리겠는가.
· 유유나(劉維那) : 유씨 성을 가진 유나. '유나(維那)'는 선원의 기강을 관장하는 직책.
· 조오계(趙五戒) : 조거사(趙居士). '오계(五戒)'는 재가신자가 받는 다섯 가지 계율.
· 임이(任儞) : ~하게 내버려두다. 여기서는 '주머니가 텅 비게 내버려두다'.
· 낭경공(囊罄空) : 주머니가 텅 비어 있다.
· 문착(問著) : 묻다. '착(著)'은 어조사.
· 총불회(總不會) : 모두 모른다고 말하다.

열둘, 한밤중

생각은 잠시도 멈추지 않아
출가한 수행자 가운데
나처럼 사는 사람 얼마나 되리
맨흙바닥에 다 해어진 깔자리
느릅나무 목침에 이불은 전혀 없네
불전에 피울 향조차 없으니
재 속의 쇠똥 타는 냄새나 맡을 뿐이네.

子時
자 시

半夜子 心境何曾得暫止 思量天下出家人 似我住持能有幾
반야자 심경하증득잠지 사량천하출가인 사아주지능유기
上榻牀 破蘆簾 老楡木枕全無被 尊像不燒安息香 灰裏唯聞牛糞氣
상탑상 파노폐 노유목침전무피 존상불소안식향 회리유문우분기

◆ 주
· 반야자(半夜子) : 밤 12시경.
· 노폐(蘆簾) : 갈대나 대나무로 엮어 만든 깔개, 자리.
· 유(楡) : 느릅나무.
· 피(被) : 여기서는 덮고 자는 이불.
· 안식향(安息香) : 좋은 향의 한 가지.
· 문(聞) : 여기서는 '냄새를 맡다'.

◆ 해설

선승의 하루를 읊은 시다. 청승맞은 신세타령 같지만, 그러나 깨달음의 경지마저 벗어나버린 평상심시도(平常心是道)의 세계를 읊고 있다. 조주(趙州)는 120세를 살고 간 선승이다. 40년은 참선, 40년은 운수행각, 그리고 나머지 40년은 제자 지도로 일생을 보냈다. 보라, 그의 무르녹은 경지를, 무르녹을 대로 무르녹아 차라리 바보스럽기까지 한 이 천진무구한 노인을……

默

6. 침묵 · 번뇌의 바다에서 노 젓는 사공

나무와 돌이 설법하고
_기타 다이치

나무와 돌이 설법하고 사람이 듣나니
바람이 찬 숲을 흔들어 낙엽이 뜰에 가득하네
담벽에 사람은 없지만 거기 귀가 있나니
등롱과 노주여, 또한 목소리를 낮춰라.

無情說法
무정설법

無情說法有情聽 風攪寒林葉滿庭 牆壁無人却有耳 燈籠露柱且低聲
무정설법유정청 풍교한림엽만정 장벽무인각유이 등롱노주차저성

_출전 『대지선사게송』

◆ 주
· 무정(無情) : 마음이 없는 것. 나무, 산 등.
· 유정(有情) : 마음이 있는 것. 사람 등.
· 등롱(燈籠) : 옛날식 플래시. 대나무로 바구니처럼 만든 다음 그 위에 종이를 발라 등잔을 넣고 밤길을 갈 때 들고 다녔다.
· 노주(露柱) : 법당 앞에 세워둔 돌기둥. 생명이 없는 것(無情)의 대표적인 예.

◆ 해설
  기타 다이치(祇陀大智), 그는 일본 묵조풍(默照風) 선시의 제일인자

다. 여기 이 시는 묵조풍 선시의 일인자답게 시상이 지극히 명상적이고 유연하다. 그러므로 여러 번 되씹어 보지 않으면 감(感)이 오지 않는 그런 선시다.

설법(說法)은 사람이 하는 것인데 이 시에서는 무정물(無情物)인 나무나 돌이 설법하고, 사람이 그 설법을 듣는다고 했다. 말하자면 일상적인 관념의 세계를 넘어선 비사량처(非思量處, 생각으로 미칠 수 없는 곳)의 경지를 읊고 있는 것이다.

휘영청 달 밝은 속에
_기타 다이치

휘영청 달 밝은데 옥저 소리 끊어지고
옛집은 어둑하여 시관마저 간데없네
문밖은 지금 한창 봄빛이 무르익어
버들가지 바람에 푸른 깃발 펄럭이네.

奪人不奪境
탈 인 불 탈 경

玉簫聲斷月明中　古殿深沈侍立空　門外春光閑不得　靑旗吹動柳糸風
옥 소 성 단 월 명 중　고 전 심 침 시 립 공　문 외 춘 광 한 부 득　청 기 취 동 유 사 풍

_출전 『대지선사게송』

◆ 주
- 탈인불탈경(奪人不奪境) : 중국 선승인 임제의 네 가지 선 수행 교육 방법 가운데 하나. 주관을 제거하고(奪人), 객관을 그대로 놔두는(不奪境) 것.
- 시립공(侍立空) : 왕의 옆에서 보좌하는 시관(侍官)이 없다.
- 청기(靑旗) : '청(靑)'은 봄의 색깔. 황제는 봄이면 푸른 옷(靑衣)을 입고 푸른 깃발을 세운다.

◆ 해설
　원시(原詩)의 제목 '탈인불탈경(奪人不奪境)'이란 중국 임제풍 선의

창시자인 임제의 네 가지 선 수행 교육법 가운데 하나다. 네 가지 선 수행 교육법은 다음과 같다.
첫째, 탈인불탈경(奪人不奪境 : 주관을 없애고 객관은 놔둔다).
둘째, 탈경불탈인(奪境不奪人 : 객관을 없애고 주관은 놔둔다).
셋째, 인경구탈(人境俱奪 : 주관과 객관을 모두 없앤다).
넷째, 인경구불탈(人境俱不奪 : 주관과 객관을 모두 놔둔다).
1·2구는 주관을 부정한 차원(奪人)을, 3·4구는 객관을 인정한 차원(不奪境)을 읊고 있다.

송음암
_기타다이치

푸른 용이 울부짖는 여긴 옥두산
깨닫고 깨닫지 않고를 묻지 않겠네
귀 기울이면 청풍이요 눈 뜨면 명월이니
몇 사람이나 이 난간에 기대어 이를 감상했는가.

松吟庵
송음암

蒼龍吼破屋頭山 不問透關未透關 側耳淸風開眼月 幾人來倚曲欄干
창룡후파옥두산 불문투관미투관 측이청풍개안월 기인래의곡난간

_출전 『대지선사게송』

◆ 주
· 창룡후파(蒼龍吼破) : 노송이 바람에 우는 모습.
· 옥두산(屋頭山) : 송음암이 있는 산의 이름인 듯하다.
· 투관(透關) : 조사의 관문을 뚫다, 즉 깨달음을 얻다.

◆ 해설
'송음암(松吟庵)'이라는 암자의 이름에서 시상이 시작되어 그윽하기 이를 데 없는 한 편의 선시를 빚어내고 있다. 노송(老松)의 솔바람을 '푸른 용의 울부짖음'으로 표현한 것은 정말 대단한 솜씨다. 또한 이 1구를 받은 2구 역시 엄청난 저력을 느끼게 한다. 2구가 없었더라면

1구의 '푸른 용'은 지렁이로 전락해버렸을 것이다. 3구와 4구는 잔잔한 뒷마무리다.

뱃머리에 앉아
_기타 다이치

뱃머리 창문으로 보이는 강의 가을이여
주객이 하나 될 때 보이는 건 끝이 없네
언덕 위 푸른 산은 움직이지 않지만
강에 비친 저 달은 물결 따라 흘러가네.

笠津遠望
입진원망

篷窓冷對一江秋 智境融時見處周 岸上靑山雖不動 波心明月去隨流
봉창랭대일강추 지경융시견처주 안상청산수부동 파심명월거수류

_출전 『대지선사계송』

◆ 주
- 입진(笠津) : 일본 나가사키현(長崎縣) 시마바라(島原)의 서해안. 기타 다이치의 입멸지. 일본의 관음 영장(靈場).
- 봉창(篷窓) : 배의 창문.
- 지경(智境) : '지(智)'는 주관적 인식작용, '경(境)'은 주관적 인식작용에 의해서 감지된 객관 대상.

◆ 해설
3구의 '청산(靑山)'은 우리 마음의 불변성(體)을, 4구의 '파심명월(波心明月)'은 상황에 따라 굽이치는 우리 마음의 가변성(用)을 뜻한다.

제자에게
_기타 다이치

그 말은 주정뱅이나 마음은 보름달이니
울고 웃는 이 삶 속으로 다시 들어오는 시절이네
무지의 산 위에서 큰 횃불 비껴들고
번뇌의 바다에서 노 젓는 사공이 되라.

寄人
기 인

口似醉人心似月 回途垂手入鄽時 無明山上大法炬 煩惱海中船筏師
구 사 취 인 심 사 월   회 도 수 수 입 전 시   무 명 산 상 대 법 거   번 뇌 해 중 선 벌 사

_출전 『대지선사게송』

◆ 주
· 수수입전(垂手入鄽) : 깨달은 다음 이 번뇌망상의 삶 속으로 다시 들어오는 것.
· 선벌사(船筏師) : 뱃사공.

◆ 해설
깨달음을 경험한 후에는 무엇을 해야 하는가. 다시 들어와야 한다. 울고 웃는 이 아수라판으로 다시 들어와 인연 닿는 사람들을 깨달음으로 인도해야 한다. 여기 이 시에는 그런 사명감을 일깨우는 간절함이 있다. 그러나 교훈적인 색채가 짙은 것이 흠이다.

하늘
_기타 다이치

천지창조 이전부터 텅 비어 있는 이곳
모양새란 도무지 없어 엿볼 틈마저 없네
동서남북 그 어디에도 털끝 하나 용납치 않지만
그러나 온종일 해가 비치고 바람이 부네.

太虛
태허

曠大劫來空索索　了無相貌與人窺　四維上下不容髮　日炙風吹十二時
광대겁래공삭삭　요무상모여인규　사유상하불용발　일구풍취십이시

_출전 『대지선사게송』

◆ 주
- 태허(太虛) : 하늘, 우주의 근원.
- 삭삭(索索) : 흩어져 없어지는 모양.
- 사유상하(四維上下) : 동서남북 사방과 그 간방, 그리고 상하. 즉 10방(十方).
- 구(炙) : 여기서는 '햇빛이 비치다'.

◆ 해설
동양에서는, 아니 노자(老子)는 이 우주의 근원을 '텅 비어 있는 것(太虛)'으로 보았다. 시간도 공간도 형체도 없는 이 절대진공(絶對眞

空)의 근원으로부터 해가 비치고 바람이 불면서 온갖 형체의 소리, 냄새 등이 비롯된다는 것이다. 이 시는 그대로 한 편의 '창조 드라마'다.

고목

_기타다이치

그 온몸을 내던져 절벽에 의지했으니
바람에 깎이고 비에 씻기기 몇천 번인가
껍질은 모두 떨어져나가고 알맹이만 남았으니
칼로 자르고 도끼로 찍어도 눈 하나 까딱 않네.

枯木
고목

放下全身倚斷崖 風磨雨洗幾千回 皮膚脫落有眞實 刀斧從教斫不開
방하전신의단애 풍마우세기천회 피부탈락유진실 도부종교작불개

_출전 『대지선사계송』

◆ 주
· 방하(放下) : 방하착(放下着), 놓아버리다.
· 기천회(幾千回) : 몇천 번.
· 탈락(脫落) : 떨어져나가다.

◆ 해설
아스라이 절벽에 붙어 있는 고목이여,
온갖 시련에 시달릴 대로 시달리면서 더욱 강인해진 이것이여,
비곗살은 다 빠져나가고 뼈만 남아 차갑게 빛나는 수행자의 모습이여.

그림 속의 다리
_기타다이치

양쪽 언덕엔 푸른 안개요, 머언 산빛 예 있어
달빛 흐르는 강은 물소리도 사라졌네
붓끝에서 생각 이전의 길이 점 찍혀 나오나니
무지개다리 위에 사람 하나 가고 있네.

畵橋
화교

兩岸蒼煙山有色 一川明月水無聲 毫端點出機前路 人在虹蜺背上行
양안창연산유색 일천명월수무성 호단점출기전로 인재홍예배상행

_출전 『대지선사게송』

◆ 주
· 화교(畵橋) : 그림 속의 다리.
· 호단(毫端) : 붓끝.
· 기전로(機前路) : 주객의 분별심이 일어나기 전의 길.
· 홍예배상(虹蜺背上) : 무지개 모양의 다리 위.

◆ 해설
수묵화 속의 무지개다리, 그리고 그 다리 위로 가고 있는 점(사람) 하나…… 이는 동양이 찾아낸 미(美)의 극치다.

눈 오는 날, 하나
_기타다이치

저 허공이 부서져서 티끌이 되고
산과 들은 높낮이가 없어지고 사람도 보이지 않네
마른 나뭇등걸에 흰 꽃 한 송이 피어나
천지창조 이전의 봄을 부르고 있네.

雪中示寂山一
설 중 시 적 산 일

虛空粉碎化微塵　大地平沈不見人　枯木乍開花一點　喚回空劫已前春
허 공 분 쇄 화 미 진 　대 지 평 침 불 견 인 　고 목 사 개 화 일 점 　환 회 공 겁 이 전 춘

_출전 『대지선사게송』

◆ 주
· 적산(寂山) : 사람 이름.
· 허공분쇄(虛空粉碎) : 눈발이 흩어지는 모양.
· 대지평침(大地平沈) : 산과 들이 높낮이 없이 평평해지다.
· 공겁(空劫) : 천지창조 이전.

◆ 해설
1·2구는 눈 오는 풍경의 묘사다. 그러나 3구에 오자 눈송이는 문득 나뭇가지에 달린 흰 꽃 한 송이가 된다. 이 시의 절정은 4구다. 이 흰 꽃 한 송이가 천지창조 이전의 봄을 부르고 있다.

눈 오는 날, 둘
_기타다이치

옥 주렴을 걷어올리니 수정궁이 나타나
분명하고 확 터진 가운데 차갑게 앉아 있네
한밤에 해는 떠서 정오를 비추나니
이전의 일색마저 뛰어넘어야 하네.

雪中示寂山二
설 중 시 적 산 이

珠簾捲起水晶宮　冷坐洞然明白中　半夜日輪當午照　從前一色却成空
주 렴 권 기 수 정 궁　냉 좌 통 연 명 백 중　반 야 일 륜 당 오 조　종 전 일 색 각 성 공

_출전 『대지선사계송』

◆ 주
- 주렴(珠簾) : 옥으로 만든 발. 여기서는 눈 온 뒤에 맺힌 고드름을 뜻한다.
- 수정궁(水晶宮) : 눈이 덮인 풍경.
- 일색(一色) : 주관과 객관이, 분별심이 사라진 절대의 경지.

◆ 해설
1구에서는 눈이 온 풍경을 '수정의 궁전'으로 묘사하고 있다. 그러나 2구에서 이 수정궁을 보는 시인은 문득 저 '통연명백(洞然明白)'이라는 깨달음의 차원으로 들어가 있다. 3구에 가서 시상은 일대 전환을

한다. 한밤에 해가 떠서 정오를 비춘다니…… 일상의 차원을 넘어선 경지다. 그러나 이것으로도 아직 부족하기에 4구에서 '한 번 더 뛰어넘으라'고 재촉하고 있다. 일색(一色)마저 넘어서라고 말한다. 이 시는 묵조풍 선시의 좋은 본보기다.

눈 오는 날, 셋

_기타 다이치

대지를 깎아 흰 상아를 만들자
보현의 털구멍마다 산하가 쏟아지네
거듭거듭 연출하는 이 초능력이여
허공이 부서져서 꽃비 내리네.

雪中示寂山三
설 중 시 적 산 삼
大地削成白象牙　普賢毛孔出山河　重重示現神通力　粉碎虛空雨雜花
대지삭성백상아　보현모공출산하　중중시현신통력　분쇄허공우잡화
_출전『대지선사게송』

◆ 주
· 백상아(白象牙) : 눈 덮인 풍경을 순백색의 상아로 보았다.
· 보현(普賢) : 종횡무진하는 행위의 상징인 보살. 이 보현보살은 덕(德)을 상징하는 흰 코끼리를 타고 다닌다.

◆ 해설
눈 덮인 대지의 그 흰빛(白色)에서 상아(象牙)가 연상되고, 이 상아에서 다시 흰 코끼리를 타고 있는 보현보살의 이미지가 떠오른 것이다. 그 다음 3구에서는 보현보살의 불가사의한 초능력을 연상하고, 이 초능력에서 시상은 다시 '허공이 부서져서 흰 꽃비로 내린다'로

발전하고 있다. 시의 구성과 전개가 아주 뛰어나다. 역시 묵조풍 선시의 한 전형이다.

봉산 산거, 하나
_기타 다이치

먼 산 가까운 산에 한 줄기 엷은 안개
그윽한 한 폭의 수묵화로 번져가네
눈앞의 맑고 깊은 이 정취,
지음인이 아니면 더불어 말하기 어렵네.

鳳山山居一
봉산산거 일

一抹輕煙遠近山 展成淡墨畵圖看 目前分外淸幽意 不是道人俱話難
일 말 경 연 원 근 산　전 성 담 묵 화 도 간　목 전 분 외 청 유 의　불 시 도 인 구 화 난

_출전 『대지선사계송』

◆ 주
· 봉산(鳳山) : 일본 고코(虎口)에 있는 봉의산(鳳儀山).
· 분외(分外) : 육안으로 볼 수 있는 그 너머에 있는 불멸성.

◆ 해설
다 드러나면 여운이 없다. 살짝 가려줘야 한다. 그래야 그 가려진 부분에서 무한한 여운이 이는 것이다. 그렇기에 수묵화에서는 언제나 아스라한 산허리쯤을 안개로 살짝 가리지 않는가. 언어로 잡을 수 없는 이 그윽한 정취, 내 뉘와 더불어 나눠가지리.

봉산 산거, 둘
_기타 다이치

인간 만사 시시비비를 끊어버리고
흰 구름 깊은 골에 사립문 닫네
뜨락에 대나무를 심는 뜻이여
어느 날 봉황이 날아와 깃들이기를 기다리네.

鳳山山居二
봉 산 산 거 이

截斷人間是與非　白雲深處掩柴扉　當軒栽竹別無意　祗待鳳凰來宿時
절 단 인 간 시 여 비　백 운 심 처 엄 시 비　당 헌 재 죽 별 무 의　지 대 봉 황 래 숙 시

_출전 『대지선사계송』

◆ 주
- 봉황래숙(鳳凰來宿) : 봉의산(鳳儀山)은 또한 봉래산(鳳來山)이라고도 부른다. 이 산 이름에서 '봉황이 날아오다(鳳來)'를 연상하고 있다. 그리고 봉황은 대나무 열매(竹實)만 먹는다고 한다.

◆ 해설
꿈은 있어야 한다. 기다림은 필요하다. 꿈이 없다면, 기다림마저 말라버린다면, 그런 삶은 죽음보다 나을 게 없다.

봉산 산거, 셋
_기타다이치

명예와 이익의 사슬에 묶이지 않고
안개와 수석 속에 내 자취를 파묻네
다리 부러진 무쇠솥에 산나물 삶으면서
옛사람의 가풍을 따라 산에 묻혀 살고 있네.

鳳山山居三
봉산산거삼

名韁利鎖留不住 晦跡煙霞水石中 折脚鐺兒煎野菜 住山自効古人風
명 강 리 쇄 유 부 주 회 적 연 하 수 석 중 절 각 당 아 전 야 채 주 산 자 효 고 인 풍

_출전 『대지선사게송』

◆ 주
- 명강리쇄(名韁利鎖) : 명예의 고삐와 이익의 쇠사슬.
- 절각당아(折脚鐺兒) : 다리 부러진 무쇠솥.
- 효(効) : 본받다, 본받아 배우다.

◆ 해설

동양의 현인들은 하나같이 은자풍의 삶을 제일로 여겼다. 혹자는 이를 현실도피로 비난하지만, 그러나 동양의 현인들은 역시 현명했다. 왜 현명했는지, 세월의 물살에 씻겨가다 보면 그대도 알게 될 것이다.

까마귀 우는 골에 백로야 가지 마라
성낸 까마귀 흰빛을 세우나니
청파에 고이 씻은 몸 더럽힐까 하노라.
_우리 옛 시조

봉산 산거, 넷

_기타다이치

삼라만상 그 가운데 홀로 드러난 이 몸이여
이젠 두 번 다시 감각과 사물에 걸리지 않네
고개 돌린 채 홀로 마른 등나무에 기대었나니
사람은 산을 보고, 산은 사람을 보네.

鳳山山居四
봉산산거사

萬像之中獨露身 更於何處著根塵 回首獨倚枯藤立 人見山兮山見人
만상지중독로신 갱어하처착근진 회수독의고등립 인견산혜산견인

_출전 『대지선사계송』

◆ 주
· 근진(根塵) : 주관적인 우리의 감각(根)과 여기 대응하는 객관(塵).

◆ 해설
'사람이 산을 보는 것(人見山)'은 상식의 차원이지만, '산이 사람을 보는 것(山見人)'은 상식을 넘어선 차원이다. 여기서 사람(人)은 주관에, 산(山)은 객관에 비길 수 있다. 그러므로 '사람은 산을 보고, 산은 사람을 보는 것'은 주관과 객관이 하나 된 주객일여(主客一如)의 경지를 말하는 것이다.

봉산 산거, 다섯
_기타 다이치

향을 피우고 소나무 아래 홀로 앉아 있나니
바람 불어 찬 이슬이 옷깃 적시네
어느 땐 선정에서 깨어나 개울로 내려가서
새벽달을 병에 떠서 가지고 돌아오네.

鳳山山居五
봉산산거 오

焚香獨坐長松下 風吹寒露濕禪衣 有時定起下雙澗 瓶汲五更殘月歸
분향독좌장송하 풍취한로습선의 유시정기하쌍간 병급오경잔월귀

_출전 『대지선사게송』

◆ 주
· 정(定) : 선정(禪定), 입정(入定).
· 잔월(殘月) : 새벽달.

◆ 해설
그저 평범한 이 시는 4구로 하여 아주 비범한 선시로 둔갑한다. 그것도 '잔월(殘月)'이라는 단 두 글자로 인해…….

봉산 산거, 여섯

_기타 다이치

진종일 물 긷고 장작을 져나르는 이 속에
주인공은 분명히 드러나 있네
이 우주의 생성과 파괴를 저만치 두고 보며
수미산 제일봉을 앉아서 제압하네.

鳳山山居六
봉산산거 육

終日搬柴運水中 分明顯露主人公 三千日月觀成敗 坐斷須彌第一峰
종일반시운수중 분명현로주인공 삼천일월관성패 좌단수미제일봉

_출전 『대지선사계송』

◆ 주
· 주인공(主人公) : 자기 자신의 본성.
· 삼천일월(三千日月) : 우주(三千大千世界) 안에 있는 해와 달.
· 수미(須彌) : 수미산. 우주의 중앙에 있다는 전설 속의 산.

◆ 해설
  묵조풍의 선시지만, 그러나 이 시에는 임제풍 선시를 능가하는 기백과 기상도 있다.

어느 선승에게
_기타 다이치

도끼를 들어 네다섯 개비 장작을 패고
무딘 칼로 두세 줄기 산나물 캐네
도인의 삶은 다만 이와 같거니
깨달아야 할 그 무엇이 또 있겠는가.

示僧
시 승

揮斧破柴四五束 提刀擇菜兩三莖 道人受用只如此 有甚菩提道可成
휘 부 파 시 사 오 속　제 도 택 채 양 삼 경　도 인 수 용 지 여 차　유 심 보 리 도 가 성

_출전 『대지선사게송』

◆ 주
· 파시(破柴) : 장작을 쪼개다.
· 수용(受用) : 일상의 삶.
· 지여차(只如此) : 다만 이와 같다.
· 보리도(菩提道) : 깨달아야 할 도.

◆ 해설
 저 당(唐)의 선승 조주(趙州)의 「십이시가(十二時歌, 멍청이의 노래)」와 그 맥락을 같이하는 시다. '평상심시도(平常心是道, 일상생활이 그대로 도의 움직임)'의 경지를 읊은 시로서 일품이다.

미인의 죽음을 애도하며
_기타 다이치

아아, 미인의 풍류 한 가락이여
꽃은 봄날에 가득하고 달은 누각에 젖네
그대의 진면목이 모두 드러난다면
그 부채로는 얼굴조차 다 가릴 수 없으리.

悼戴家女兒
도 대 가 여 아

佳人一段好風流　花滿春城月滿樓　露出娘生眞面目　綺羅小扇不遮頭
가인일단호풍류　화만춘성월만루　노출낭생진면목　기라소선불차두

_출전 『대지선사게송』

◆ 주
· 낭(娘) : 어머니.
· 진면목(眞面目) : 진짜 모습, 본래 모습.
· 소선(小扇) : 여자가 얼굴을 가리기 위해 가지고 있는 둥근 부채.

◆ 해설
　미인의 죽음을 애도하는 시인데도 슬픈 기운이 없다. 1구와 2구는 살아생전에 아름답고 풍만했던 미인의 모습이다. 3구와 4구는 육체를 벗어난 영혼(眞面目)의 불멸성을 읊고 있다. 동서고금을 통틀어 이 정도의 멋진 애도시는 일찍이 그 예가 드물다.

영흥 개산탑에서

_기타 다이치

빈집엔 다만 푸른 이끼뿐,
조사의 종풍을 이을 사람이 없네
가지 가득 꽃 지고 봄도 지나간 다음
두견이 울어울어 석양빛 저리 붉네.

禮永興開山塔
예 영 흥 개 산 탑

空堂只見綠苔封 法席無人補組宗 滿樹落花春過後 杜鵑啼血夕陽紅
공 당 지 견 록 태 봉　법 석 무 인 보 조 종　만 수 락 화 춘 과 후　두 견 제 혈 석 양 홍

_출전 『대지선사게송』

◆ 주
· 영흥개산(永興開山) : 일본 교토(京都) 영흥사의 개산조(開山祖, 창건주).
· 보조종(補祖宗) : 조사의 종풍(宗風)을 잇다.

◆ 해설
회고의 시다. 1·2구는 그저그런 회고풍이고, 3구는 다분히 감상적이다. 그러나 4구는 이 시의 절정이다. '석양빛 붉음'과 '두견이 피울음'이 결합해 '석양빛 붉게 물든 것'으로 시상이 무르익어가고 있다. 시는 역시 영혼의 양식이다. 배가 고프더라도 시는 있어야 한다. 시정(詩情)을 잃어서는 안 된다.

山

7. 산정 · 안개여울 아득히 길을 놓친 채

깊은 밤
_설암추봉

밤은 깊고 산은 비어 온 누리 고요한데
적막한 등불 아래 외로이 시정(詩情)에 젖네
뜰 앞의 소나무 홀로 깨어서
이 마음 물결에 화답하네.

夜中卽事
야 중 즉 사

夜靜山空萬籟沈　寂寞燈下費孤吟　庭前唯有靑松韻　添却騷人一段心
야정산공만뢰침　적막등하비고음　정전유유청송운　첨각소인일단심

_출전 『설암집』

◆ 주
· 만뢰(萬籟) : 모든 사물이 내는 소리, 삼라만상이 우는 소리.

◆ 해설
고요한 산속의 밤, 적막한 등불 아래 외로움을 씹는 한 사내. 그를 달래는 것은 오직 소나무 가지에 이는 잔바람 소리뿐…… 아니, 그 자신이 소나무 가지의 잔바람이 되어 우- 우- 소리를 내고 있다. 누리 잠든 내 어린 날의 그 어느 날 밤에…….

수정암 다리 위에서

_함허 득통

삼청동을 아홉 겹 띠 둘렀더니
한 가닥 개울물에 여덟 곳 다리네
다리 아래 물이 맑아 붉은빛과 푸른빛 싸우고
온 산엔 단풍잎들 소나무 가지에 기대었네.

次俗離洞水晶橋板上韻
차 속 리 동 수 정 교 판 상 운

三淸洞府九重遙 一帶溪流八處橋 橋下水明紅鬪碧 四山楓葉倚松梢
삼 청 동 부 구 중 요 일 대 계 류 팔 처 교 교 하 수 명 홍 투 벽 사 산 풍 엽 의 송 초

_출전 『함허집』

◆ 주
- 삼청동(三淸洞) : 신선이 사는 곳.
- 구중(九重) : 여러 겹으로 둘러싸이다.
- 일대(一帶) : 어느 지점을 정해놓고 그 주위 전체를 말한다.
- 사산(四山) : 온 산.
- 송초(松梢) : 소나무 가지.

◆ 해설
함허(涵虛)의 시는 그 맑기가 지나치다는 느낌을 준다. 어느 시라도 그의 것에서 느껴지는 맑음은 한결같지만, 특히 이 시의 3구는 맑음

의 극치라 할 수 있다. 교하수명홍투벽(橋下水明紅鬪碧)의 '투(鬪)'자는 지금까지 어느 시인에게서도 느껴보지 못한 정서다. 그의 심경이 오죽이나 맑았으면 붉은 단풍잎과 푸른 소나무 가지가 싸우는 그런 세밀함까지 비쳤을까.

대신 함허의 시는 단조롭다는 느낌이 든다. 그의 『금강경오가해설의(金剛經五家解說誼)』는 기찬 명문이지만, 그의 시는 설의(說誼)에 견주면 훨씬 뒤지는 듯하다. "물이 맑으면 고기가 놀지 않는다"는 옛말이 함허의 시를 보고 있으면 되살아온다. 더러움을 피해 맑음에 떨어져버린다면 그것은 불을 피하다 되레 물에 빠져 죽는 결과를 가져온다.

백운산에 올라
_청허 휴정

계수나무 열매 익는 향기 달에 나부끼고
소나무 찬 그림자 구름에 스치네
이 산중의 그윽한 일
세속 사람 듣는 것 허락지 않네.

登白雲山吟
등 백 운 산 음

桂熟香飄月 松寒影拂雲 山中倚特事 不許俗人聞
계숙향표월　송한영불운　산중의특사　불허속인문

_출전 『청허당집』

◆ 주
· 표월(飄月) : 달에 나부끼다.
· 불(拂) : 떨치다, 스치다.
· 불허(不許) : 허락하지 않다.

◆ 해설
첫 구가 매우 신비스러움을 자아낸다. 달 속에 계수나무가 있다는 생각에서 '계숙(桂熟)'을 끌어낸 것도 좋으려니와, 그 계수나무 열매 익는 향기가 달에 나부낀다는 '표(飄)' 자에는 귀신을 울릴 수 있는 묘함이 깃들어 있다. 2구 송한영불운(松寒影拂雲)의 '영불운'도 예사 글귀는 아니다. 한 시인이 일생을 갈고 닦는다 해도 찾아낼까 말까 한 그런 글귀다. 도대체 이런 글귀가 어떻게 예사스럽게 나올 수 있을까. 그것은 시를 쓰겠다는 작위심이 없는 무심지경에 들어갔기 때문이다. 이것을 불풍류처야풍류(不風流處也風流, 풍류가 아닌 곳이 또한 풍류다)라 한다.

당나라 때 항주(杭州) 천축사(天竺寺)에 시인 송지문(宋之問)이 유숙한 일이 있었다. 밤에 나와 거닐면서 시 한 수를 지었다. "계수나무 열매 달에서 떨어지고 / 하늘 향기 구름 밖에 나부끼네(桂子月中落 天香雲外飄)." 그러나 아래 구를 계속 잇지 못해 고심하고 있었는데, 한 승려가 그것을 보고 서슴없이 다음 구절을 읊었다. 새벽에 찾으니 그 승려는 간 곳이 없었다. 그는 망명한 낙빈왕(駱賓王)일 것이라고 들 추측한다.

옛 우물가
_추사 김정희

옛 우물가 새벽에 세수하러 나갔더니
옛 우물 붉기가 불타는 것 같았네
복사꽃 만발함을 미처 모르고
단사천이 아닌가 의심했었네.

失題
실 제

淸晨漱古井 古井紅如燃 不知桃花發 疑有丹沙泉
청 신 수 고 정   고 정 홍 여 연   부 지 도 화 발   의 유 단 사 천

_출전 『완당선생전집』

◆ 주
· 수(漱) : 양치질하다, 세수하다.
· 단사천(丹沙泉) : 바닥에 수은과 유황이 섞인 붉은 흙이 깔린 샘.

◆ 해설
한 폭의 인상파 그림을 보는 듯하다. 특히 2구는 절창이다. 추사 김정희, 그는 서도(書道)에 불멸의 경지를 개척한 사람이다. 그의 마지막(죽기 3일 전) 글씨가 저 뚝섬 봉은사에 있다. 판전(板殿)의 현액이 바로 그것이다.

약초 사이 작은 길
_추사 김정희

약초 사이 작은 길은 깊고 먼 곳으로 나 있고
칡넝쿨 어린 처마에는 구름안개 지나가네
산사람이 저 홀로 술잔 들 적에
꽃잎이 날아가다 술잔과 마주치네.

失題
실제

藥徑通幽窅 蘿軒積雲霧 山人獨酌時 復與飛花過
약 경 통 유 요 나 헌 적 운 무 산 인 독 작 시 부 여 비 화 과

_출전 『완당선생전집』

◆ 주
· 약경(藥徑) : 약초가 우거진 오솔길.
· 요(窅) : 깊고 먼 모양.
· 적(積) : 여기서는 '지나가다'.

◆ 해설
산사람이 홀로 술잔을 드는데 마침 꽃잎이 날아가다 술잔에 마주쳐 대작을 해준다니, 시도 이쯤 되면 득도의 경지다. 자, 나도 쓰던 글을 때려치우고 안동소주 한잔을 홀로 들어야겠다. 어디선가 불현듯 눈먼 꽃잎이 날아와 내 술잔에 부딪쳐줄지도 모르니……

금강산 암자의 노승에게

_율곡 이이

고기 뛰고 솔개 날으여 위아래가 같나니
이 도리는 색(色)도 아니요 공(空)도 아니네
미소 지으며 내 신세를 돌아보니
석양빛 만목(萬木) 중에 홀로 서 있네.

楓岳贈小菴老僧
풍악 증 소 암 노 승

漁躍鳶飛上下同 這般非色亦非空 等閑一笑看身世 獨立斜陽萬木中
어 약 연 비 상 하 동　저 반 비 색 역 비 공　등 한 일 소 간 신 세　독 립 사 양 만 목 중

_출전 『율곡집』

◆ 주
· 풍악(楓岳) : 금강산, 특히 가을의 금강산을 말한다.
· 연(鳶) : 솔개.
· 저반(這般) : 이, 이것.

◆ 해설
  율곡은 젊은 시절 금강산에 들어가 입산수도를 한 일이 있다. 그래서인가, 금강산의 어느 암자 노승에게 이 시를 주고 있다. 1구와 2구는 다분히 철리적(哲理的)인 데 비해 3구와 4구는 시정이 넘친다. 특히 4구에서 그의 외로움이 눈부시게 빛을 발하고 있다.

산에서
_취미 수초

산이 날 부르지 않았고
나 또한 산을 알지 못하네
산과 나 서로 잊는 곳
바야흐로 특별한 한가로움이 있네.

山居
산거

山非招我住 我亦不知山 山我相忘處 方爲別有閑
산비초아주 아역부지산 산아상망처 방위별유한

_출전 『취미대사집』

◆ 주
· 방(方) : 바야흐로.
· 별유한(別有閑) : 특별한 한가로움이 있다.

◆ 해설
　산이 나를 오라고 부른 것도 아니요 나 또한 산을 알지 못하니, 산이 나요 내가 산이 되었기 때문이다. 보는 자와 보이는 것이 하나가 되었기 때문이다. 이렇듯 나와 상대가 하나가 되면, 거기 나도 없고 상대도 없는 저 절대의 경지에 이르게 된다. 이것이야말로 이 시에서 말하고 있는 '이 세상 밖의 특별한 한가로움'이 아니겠는가.

부용암을 찾아서
_설담 자우

산은 열려 인자(仁者)의 길이요
물은 씻겨 지인(智人)의 마음이네
풍경 소리 어디서 들려오는가
암자가 수풀 속에 숨어 있네.

訪芙蓉庵
방부용암

山開仁者路 水洗智人心 淸磬從何處 小庵隱樹林
산개인자로 수세지인심 청경종하처 소암은수림

_출전 『설담집』

◆ 주
- 부용암(芙蓉庵) : 암자 이름. 어디에 있는지는 자세하지 않다.
- 경(磬) : 경쇠, 풍경(처마 끝에 매다는 작은 종).
- 소암(小庵) : 아주 보잘것없는 작은 절.

◆ 해설
산속의 작은 암자를 찾아가는 선비의 조촐한 심정을 잘 표현한 시다. 1구와 2구는 상투적이다. 그러나 3구와 4구가 상투적인 앞의 두 구절을 살려내고 있다. 자칫하면 산문이 되어버릴 이런 글귀에 시적인 감흥을 불어넣었다는 것은 대단한 일이다.

산문을 나오며
_백곡 처능

걸음걸음 산문을 나오는데
개울가 꽃 날리며 작은 새 우네
안개여울 아득히 길을 놓친 채
천 봉우리 저 빗줄 속에 홀로 서 있네.

出山
출산

步步出山門 鳥啼花落溪 烟沙去路迷 獨立千峯雨
보보출산문 조제화락계 연사거로미 독립천봉우

_출전 『백곡집』

◆ 주
· 산문(山門) : 절의 바깥문.
· 연사(烟沙) : 안개구름으로 가려진 모랫벌과 여울.
· 천봉우(千峯雨) : 일천 봉우리에 내리는 빗발.

◆ 해설
한시(漢詩), 아니 시의 가장 이상적인 형태는 4행(四行)인 것 같다. 보보(步步)와 조제(鳥啼), 출산(出山)과 화락(花落), 연사(烟沙)와 독립(獨立)의 대칭을 보라. 언어와 언어 사이의 절묘한 조화가 있다.

산중에 사는 맛
_운담 정일

무심히 구름과 함께 머물고
달과 내가 기약 없이 서로 따르네
이 산중에 사는 맛
오직 그대만이 알 뿐.

山中雲月
산중운월

無心雲共住 不約月相隨 多少山中樂 唯應道侶知
무심운공주 불약월상수 다소산중락 유응도려지

_출전 『운담임간록』

◆ 주
- 약(約) : 기약하다.
- 다소(多少) : 많다. '소(小)'는 의미 없는 어미.
- 도려(道侶) : 도반(道伴), 수행의 친구.

◆ 해설
이 시는 선시(禪詩)라기보다는 선시(仙詩)라고 해야 할 것이다. 도가(道家)의 〈무심도인도(無心道人圖)〉를 보는 것 같다. 군더더기가 전혀 없다. 그러나 시상이 너무 단조롭다.

산사의 황혼
_무경 자수

옛 절에 등불 켜며 문 닫을 적에
동쪽 봉우리에 달 뜨며 황혼은 깨지네
그때 문득 개울길에 사람 소리 있어
알고 보니 이 산 뒤에 마을 하나 또 있었네.

山寺初昏
산 사 초 혼

古寺張燈欲掩門 東峰月上破黃昏 忽聞溪路歸人語 山後方知別有村
고사장등욕엄문   동봉월상파황혼   홀문계로귀인어   산후방지별유촌

_출전 『무경집』

◆ 수
· 장등(張燈) : 등불을 켜놓다.
· 파황혼(破黃昏) : 황혼이 사라지다.
· 방지(方知) : 바야흐로 ~을 알다.

◆ 해설

동(動, 움직임)이 없는 정(靜, 정적)은 '죽은 정'이다. '정'이 살아 있으려면 여기 '동'이 있어야 한다. 3구는 시 전체에 깔린 '정'을 살려내는 데 결정적인 역할을 하고 있다. 만약 3구가 없었더라면 이 시는 졸작이 돼버렸을 것이다.

일 없는 것이
_경허 성우

일 없는 것이 오히려 일이니
문고리 걸고 낮잠에 드네
깊은 산 새가 나 홀로인 줄 알았는지
그림자에 그림자 겹치며 창 앞을 지나가네.

偶吟二
우음 이

無事猶成事 掩關白日眠 幽禽知我獨 影影過窓前
무사유성사   엄관백일면   유금지아독   영영과창전

_출전 『경허집』

◆ 주
· 무사(無事) : 하릴없다, 일 없다.
· 유(猶) : 오히려.
· 엄관(掩關) : 문을 닫다.
· 백일면(白日眠) : 낮잠.
· 유금(幽禽) : 깊은 산에서 사는 새.
· 영영(影影) : 그림자에 그림자가 겹치는 모습. 잠에 취한 눈에 창을 지나는 새의 그림자가 어리는 모습.

◆ 해설

어떤 사람은 만날 때마다 바쁘다, 바쁘다를 연발한다. 그러나 이런 사람은 진짜 바쁜 사람이 아니다. 바쁘다는 것은 시간의 중심에 뛰어든 것을 이름이다. 가장 바쁜 생활을 하기 위해서는 가장 한가한 공(空)의 경지, 아니 공간의 극치에까지 올라가야 한다. 그러므로 진짜로 바쁜 사람은 오히려 겉보기에는 아무 할 일 없는 사람으로 보인다. 1구가 바로 그런 것을 읊고 있다. 2구는 깊은 정적이다. 이 정적을 통해 마지막 구절, 즉 행위가 행위 이상으로 변하는 경지에까지 이르고 있다.

첫눈은 나부껴

_부휴선수

첫눈은 나부껴 날은 이미 어두운데
찬바람 우우 성근 숲에서 이네
산문 밖에서 누군가 부르는 소리
길손이 주인 찾음 분명하네.

黃昏聞喚聲
황혼문환성

新雪飄飄日已沈 寒風颯颯起踈林 數聲遙徹山門外 應是行人喚主人
신설표표일이침　한풍삽삽기소림　수성요철산문외　응시행인환주인

_출전 『부휴당집』

◆ 주
· 표표(飄飄) : 눈발이 나부끼는 모양.
· 삽삽(颯颯) : 바람이 쌀쌀하게 부는 소리.

◆ 해설
날은 이미 어두워지고 눈발이 날리는데 잎 진 나무숲에선 추운 바람이 인다. 1구와 2구에서는 겨울 저녁의 산골 풍경을 한 폭의 그림처럼 읊어내고 있다. 그러나 3구와 4구가 이 산골의 겨울 저녁 풍경에 변화를 준다. 자칫 감상에 떨어지기 쉬운 1구와 2구가 3구와 4구로 하여 활기를 되찾고 있다.

어떤 사람이

_한산

어떤 사람이 한산의 길 묻는구나
그러나 한산에는 길이 없네
한여름에도 얼음은 녹지 않고
해는 떠올라도 안개는 자욱하네
나 같으면 어떻게든 갈 수 있지만
그대 마음 내 마음 같지 않은걸
만일 그대 마음 내 마음과 같다면
어느덧 그 산속에 다다르리라.

人間寒山道
인문한산도

人間寒山道 寒山路不通 夏天氷未釋 日出霧朦朧
인문한산도 한산로불통 하천빙미석 일출무몽롱
似我他由屆 與君心不同 君心若似我 還得到其中
사아타유계 여군심부동 군심약사아 환득도기중

_출전 『한산시』

◆ 주
· 빙미석(氷未釋) : 얼음이 녹지 않다.
· 몽롱(朦朧) : 안개가 끼어 어둠침침한 모양.

· 계(屆) : 이르다, 다다르다.
· 약사아(若似我) : 만일 나와 같다면.

◆ 해설

길에 대하여 생각해본 일이 있는가. '여기는 길입니다', '이쪽은 길이 아닙니다', 우리는 보통 이렇게 알고 있다, 길에 대하여. 그러나 천만의 말씀이다. 길이란 공간이다. 제아무리 비좁은 공간이라도 그 공간이 있는 한 길은 아무 곳으로나 뻗을 수 있다. 길은 만들어진 것이 아니라 만들어가는 것이니까.

산노래

_선월 관휴

이 눈길 휘어지는 저 하늘가요
대나무 베개에 소나무 상(床), 이끼 푸른 멧부리네
젖사슴 뉘 볼까 봐 사시버들 눈길이요
폭포 저 잔잔하게 누각 밑 돌길 두드리네
한가로운 걸음이여 어느 사이 뜰 지난 곳
피리의 긴 가락이 산의 영기(靈氣)를 울리네.
뉘 있어 이런 뜻 알 것인가
범부도 아니요 성인도 아닌 채 홀로 깨어 있네.

山居詩
산거시

一從冥目在穹冥　菌枕松床蘇嶂靑　乳鹿暗行樫逕雪　瀑泉微濺石樓經
일 종 명 목 재 궁 명　균 침 송 상 소 장 청　유 록 암 행 정 경 설　폭 천 미 천 석 루 경

閑行不覺過天井　長嘯深能動岳靈　應恐無人知此意　非凡非聖獨醒醒
한 행 불 각 과 천 정　장 소 심 능 동 악 령　응 공 무 인 지 차 의　비 범 비 성 독 성 성

_출전 『선문제조사게송』

◆ 주
· 균침(菌枕) : 대나무 베개.
· 소(蘇) : 이끼.

· 정(檉) : 겨울에도 푸르다는 수양버들.
· 천정(天井) : 사방, 또는 세 방향이 집으로 둘러싸인 뜰.

◆ 해설

산을 노래한 시들이 대부분 은둔적이라는 것은 다 아는 바다. 따라서 그 노래에 스케일 따위는 눈을 씻고 봐도 없다. 그러나 여기 예외가 있다. 6구 장소심능동악령(長嘯深能動岳靈)을 보라. 그 거대함이 느껴지는가. '긴 피리 소리에 산의 정기가 움직인다'는 표현은 중국인의 대륙적 기질이 아니고서는, 아니 선월(禪月)이 아니고서는 그 누구도 못 가는 경지다.

산이 가로눕고

_심문 담분

산이 가로눕고 돌이 막아 길 없을까 했더니
길이 굽어 개울지며 또 한 마을 보이네
고갯마루에 울리는 피리 소리 긴 여운 따라
저녁 연기 어둑어둑 황혼이 지네.

拈頌 第四○六則 公案頌
염송 제406칙 공안송

山橫石礙疑無路 地轉溪斜別有村 嶺上一聲橫笛響 暝煙斜日又黃昏
산횡석애의무로　지전계사별유촌　영상일성횡적향　명연사일우황혼

_출전 『선문염송』

◆ 주
· 산횡(山橫) : 산이 가로놓이다.
· 석애(石礙) : 돌이 길을 막다.
· 의(疑) : 걱정하다.
· 지전(地轉) : 지세가 변하다.
· 계사(溪斜) : 개울이 비스듬하게 흐르다.
· 명연(暝煙) : 저녁 연기.

◆ 해설
　공안선시(公案禪詩)다. 처음 1구는 언어와 생각의 길이 끝나는 지점

을, 2구는 언어와 생각 너머 직관의 세계를, 3구는 깨달음의 여유만만함을, 그리고 4구는 깨달음마저 넘어서버린 경지를 읊고 있다.

본시 산사람이라
_작가 미상

본시 산사람이라
산중의 이야기 즐겨 나누네
오월의 솔바람 팔고 싶으나
그대들 값 모를까 그게 두렵네.

偈頌 其四
게송 기사

本是山中人 愛說山中話 五月賣松風 人間恐無價
본시산중인 애설산중화 오월매송풍 인간공무가

_출전 『선종송고연주통집』

◆ 주
· 애설(愛說) : ~에 대하여 이야기하기를 좋아하다.
· 송풍(松風) : 솔바람, 소나무 사이로 파도 소리를 내며 부는 바람.
· 무가(無價) : 값을 모르다, 가격이 얼마나 되는지 모르다.

◆ 해설

송홧가루 날리는 / 외딴 봉우리 // 윤사월 해 길다 / 꾀꼬리 울면 // 산지기 외딴집 / 눈먼 처녀사 // 문설주에 귀 대고 / 엿듣고 있다.
_ 박목월, 「윤사월」

원숭이 우는 곳에
_작가 미상

북두에 숨은 것이 분명하거니
사방은 구름 없어 지극히 청정하네
원숭이 새 우는 산은 적막한데
바위 아래 흐르는 물 차갑게 울리네.

偈頌 其十二
게송 기십이

藏身北斗最分明 四畔無雲廓太淸 猿鳥自啼山自寂 水流巖下響冷冷
장신북두최분명 사반무운확태청 원조자제산자적 수류암하향랭랭

_출전 『선종송고연주통집』

◆ 주
· 북두(北斗) : 북두칠성.
· 향랭랭(響冷冷) : 물소리가 차갑게 울리는 모양.

◆ 해설
번뇌망상이 사라져 '구름 한 점 없는 심정'을 읊고 있다. 구름 한 점 없는 그 청정한 마음에서 새가 울고 물이 흐르고 바람이 분다.

淸

8. 청빈 · 눈보라 창을 치는 소리

잡시, 둘
_다이구 료칸

이끼 덮인 오솔길, 꽃은 안개처럼 자욱하고
깊은 산 새 소리 베 짜는 듯 섬세하네
봄날 기나긴 하루 해가 창에 비치나니
한 가닥 향 연기는 실오라기처럼 곧게 오르네.

雜詩二
잡 시 이

苔徑花如霞 幽禽語似織 遲遲窓日麗 細細爐烟直
태 경 화 여 하 　 유 금 어 사 직 　 지 지 창 일 려 　 세 세 로 연 직

_출전 『양관화상시가집』

◆ 주
· 태경(苔徑) : 이끼 덮인 오솔길.
· 지지(遲遲) : 해가 긴 모양.
· 로연(爐烟) : 향로의 연기, 향을 피우는 연기.

◆ 해설
　섬세하기 그지없다. 4구는 특히 절창이다. 료칸(良寬)의 감각이 아니면 할 수 없는 표현이다.

잡시, 다섯

_다이구 료칸

식은 화로 아무리 헤쳐봐도 불기운은 없고
외로운 등잔불은 다시 밝아질 줄 모르네
적막한 채 이 밤이 지나가노니
먼 개울 소리 벽을 뚫고 들어오네.

雜詩五
잡 시 오

寒爐深撥炭 孤燈復不明 寂寞過半夜 透壁遠溪聲
한로심발탄 고등부불명 적막과반야 투벽원계성

_출전 『양관화상시가집』

◆ 주
· 한로(寒爐) : 불 꺼진 화로.
· 발탄(撥炭) : 불 꺼진 숯조각을 헤치다.
· 불명(不明) : 여기서는 등잔불이 꺼져간다는 뜻.

◆ 해설
전체에 쓸쓸한 고적감이 흐르고 있다. 그러나 이때야말로 진정한 나 자신과 만날 때다. 4구가, '투(透)' 자가 절정이다. 어떤 선승도 일찍이 이런 구절을 쓴 일이 없다.

잡시, 일곱
_다이구 료칸

적적히 봄날은 저물어가고
쓸쓸히 홀로 사립문 닫네
등나무와 대나무는 하늘로 뻗어 아득하고
길은 다북쑥에 깊이 묻혀버렸네
배낭은 오랫동안 벽에 걸려 있고
향로엔 다시 향 연기가 오르지 않네
비고 맑은 이 물외(物外)의 풍경이여
밤새도록 두견이는 저리 울고 있네.

雜詩七
잡시 칠

寂寂春已暮　寥寥獨閉門　參天藤竹暗　沒路蓬蒿繁
적적춘이모　요요독폐문　참천등죽암　몰로봉호번

鉢囊永掛壁　香爐更無烟　蕭灑物外境　徹夜啼杜鵑
발낭영괘벽　향로갱무연　소쇄물외경　철야제두견

_출전 『양관화상시가집』

◆ 주
· 요요(寥寥) : 텅 비고 넓은 모양.
· 참천(參天) : 공중에 높이 늘어서다.

· 봉호(蓬蒿) : 다북쑥.

◆ 해설

이 역시 고적한 수행자의 삶을 읊은 시다. 얼마나 외로웠던가. 시정이 그 절제선을 넘어 흐르고 있다.

잡시, 여덟
_다이구 료칸

나에게 있는 이 주장자
어느 때 것인지조차 알 수 없네
살갗은 다 닳아 없어지고
오직 알맹이만 남아 있네
개울물의 깊고 얕음을 무수히 시험했고
온갖 험난한 처지를 다 맛보았네
지금은 동쪽 벽에 기댄 채
한가하게 남은 세월 보내고 있네.

雜詩八
잡시 팔

我有拄杖子 不知何代傳 皮膚長消落 唯有貞實存
아유주장자 부지하대전 피부장소락 유유정실존

曾經試深淺 幾度喫險難 如今靠東壁 等閑度流年
증경시심천 기도끽험난 여금고동벽 등한도류년

_출전 『양관화상시가집』

◆ 주
· 소락(消落) : 닳아 없어지다.
· 정실(貞實) : 진실.

· 끽(喫) : 맛보다, 경험하다.
· 여금(如今) : 지금.
· 고(靠) : 기대 있다.
· 도(度) : (세월을) 보내다.

◆ 해설

나그네(수행자)에게 필수적인 벗은 오직 지팡이 한 자루. 이제 나그네의 방랑은 끝났는가. 지팡이도 벽에 기대 졸고 있다.

잡시, 열셋

_다이구 료칸

눈 감으면 일천 봉우리엔 저녁이 오고
인간의 만 가지 생각은 다 사라져갔네
적적히 포단에 기대어
쓸쓸히 빈 창을 보고 있네
향 연기 사라지고 어두운 밤이 긴데
옷깃은 찬 이슬에 젖고 있네
선정에서 일어나 뜨락을 서성이나니
달은 저 높은 봉우리에 오르고 있네.

雜詩十三
잡시십삼

瞑目千嶂夕 人間萬慮空 寂寂倚圃團 寥寥對虛窓
명목천장석 인간만려공 적적의포단 요요대허창

香消玄夜永 衣單白露濃 定起上庭步 月上最高頂
향소현야영 의단백로농 정기상정보 월상최고정

_출전 『양관화상시가집』

◆ 주
· 포단(圃團): 참선할 때 앉는 좌복.
· 현야(玄夜): 암야(暗夜), 캄캄한 밤.

· 정(定) : 선정(禪定).
· 상정(上庭) : 뜰, 정원.

◆ 해설

산의 서정이 잘 나타나 있다. 1구는 절창이다. 1구와 2구만으로도 훌륭한 선시가 된다.

잡시, 열여섯
_다이구 료칸

저 연기 나는 마을로 내려가서
진종일 이 집 저 집 서성이며 밥을 빌었네
해는 지고 산길은 멀어
매서운 바람이 수염을 꺾으려 하네
옷은 다 해져 연기 나는 듯하고
나무 밥그릇은 낡아 골동품이 되었네
배고프고 추운 고생을 마다하지 않거니
예로부터 이런 예는 많이 있었네.

雜詩十六
잡시십육

終日望烟村	展轉乞食之	日落山路遠	烈風欲斷髭
종일망연촌	전전걸식지	일락산로원	열풍욕단자
衲衣破如烟	木鉢古更奇	未厭饑寒苦	古來多若斯
납의파여연	목발고갱기	미염기한고	고래다약사

_출전 『양관화상시가집』

◆ 주
· 자(髭) : 수염, 콧수염.
· 다약사(多若斯) : 이 같은 예가 많다.

◆ 해설

청빈한 수행자의 삶이 붓으로 그은 1획처럼 드러난다. 시의 흐름이 아주 당당하면서도 안정감을 잃지 않고 있다.

잡시, 열일곱

_다이구 료칸

고요한 이 밤 풀집 속에서
단정히 앉아 해진 옷으로 몸을 감싸네
배꼽과 코끝은 수직으로 하고
귀와 어깨 그리고 머리도 가지런히 하네
창문이 희니 달이 비로소 나오고
비가 멎으니 물방울이 더 불었네
아아, 이때의 심정은
오직 나 스스로 알 뿐이네.

雜詩十七
잡시 십칠

靜夜草堂裏 打坐擁衲衣 臍與鼻孔對 耳當肩頭垂
정야초당리 타좌옹납의 제여비공대 이당견두수

窓白月始出 雨歇滴尙滋 可憐箇時意 寥寥只自知
창백월시출 우헐적상자 가령개시의 요요지자지

_출전 『양관화상시가집』

◆ 주
· 타좌(打坐) : 앉아 있다.
· 가령(可憐) : 깊이 감동하는 언어, '아, 아' 정도의 감탄사.

· 개시의(箇時意) : 이때의 심정.

◆ 해설
선자(禪子)의 하룻밤이 하나의 경지로 묘사되었다. 이런 시는 보통 독창성이 결여되기 마련인데, 이 시는 묘하게도 참신한 맛을 잃지 않고 있다.

잡시, 열여덟
_다이구 료칸

그 옛날 그토록 드날리던 이곳이
지금은 이렇게 퇴락해버렸는가
연못 옆 누대는 다 망가졌으니
인간사 흥망성쇠 몇 번이나 지나갔는가
산은 평야에 이르러 다하고
물결은 석양빛에 물들어 밀리고 있네
덧없이 부침(浮沈)하는 천년의 역사여
지팡이 세운 채 끝 모를 생각에 젖네.

雜詩十八
잡시십팔

伊昔勝遊處　經過此頹顏　池臺皆蒼茫　人事幾變遷
이석승유처　경과차퇴안　지대개창망　인사기변천

山到平野盡　潮帶夕陽還　浮沈千古事　卓錫思茫然
산도평야진　조대석양환　부침천고사　탁석사망연

_출전 『양관화상시가집』

◆ 주
· 이석(伊昔) : 옛날.
· 지대(池臺) : 연못 옆의 누각.

· 탁석(卓錫) : 지팡이를 땅에 세우다.

◆ 해설

세월의 덧없음을 노래하고 있다. 그러나 감상에 빠지지 않고 끝까지 시상을 잘 이끌어갔다. 7구와 8구의 끝맺음이 무한한 여운을 남긴다.

옛 절에서
_다이구 료칸

옛 절에서 하룻밤을 묵나니
밤새도록 빈 창에 기대어 있네
너무 맑고 차가워 꿈이 맺힐 겨를이 없어
오롯이 앉은 채 새벽종을 기다리네.

投宿
투숙

投宿古寺裡 終夜倚虛窓 淸寒夢難結 坐待五更鍾
투숙고사리　종야의허창　청한몽난결　좌대오경종

_출전 『양관화상시가집』

◆ 주
- 종야(終夜) : 밤새도록.
- 의(倚) : 기대다.
- 오경종(五更鍾) : 새벽에 치는 종.

◆ 해설
깔끔한 선시다. 3구가 멋지다. '결(結)' 자가 너무 멋지다.

이틀 밤
_다이구 료칸

쓸쓸한 가을비 속
아는 이의 집에서 이틀 밤을 묵네
옷 한 벌과 나무 밥그릇 하나여
내 삶은 이토록 가볍기만 하네.

信宿
신 숙

凄凄秋雨裡 信宿白衣家 一衲與一鉢 蕭灑此生涯
처 처 추 우 리 신 숙 백 의 가 일 납 여 일 발 소 쇄 차 생 애

_출전『양관화상시가집』

◆ 주
· 처처(凄凄) : 쓸쓸한 모양.
· 신숙(信宿) : 이틀 밤을 묵다.

◆ 해설
가난을 행복으로 알기 위해서 우린 또 얼마나 많은 날을 울고불고해야 하는가. 가난을 정말 행복으로 안다면 머지않았다. 깨달음은 이제 머지않았다.

옥천역사에서
_다이구 료칸

바람 기운 쌀쌀하고 가을은 저무는데
나그네의 근심은 갈 길이 멀기 때문이네
이 긴 밤, 베갯머리 꿈은 몇 번이나 깨었던가
강물 소릴 빗소리로 잘못 듣고는…….

宿玉川驛
숙 옥 천 역

風氣蕭蕭秋將莫　游子關心行路難　永夜幾驚枕上夢　江聲錯作雨聲看
풍 기 소 소 추 장 모　유 자 관 심 행 로 난　영 야 기 경 침 상 몽　강 성 착 작 우 성 간

_출전 『양관화상시가집』

◆ 주
· 옥천역(玉川驛) : 일본 쓰루오카시(鶴岡市)에 있던 역사(驛舍).
· 모(莫) : 모(暮), 날이 저물다.
· 유자(游子) : 나그네.

◆ 해설
나그네의 심정이 수식 없이 잘 나타나 있다. 갈 길이 멀어 걱정하면서도 길을 가지 않을 수 없는 그 떠돌이의 심정이…….

새벽녘
_다이구 료칸

스무 해가 지난 오늘 고향에 오니
아는 이 모두 저승에 가고 낯익은 것은 전부 변해버렸네
머언 절의 새벽종에 내 꿈이 깨이나니
적막한 침상엔 그림자 없는 등불만 졸고 있네.

曉
효

二十年來歸鄉里 舊友零落事多非 夢破上方金鍾曉 空牀無影燈火微
이 십 년 래 귀 향 리 구 우 영 락 사 다 비 몽 파 상 방 금 종 효 공 상 무 영 등 화 미

_출전 『양관화상시가집』

◆ 주
· 영락(零落) : 죽음, 또는 나뭇잎이 말라서 떨어지다.
· 공상(空牀) : 쓸쓸한 침상.

◆ 해설
20년 만에 찾아간 고향. 그러나 그곳은, 내 꿈속에 있던 그 고향은 이미 아니었다. 모든 것이 변해버렸다. 세월의 물살에 씻겨…….

옛 친구의 집을 지나며

_다이구 료칸

지난해 춘삼월 강을 따라 예 오니
그대의 집 앞엔 복사꽃 만발했네
오늘 다시 왔으나 그대는 보이지 않고
복사꽃만 예전처럼 저녁놀에 취해 있네.

過有願居士故居
과 유 원 거 사 고 거

去年三月江上路 行看桃花到君家 今日再來君不見 桃花依舊醉晚霞
거 년 삼 월 강 상 로　행 간 도 화 도 군 가　금 일 재 래 군 불 견　도 화 의 구 취 만 하

_출전 『양관화상시가집』

◆ 주
· 유원거사(有願居士) : 료칸의 시우(詩友).
· 의구(依舊) : 예전처럼.
· 만하(晚霞) : 저녁놀.

◆ 해설
　세월의 무상감을 읊고 있다. 4구에서 '취(醉)' 자를 쓴 것은 복사꽃이 붉은색이기 때문이다. 그리고 저녁놀빛 역시 붉은색이기 때문에 '취' 자 하나로 이중의 시적 효과를 내고 있다. 말하자면 이 '취' 자는 복사꽃에도 걸리고 저녁놀에도 걸린다.

마주 앉음
_다이구 료칸

그대를 마주했으나 말이 없으니
말없는 이 가운데 마음은 넉넉하네
책상엔 여기저기 책집이 흩어져 있고
주렴 밖의 매화는 찬비에 젖고 있네.

卽事
즉사

對君君不語 不語心悠哉 帙散牀頭書 雨灑簾前梅
대 군 군 불 어　불 어 심 유 재　질 산 상 두 서　우 쇄 렴 전 매

_출전 『양관화상시가집』

◆ 주
· 질(帙) : 책을 넣는 책집.

◆ 해설
뭐라고 말해야 할까. 그 시정이 인간적이면서 섬세하기 이를 데 없다. 선시이기 전에 순수한 한 편의 인간시다.

봄날
_다이구 료칸

녹음방초 무성하여 하늘까지 이어졌고
복사꽃은 점 찍혀 아득히 흘러가네
내 본시 무심한 길손이나
봄의 이 풍광 앞에선 설레지 않을 수 없네.

行春
행 춘

芳草萋萋綠連天 桃花亂點水悠悠 我亦從來忘機者 惱亂風光殊未休
방초처처록연천　도화란점수유유　아역종래망기자　뇌란풍광수미휴

_출전 『양관화상시가집』

◆ 주
- 처처(萋萋) : 풀이 무성한 모양.
- 유유(悠悠) : 물에 떠서 멀리 흘러가는 모양.
- 망기(忘機) : 번거로운 세상일을 잊어버리다.
- 풍광(風光) : 풍경, 경치.

◆ 해설
무릉도원(武陵桃源)의 환상이 료칸의 시정을 통해 한 편의 시로 흘러나오고 있다.

파초 잎에 듣는 밤비 소리

_다이구 료칸

늙어가면서 꿈은 놀라 자주 깨이나니
등잔불 깜박이며 한밤이 지나가네
베개를 매만지며 듣는 파초우여
이때의 심정을 뉘와 더불어 말하리.

芭蕉野雨作
파초야우작

昏夢易驚老朽質　燈火明滅夜過央　撫枕靜聞芭蕉雨　與誰共語此時情
혼몽역경노후질　등화명멸야과앙　무침정문파초우　여수공어차시정

_출전 『양관화상시가집』

◆ 주
- 혼몽(昏夢) : 혼몽(魂夢), 꿈.
- 앙(央) : 한가운데.
- 무침(撫枕) : 베개를 매만지다.
- 파초우(芭蕉雨) : 파초 잎에 떨어지는 빗소리.
- 여수(與誰) : 누구와 더불어.

◆ 해설
　료칸의 시 가운데서도 수작 중 하나다. 3구도 좋지만, 4구의 끝맺음이 없었더라면 3구의 시정은 완전히 되살아나지 못했을 것이다.

추운 밤
_다이구 료칸

풀집은 깊이 닫혔고 개울 동쪽엔 대밭 있는데
천봉만학에는 사람의 자취 끊겼네
머언 밤 난로 속에 나뭇등걸 태우며
눈보라 창을 치는 소리 아득히 듣네.

寒夜
한 야

草堂深掩竹溪東　千峰萬壑絶人蹤　遙夜地爐燒榾柮　閑聞風雪打寒窓
초 당 심 엄 죽 계 동 　천 봉 만 학 절 인 종 　요 야 지 로 소 골 돌 　한 문 풍 설 타 한 창
_출전 『양관화상시가집』

♦ 주
· 지로(地爐) : 다다미방보다 좀 낮게 설치한 일본식 난로.
· 골돌(榾柮) : 나뭇등걸.

♦ 해설
바라는 것도 없고 수식도 없이 그냥 나오는 대로 쓴 시다. 그렇기에 3구와 4구 같은 무위적인 구절이 나올 수 있는 것이다.

그분
_다이구 료칸

굳이 서방정토를 마다하시고
험한 이 속세에 그 몸을 나투셨네
나무에게는 나무, 대나무에게는 대나무가 되면서
영원한 이 생명의 바다에 그 자신을 던지셨네.

觀音
관음

慣棄西方安養界 五濁惡世投此身 就木木 就竹竹 全身放擲多劫春
관기서방안양계　오탁악세투차신　취목목　취죽죽　전신방척다겁춘

_출전 『양관화상시가집』

◆ 주
· 서방안양계(西方安養界) : 서방정토.
· 오탁악세(五濁惡世) : 험난한 이 속세.

◆ 해설
자비의 화신인 관음(觀音, 관세음보살)의 천변만화하는 모습을 읊고 있다. 3구의 자구 변칙이 이 시에 상큼한 맛을 더해준다.

옛 시의 가락으로
_다이구 료칸

고적한 풀집
온종일 찾아오는 사람 없네
홀로 창문 아래 앉아 있나니
잎 지는 소리만 자주 들리네.

古意
고 의

蕭條三間屋　終日無人親　獨坐閑窓下　唯聞落葉頻
소조삼간옥　종일무인친　독좌한창하　유문낙엽빈

_출전 『양관화상시가집』

◆ 주
· 고의(古意) : 고풍(古風)의 시 형식.
· 소조(蕭條) : 쓸쓸한 모양.

◆ 해설
앞의 평범한 세 구절(1·2·3구)이 4구로 하여 가까스로 시가 되었다. 4구 중에서도 '빈(頻)' 한 글자로 인해……

우연히 읊음, 하나

_다이구 료칸

예순 살 갓 넘어 병든 나그네
인가를 멀리하여 외딴곳에 살고 있네
바위를 뚫으려는가, 깊은 밤비여
옛 창문엔 호롱불만 깜박이고 있네.

偶作一
우 작 일

六十有餘多病僧　家占社頭隔人烟　岩根欲穿深夜雨　燈火明滅古窓前
육 십 유 여 다 병 승　가 점 사 두 격 인 연　암 근 욕 천 심 야 우　등 화 명 멸 고 창 전

_출전 『양관화상시가집』

◆ 주
· 사두(社頭) : 양관이 살던 을자신사(乙子神社) 경내의 한 구석.
· 암근(岩根) : 바위.

◆ 해설
비 오는 밤의 시정이다. 3구의 '욕천(欲穿)'으로 하여 이 시는 무한한 여운을 남기고 있다.

우연히 읊음, 셋
_다이구 료칸

풀집에 비 멎어 이삼경인데
등잔불 조는 지금은 꿈이 깨이는 시간이네
문밖에는 빗방울 듣는 소리
벽에는 주름진 등나무 지팡이 하나
불 꺼진 난로에 누가 나무를 넣으리
빈 상에 책은 있으나 손을 뻗기 귀찮네
오늘 밤 이 정취는 나 혼자 알 뿐,
다른 날 다른 때에 내 어떻게 말해주리.

偶作三
우 작 삼

草堂雨歇二三更　孤燈寂照夢醒辰　門外點滴聲丁冬　壁上烏藤黑皺皴
초 당 우 헐 이 삼 경　고 등 적 조 몽 성 신　문 외 점 적 성 정 동　벽 상 오 등 흑 추 준
寒爐無炭誰爲添　空狀有書手懶伸　今夜此情只自知　他時異日如何陳
한 로 무 탄 수 위 첨　공 상 유 서 수 라 신　금 야 차 정 지 자 지　타 시 이 일 여 하 진

_출전 『양관화상시가집』

◆ 주
· 몽성신(夢醒辰): 꿈이 깨이는 시간.
· 정동(丁冬): 정동(丁東). 여기서는 '빗방울 듣는 소리'.

· 추준(皺皴) : 주름잡히다.
· 수라신(手懶伸) : 손을 뻗기가 싫다.
· 진(陳) : 말하다.

◆ 해설
료칸의 고독감이 이제는 하나의 무위한 경지로 심화되고 있다. 6구에 료칸의 체취가 잘 드러나 있다.

친구를 찾아가서
_다이구 료칸

한여름 어느 날
지팡이 더불어 마을로 내려가네
들녘의 노인장 나를 알아보곤
내 손 잡고 기뻐서 어쩔 줄을 모르네
갈대 뿌리로 앉을 자리 다지고
오동잎으로 임시 쟁반을 만들었네
들녘에 몇 차례 반주를 뿌린 다음
거나하게 취하여 밭둑 베고 잠드네.

訪有願居士
방유원거사

孟夏芒種節　杖錫獨往還　野老忽見我　率我共成歡
맹하망종절　장석독왕환　야로홀견아　솔아공성환
蘆荻聊爲蓆　桐葉以充盤　野酌數行後　陶然枕畔眠
노폐요위석　동엽이충반　야작수행후　도연침반면

_출전 『양관화상시가집』

◆ 주
· 망종절(芒種節) : 24절기의 하나, 양력 6월 5일경.
· 노폐(蘆荻) : 갈대 뿌리.

· 반(盤) : 그릇, 쟁반.

◆ 해설

반가운 벗을 만나면 이때야말로 술이 있어야 한다. 주거니 받거니 거나하게 취해서 이 한세상을 깨끗이 잊어버려야 한다. 5·6구를 보라. 이런 것이 바로 행복이다.

月

9. 달빛·계수나무 천년의 혼이

달
_월파 태율

누가 둥근 거울 빚어서
저 하늘 높게 걸어놓았는가
그 빛은 끝이 없어
온 누리를 두루 비추네.

月賦
월 부

誰作淸圓鏡　高懸萬丈空　光明無限量　遍照十方中
수작청원경　고현만장공　광명무한량　편조시방중

_출전 『월파집』

◆ 주
· 원경(圓鏡) : 둥근 거울. 여기서는 '둥근 달'.
· 편조(遍照) : 두루 비추다.

◆ 해설
　아주 깔끔한 시다. 달을 노래한 '시'로서 깨끗하고, 선시(禪詩)로서 흠잡을 데가 없다. 그러나 시상이 너무 단조로운 게 흠이다.

그대 얼굴 가을 달이여
_편양 언기

그대 얼굴 가을 달이여
그 빛은 온 누리를 비추네
중생의 마음물이 맑으면
곳곳마다 푸른빛 비치리.

奉示安禪蓮卿
봉 시 안 선 연 경

金色秋天月 光明照十方 衆生水心淨 處處落淸光
금색추천월 광명조시방 중생수심정 처처락청광

_출전 『편양당집』

◆ 주
- 봉시(奉示) : 받들어 보이다, 받들어드리다.
- 안선연경(安禪蓮卿) : 안선과 연경 모두 사람 이름인 듯하다.
- 중생 : 사트바(Sattva), 생명을 가지고 태어난 모든 존재, 이 세상의 모든 존재.

◆ 해설
깊은 밤 누리는 잠들었는데 나 홀로 깨어 내가 내 속을 엿본다. 이 석 자가량의 몸에서 우주가 생성되는 소리, 온갖 것이 태어나기도 하고 무너지기도 하고 사라지기도 하는 소리, 어지러이 웃고 있는 소리, 노한 바다의 소리…… 밤바람에 목이 타고 있는 내 스무 살의 불덩이여…….

별들은 널려 있고
_한산

별들은 널려 있고 밤빛은 깊었는데
바위에 외로운 등불 하나, 달은 기울지 않았네
충만한 빛은 이지러지지 않았나니
저 하늘에 걸려 있는 내 마음이네.

衆星羅列
중 성 라 열

衆星羅列夜明深 岩點孤燈月未沈 圓滿光華不磨瑩 掛在靑天是我心
중성라열야명심 암점고등월미침 원만광화불마영 괘재청천시아심

_출전 『한산시』

◆ 주
· 중성(衆星) : 별들.
· 라열(羅列) : 널려 있다.
· 암점고등(岩點孤燈) : 바위에 점 찍힌 듯 켜 있는 등불.
· 광화(光華) : 달빛.
· 괘재(掛在) : 걸려 있다.

◆ 해설

한산(寒山)의 선시는 대부분 인생의 덧없음이나 산속의 즐거움을 읊은 것이다. 그의 그러한 시풍은 도가(道家)의 흔적이 뚜렷하다. 아직

그의 시대만 해도 선이 본격적으로 중국화(中國化)되지 않았기 때문일 것이다. 선의 중국화는 곧 선의 개발이었다고 나는 말하고 싶다. 한문이 갖는 짙은 상징과 울림에 선이 찾아와 날개를 펼칠 수 있었기 때문이다. 여기 이 선시는 선의 중국화의 시작으로서, 한산의 작품 중에서도 보기 드문 작품이라 할 수 있다. 우선 외면적이었던 그의 시 소재가 외면을 근거로 하여 내면화되고 있기 때문이다.

천년의 혼
_천동 정각

그 누가 알겠는가
계수나무 둥근 바퀴 천년의 혼이
한 점 이 가을로 비치고 있음을,
온 누리 빛을 뿌리며 냉기 품고 있음을.

從容錄 第二五則 公案頌
종용록 제 2 5 칙 공안송
誰知桂轂千年魂 妙作通明一點秋
수지계곡천년혼 묘작통명일점추
_출전 『종용록』

◆ 주
- 계곡(桂轂) : 달과 그 빛. '계(桂)'는 계수나무, 달에 계수나무가 있다는 전설에서 유래. '곡(轂)'은 수레바퀴의 살이 모이는 가운데 축. 달빛은 수레바퀴의 살이다. 수레바퀴의 살(달빛)이 모이는 중심점을 '달'로 표현하고 있다.

◆ 해설
깨친 이의 내면을 읊은 시다. 그는 마치 둥근 달처럼 온 누리에 빛을 뿌리고 있다. 그러나 '나는 온 누리에 빛을 뿌린다'는 생각이 없다. 그래서 '한 점 이 가을로 비친다'고 읊은 것이다.

추운 달 외로이

_단하 자순

추운 달 외로이 먼 봉우리에 걸리면
일만경 저 호수에 달빛 덮이네
고기잡이 노랫소리 해오라기 깨워서
갈꽃 차고 날아가나 흔적이 없네.

拈頌 第八九六則 公案頌
염송 제 8 9 6 칙 공안송

寒月依依上遠峰　平湖萬頃練光封　漁歌驚起汀沙鷺　飛出蘆花不見蹤
한월의의상원봉　평호만경련광봉　어가경기정사로　비출로화불견종

_출전 『선문염송』

◆ 주
· 의의(依依) : 추운 달이 먼 봉우리에 걸리는 것을 보는 그 사람의 심정을 나타내는 말이다. '안타까이 사모함', 또는 그 비슷한 감정의 농도를 말한다.
· 평호(平湖) : 넓은 호수.
· 만경(萬頃) : 넓음을 표현할 때 쓰는 말이다. 만경창파(萬頃蒼波).
· 련광(練光) : 달빛이 수면에 퍼지는 모습. 달빛 짜이는 것이 마치 '비단 짜이는 것 같다'는 표현이다.
· 어가(漁歌) : 어부들이 부르는 노래.
· 정사(汀沙) : 물가의 모랫벌, 물가의 평지.

· 비출(飛出) : ~을 박차고 날아가다.
· 종(蹤) : 흔적, 자취.

◆ 해설

공안선시(公案禪詩)다. 1구와 2구는 정(靜, 정적)의 세계를, 3구는 동(動, 움직임)의 세계를, 그리고 4구는 '정'과 '동'마저 넘어선 경지를 읊고 있다.

달 속의 저 여자

_죽암사규

달 속의 저 여자 눈썹도 안 그려
다만 구름과 안개로 몸을 감았네
꿈결에 봉황을 쫓아간 것도 잊은 채
꽃가지 잡아 얼굴을 가리고 돌아가네.

拈頌 第七二則 公案頌
염송 제 7 2 칙 공안송

月裡姮娥不畫眉 只將雲霧作羅衣 不知夢逐靑鸞去 猶把花枝盖面歸
월 리 항 아 불 화 미   지 장 운 무 작 라 의   부 지 몽 축 청 란 거   유 파 화 지 개 면 귀

_출전 『선문염송』

◆ 주
- 항아(姮娥) : 남편이 감춰둔 불로장생약을 훔쳐가지고 달로 달아났다는 예(羿)의 아내. 달의 다른 이름.
- 란(鸞) : 봉황. 털은 오색 빛을 갖추었고 소리는 오음(五音)에 맞는다고 한다. 일설에는 털에 푸른빛이 많은 봉새라고도 한다.
- 라의(羅衣) : 얇은 비단옷.
- 화지(花枝) : 꽃가지.
- 개면(盖面) : 얼굴을 가리다.

♦ 해설

불로장생약을 훔쳐 달 속으로 달아났다는 여자(항아)를 소재로 신비로운 작품을 만들었다. '화장은 안 했지만 대신 구름과 안개로 몸을 감았다'는 1구와 2구의 표현이 아주 멋지다. 3구와 4구는 이 여자의 요염한 모습을 읊었다.

손안의 백팔염주

_환성 지안

손안의 백팔염주여
청정한 부처에게 절하네
송홧가루 옷에 가득 덮인 채
서쪽의 달과 마주하여 홀로 앉았네.

禪偈
선 게

百八手中珠 南無淸淨佛 松花落滿衣 獨坐西廂月
백 팔 수 중 주   나 무 청 정 불   송 화 락 만 의   독 좌 서 상 월

_출전 『환성시집』

◆ 주

- 나무(南無) : '남무'로 읽지 않는다. 산스크리트어인 나마스(Namas)의 한문 음역으로, '절하다' '복종하다'의 뜻이다.
- 서상(西廂) : 집의 서쪽, 서쪽 행랑.

◆ 해설

백팔염주 한 알 한 알에 환성 지안의 염원이 서리고 있다. 송홧가루 떨어져 옷을 가득 덮고 있는데, 환성 지안은 지금 서쪽에 걸린 달을 맞아 외롭게 앉아 있다. 왜? 깨달음은 철저히 혼자가 되는 길이기 때문이다.

상인의 청정심
_환성 지안

상인의 청정심이여
만리장강 가을 달이네
한밤에 능가경 읽고 있는데
책상 밑의 밤알을 원숭이가 훔쳐가네.

禪偈
선 게

上人淸淨心 萬里秋江月 半夜讀楞伽 猿偸床下栗
상인청정심 만리추강월 반야독능가 원투상하율

_출전 『환성시집』

◆ 주
· 상인(上人) : 승려의 존칭.
· 능가(楞伽) : 『능가경』, 선(禪)에서 중요시하는 경전의 하나.

◆ 해설
아주 재미있는 작품이다. 한밤중에 『능가경(楞伽經)』을 읽고 있는데 원숭이란 놈이 살금살금 기어와서 책상 밑의 알밤을 훔쳐가는 광경을 생각해보라. 이런 멋에 젊은 나이를 마다하고 머리 깎고 먹물옷 입고 청승을 떠는 게 아닌가. 선승의 생활이란 그 몸짓, 마음짓 하나하나가 어린 장난꾸러기의 해학으로 가득 차 있다. '인생은 무대'라는 낡은 말이 어쩜 선승의 그 생활을 콕 짚어내주는 것 같다.
"멋지게 살아라. 이 사바세계를 무대로 삼고 한번 멋진 연극을 하다 가거라." 경봉(鏡峰) 노스님의 말씀이다.
아, 그리고 우리나라 산에는 원숭이가 없다. 그런데 이 시에서 원숭이가 등장하는 것은 어쩐 일인가. 아마도 중국 시인들의 시에 자주 등장하는 원숭이를 잠깐 빌려온 것 같다.

가야산 홍류동에서
_경허 성우

누가 물이라 산이라 분별하는가
구름 속에 묻힌 산이 물에 어리네
큰 빛의 본체는 안과 밖이 없거니
가슴을 풀어헤친 채 물과 산을 바라보네.

伽倻山 紅流洞
가야산 홍류동

孰云是水孰云巒 巒入雲中水石間 大光明體無邊外 披腹點看水與山
숙운시수숙운만 만입운중수석간 대광명체무변외 피복점간수여산

_출전 「경허집」

◆ 주
· 만(巒) : 둥글고 낮은 산, 빙 둘러싼 산.
· 대광명체(大光明體) : 우주를 한 덩어리 큰 빛으로 보았다.
· 피복(披腹) : 가슴을 풀어헤치다.

◆ 해설
시상이 광대하고 시정은 섬세하다. 그리고 무위자재한 선지(禪智)가 있다.

붓을 들어
_경허 성우

붓을 들어 빈 종이에 이르렀네
그 종이 위를 선(線) 하나로 끝없이 가네
선 하나를 다 긋기도 전에
붉은 해는 선창의 동쪽에 비치네.

偶吟
우음

書到紙面空 盡得一線通 一線還不盡 紅日禪窓東
서도지면공　진득일선통　일선환부진　홍일선창동
_출전 『경허집』

◆ 주
· 서(書) : 여기서는 '글을 쓰다'의 뜻이다.
· 선창(禪窓) : 참선하는 방의 창.

◆ 해설
여기서 '빈 종이'는 마음을 뜻한다. 그리고 '붓'은 생각과 감정을 뜻한다. 우리의 생각과 감정이 오직 '하나의 획(一劃)'으로 몰입되어 마음이라는 이 빈 종이 위를 지나가고 있다. 즉, 선정삼매(禪定三昧)에 들었다. 그 선정삼매의 끝은 무엇인가. 둥근 해 같은 직관의 빛이다.

이 누리 흔적 없는데

_설두 중현

이 누리 흔적 없는데
어느 곳에서 마음을 찾고 있는가
흰 구름은 덮개요
흐르는 물은 비파 소리네
한 곡조 두 곡조 아는 사람 없으니
빗줄기 밤 연못 지나가매 가을 물 깊어지네.

碧巖錄 第三七則 公案頌
벽암록 제 3 7 칙 공안송

三界無法 何處求心 白雲爲蓋 流泉作琴 一曲兩曲無人會 雨過夜塘秋水深
삼계무법 하처구심 백운위개 유천작금 일곡양곡무인회 우과야당추수심

_출전『벽암록』

◆ 주
· 삼계(三界) : 이 세상.
· 야당(夜塘) : 밤의 연못.

◆ 해설

말을 많이 하는 사람이 있다. 자기를 몰라준다느니, 세상이 썩었다느니, 자기 이외의 인간은 쓰레기라느니 말이다.

"돼지 밥통에 진주를 뿌리는 격이지……."
어떤 사람의 말이 내 가슴을 먹칠하고 있다. 그러나 좀더 깊이 보면 입 딱 다물고 남은 날을 벙어리듯, 귀머거리듯, 남 보기에는 병신머저리같이 보냄이 더 좋은 게 아닐까…… 입 다물지 못하고 계속 지껄이고 있는 내가 부끄러워 부끄러워 형광등이 찡- 울고 있다.

春
10. 봄날 · 꿈속에서

꿈속에서
_태고 보우

꿈속에서 온 때의 그 길을 찾아
장안의 술집에서 나무 소를 탔더니
나무 소가 변하여 봄바람 되어
꽃 피우고 버들잎 뿜어내네.

<38>
夢裏邰尋來時路 長安酒肆騎木牛 木牛化作春風意 綻花開柳如琳球
몽 리 극 심 래 시 로 장 안 주 사 기 목 우 목 우 화 작 춘 풍 의 탄 화 개 류 여 림 구
_출전 『태고집』

◆ 주
· 장안(長安) : 중국 당나라의 수도였던 곳으로, 지금의 섬서성 장안현. 여기서는 별다른 의미 없이 '번화한 도시' 정도의 뜻으로 쓰였다.
· 주사(酒肆) : 술집.
· 탄(綻) : (꽃망울 등이) 터지다.
· 림구(琳球) : 아름다운 구슬.

◆ 해설
어쩌면 인간은 꿈을 꾸기 위해 사는지도 모른다. 꿈은 현실에서 실현될 수 없는 것들을 실현시킨다. "꿈은 제2의 삶이다"라고 네르발은 말했다.

봄
_석선탄

풍악 소리 대밭 밖의 개울에 부서지고
수묵화 점 찍는 안개산이네
말머리 채찍 꽂고 보고 보고 또 보나니
꾀꼬리 날개 끝에 봄바람 끓기네.

早春詩
조춘시

管絃聲碎竹外澗 水墨畵點烟中山 立馬停鞭望亦望 鶬鶊上下春風端
관현성쇄죽외간 수묵화점연중산 입마정편망역망 창경상하춘풍단

_출전 『해동석선탄시집』

◆ 주
· 관현(管絃) : 관악기와 현악기. 관현성(管絃聲)은 '풍악 소리'.
· 편(鞭) : 채찍.
· 창경(鶬鶊) : 꾀꼬리.

◆ 해설
흐르는 꽃잎을 보고 인생의 덧없음을 느끼는 그런 여유마저 없다면…… 아아, 산다는 것은 얼마나 지루할까.

비 오는 날
_함허 득통

구름 잎들이 산집을 지나가고
나뭇가지 절로 울고 새들은 바쁘네
눈 뜨자 침침한 속에 빗발이 달려가나니
향 사르고 앉아 저 푸름을 바라보네.

雨中
우중

英英玉葉過山堂　樹自鳴條鳥自忙　開眼濛濛橫雨脚　焚香端坐望蒼蒼
영영 옥엽 과 산당　수자 명 조 조 자 망　개 안 몽 몽 횡 우 각　분 향 단 좌 망 창 창

_출전 『함허집』

◆ 주
· 영영(英英) : 구름이 피어오르는 모양. 여기서는 '나뭇잎처럼 무성한 구름'이라는 뜻이다.
· 옥엽(玉葉) : '구름'의 시적인 표현.
· 과(過) : 건너가다, 지나가다.
· 망(忙) : 바쁘다.
· 몽몽(濛濛) : 비 · 구름 · 안개 등으로 날씨가 침침하다, 시야가 흐려 분명하지 않다.
· 횡(橫) : 가로질러가다.
· 우각(雨脚) : 빗발.

◆ 해설

순간적으로 잡히는 번뜩임이 있다. 특히 2구는 평범하면서도 보통 솜씨로는 집어올 수 없는 경지다. 비바람이 나뭇가지에 부딪혀 휘파람 소리를 내고 있는 그 모습을 그려서 '나무가 저절로 가지를 울린다'라고 표현하고 있다. 얼마나 재미있는 표현인가, 잘 음미해보시라. 3구에 이르면 '개안(開眼)'이라는 말이 나온다. 이는 비바람과 시인 자신이 한 덩어리가 되었다가 비로소 시인이 자기 자신에게로 되돌아옴을 뜻한다. '몽몽(濛濛)'은 주객이 교차되는 상태를 말한다. '횡우각(橫雨脚)'이라, 빗줄기는 이미 빗줄기임을 넘어서 짙은 암시로 변모하고 있다. 끝 구절에 오면 '분향(焚香)'과 '단좌(端坐)'와 '창창(蒼蒼)'으로 끝없는 여운을 남긴다.

봄을 보내며
_허백 명조

티끌 같은 일에 골몰하여 만사를 그르쳤네
되돌아보매 삼십이 년은 잘못된 것뿐,
서쪽 정원의 비바람은 밤이 되어 급한데
도리는 말이 없고 봄 저 홀로 가고 있네.

送春
송 춘

汨沒紅塵萬事違 回頭三十二年非 西園風雨夜來急 桃李無言春自歸
골몰홍진만사위 회두삼십이년비 서원풍우야래급 도리무언춘자귀

_출전 『허백당시집』

◆ 주
- 골몰(汨沒) : 떠 흘러가다, 시류에 따라 변해가다.
- 도리(桃李) : 복숭아나무와 오얏나무.

◆ 해설
티끌 같은 일에 골몰하여…… 산다는 것이 티끌 같은 일에 골몰하여 10원을 깎기도 하고, 지네가 나오는 방이 무서워 이사 갈까 걱정하고, 사랑하는 사람이 다른 남자에게 갈까 근심하는 그런 짓이라면, 비바람에 쫓기는 봄꽃 속에 서서 나는 바람이 불어오는 그 근원을 꿰뚫겠다. 그리하여 티끌 전체가 티끌 이상의 것이 되기까지 응시하

겠다.

그리하여 응결된 그 티끌 이상의 것을 가지고 울기도 하고 웃기도 하는 이 세상 깊숙이 뛰어들겠다. 그리하여 허세도 부리고 사기도 치고 이따금은 미친 짓도 하겠다. 술을 잔뜩 퍼마시고 길 가는 사람들에게 시비도 걸고 군침을 흘리기도 하겠다.

결국 이런 것들이 모두 사는 이치 아닌가. 이러다가 결국 사라져갈 우리가 아닌가. 지금도 창밖에는 바람이 분다. 꼭 누구의 이름을 부르고 싶어진다.

수양버들 늘어선 길

_허백 명조

수양버들 늘어선 길 주기 갸웃 기울고
비단 창 안개 낀 듯 아쟁 비파 목메이네
동풍은 연약한 꽃 아랑곳하지 않아
장안 저 백만가(百萬家)에 가득히 흩뿌리네.

東街偶吟
동 가 우 음

紫陌垂楊酒旗斜 紗窓如霧咽箏琶 東風不管花無力 吹滿長安百萬家
자 맥 수 양 주 기 사　사 창 여 무 인 쟁 파　동 풍 불 관 화 무 력　취 만 장 안 백 만 가

_출전 『허백당시집』

◆ 주
- 우음(偶吟) : 우연히 읊다.
- 자맥(紫陌) : 도시의 길거리.
- 주기(酒旗) : 술집을 알리기 위해 걸어둔 깃발.
- 불관(不管) : 별 관심이 없다, 상관하지 않다.
- 장안(長安) : 원래는 당나라의 수도, 그러나 여기서는 '큰 도시' 정도의 뜻으로 쓰였다.

◆ 해설
담판한(擔板漢)은 선의 어록에 자주 나오는 말이다. 글자대로 끌러보

면 '판자를 짊어진 사람'이라는 뜻이다. 그러나 이 말을 풀어보면 이런 뜻이 된다. 판자를 짊어졌으니 한쪽밖에 볼 수 없을 것은 뻔한 사실이다. 또다른 한쪽이 널판에 가리워졌기 때문이다. 하나만 알고 둘은 모르는 머저리를 비꼴 때 이렇게 부르는 것이다.
'화무십일홍(花無十日紅)'이라, 제아무리 예쁜 꽃이라도 열흘을 넘기지 못하고 져버리는 줄만 알았지, 봄이 오면 그 꽃 진 자리에서 다시 새 꽃 돋아나는 줄은 모르는 그런 사람을 일컬어 '담판한'이라 한다. 덧없는 인생 속에서 나지도 않고 죽지도 않는 그런 것을 찾을 줄은 왜 모른단 말인가. 멀리 보면 덧없음은 저 불멸의 바다, 그 소리로 울려오지 않는가…….

가련타 저 꽃들이
_설암 추붕

가련타 가지 가득 불붙는 저 꽃들이
광풍에 다 떨어져 물 따라 가고 있네
세상만사 모두 이와 같거니
무엇 때문에 정에 매여 울고불고하는가.

嘆花
탄 화

可憐灼灼滿枝花 落盡狂風空逐水 世間萬事盡如斯 何必人情能獨久
가련작작만지화　낙진광풍공축수　세간만사진여사　하필인정능독구

_출전 『설암집』

◆ 주
· 작작(灼灼) : 꽃이 불타는 듯 만개하다.
· 광풍(狂風) : 맹렬하게 부는 바람, 드센 바람.
· 공(空) : 덧없다, 속절없다.
· 진여사(盡如斯) : 모두 이와 같다.

◆ 해설
1구의 '작작(灼灼)'은 장작 등이 매우 강렬하게 불붙는 상태를 뜻한다. 이 말이 '화(花)'와 연결되면 꽃의 이미지와 불의 이미지가 엉켜서 매우 관능적인 인상을 빚어낸다. 살아간다는 것은 어떤 행위나

사상이라도 그 근원을 더듬어 가보면 '불타는' 그것에 연결된다. 불타는 것은 그 근원에서 관능의 또 다른 형태라 볼 수 있다. 그러므로 살아간다는 것은 관능의 굽이가 꿈틀거리며 기체로 승화되기도 하고 액체로 하강하기도 하는 것이다.

2구는 이 관능이 액체의 걷잡을 수 없는 소용돌이 속에 갈가리 찢기는 모습을 묘사한 것이다. 시인은 3구와 4구에서 말하고 있다. 이 세상의 모든 짓거리가 이와 같은데 무엇 때문에 울고불고하느냐고. 그러나 그는 가슴도 없는 쇳덩이인가 보다.

봄을 즐기며
_묵암 최눌

이슬 맺혀 꽃송이마다 눈물이요
바람은 깨어 대숲을 휩쓰네
버들잎 흐르는 풀밭 언덕에
진종일 홀로 앉아 좌선하는 저 노인장.

玩春
완 춘

露泣花千朶 風鳴竹一叢 綠楊芳草岸 終日坐禪翁
노읍화천타　풍명죽일총　녹양방초안　종일좌선옹
_출전 『묵암집』

◆ 주
· 완춘(玩春) : 봄을 사랑하다, 봄을 감상하다.
· 총(叢) : 숲.
· 좌선옹(坐禪翁) : 좌선수행을 하는 노인.

◆ 해설
꽃송이마다 이슬이 맺혀 있고 바람은 우우- 대숲을 달린다. 언덕에는 버들가지 움직이는데, 거기 한 노인이 앉아 있다. "무엇 때문에 앉아 있느냐"고 굳이 물어볼 필요 없다. 봄의 이 정취 속에 들어가면 누구나 도인이 될 테니까…….

월계꽃 비에 젖어
_증곡 치익

비 젖은 볼에는 붉은 눈물 흐르고
바람에 흔들리며 붉은 입술은 웃네
그대를 사랑하는 우리를 위해
눈앞의 이 봄을 그대는 선물하네.

月桂花着雨
월 계 화 착 우

泣雨含紅淚 舞風笑紫唇 深知人愛着 爲供眼前春
읍우함홍루 무풍소자진 심지인애착 위공안전춘

_출전 『증곡집』

◆ 주
· 읍우(泣雨) : 빗방울이 마치 눈물처럼 꽃잎에 맺히다.
· 자진(紫唇) : 붉은 입술.

◆ 해설
1구와 2구는 비 젖은 월계꽃에 요염한 여인의 이미지를 중첩시키고 있다. 3구와 4구에서는 월계꽃이 왜 그렇게 요염하게 피었는지 그 이유를 읊고 있다. 봄은(꽃은) 어느 날 문득 덧없이 가버리기(져버리기) 때문이다.

소나기
_함홍 차능

바람을 쫓아 점 찍히듯 뿌옇더니
어느새 은죽순이 산 가득 꽂히네
개울 옆 늙은 나무 매미 소리 흉내 내고
누각엔 그윽이 서기가 이네.

急雨
급우

始逐風頭點點稀　忽看銀竹滿山圍　溪邊老樹蟬聲歇　一檻淸幽暑氣微
시축풍두점점회　홀간은죽만산위　계변로수선성헐　일함청유서기미

_출전 『함홍집』

◆ 주
· 풍두(風頭) : 바람.
· 선성(蟬聲) : 매미 울음 소리.
· 서기(暑氣) : 여름의 열기.

◆ 해설
여름날 소나기 올 때의 정경을 읊고 있다. 1구의 '점점희(點點稀)'와 2구의 '만산위(滿山圍)', 그리고 3구의 '선성헐(蟬聲歇)'과 4구의 '서기미(暑氣微)', 그 절묘한 대칭을 보라.

脫

11. 탈속 · 대숲에 홀로 앉아

봄잠에서
_맹호연

봄잠에서 문득 깨었네
처처에 새 우는 소리
지난밤 비바람에
꽃들은 다 져버렸네.

春曉
춘효

春眠不覺曉 處處聞啼鳥 夜來風雨聲 花落知多少
춘면불각효 처처문제조 야래풍우성 화락지다소

_출전 『맹호연집』

◆ 주
· 야래(夜來) : 지난밤.
· 다소(多少) : 많다. '소(少)'는 어조사.

◆ 해설
개인의 감정을 전혀 개입시키지 않으면서도 내면의 정서를 여과시켜 읊고 있다. 맹호연의 이 시는 '선시'로서보다도 '당시(唐詩)'로서 이미 널리 알려진 작품이다. 1구의 '불각(不覺)', 2구의 '문(聞)', 3구의 '성(聲)', 4구의 '지(知)'가 어우러져 한 편의 멋진 시가 되었다.

융상인의 암자를 지나며

_맹호연

선실(禪室)엔 옷만 걸려 있고
창밖에는 인적 없어 물새 나네
하산길 절반은 황혼에 젖었나니
흐르는 물소리에 산은 더욱 다가오네.

過融上人蘭若
과 융 상 인 란 야

山頭禪室掛僧衣 窓外無人水鳥飛 黃昏半在下山路 却聽泉聲戀翠微
산두선실괘승의 창외무인수조비 황혼반재하산로 각청천성연취미

_출전 『맹호연집』

◆ 주
· 융상인(融上人) : 상인(上人)은 승려를 뜻하고, 융(融)은 인명이다.
· 란야(蘭若) : 아란야(Aranya, 寂靜處)의 한문 음역. '절'을 뜻한다.
· 취미(翠微) : 파란 산기운.

◆ 해설
1·2구는 암자의 정경을, 3구는 돌아가는 길의 정경을, 4구는 암자에 남겨두고 온 시인 자신의 아련한 심정을 읊고 있다. 시정이 무르녹은 작품이다.

승방
_왕창령

종려나무 꽃 뜰에 가득하고
이끼는 한가로운 방으로 드네
피차가 서로 말이 없나니
공중에는 천상의 향이 흐르네.

題僧房
제승방

棕櫚花滿院 苔蘇入閑房 彼此名言絶 空中聞異香
종려화만원 태소입한방 피차명언절 공중문이향

_출전 『왕창령시집』

◆ 주
· 종려(棕櫚) : 종려나무. 야자과에 속한다.
· 문(聞) : 냄새를 맡다. 여기서는 '향기가 나다'.
· 이향(異香) : 특이한 향기.

◆ 해설
선승의 방을 찾아가 읊은 시다. 1·2구는 승방의 묘사요, 3·4구는 무언(無言)으로 교감하고 있는 주인과 나그네의 내면 묘사다. 4구의 '이향(異香)'은 바로 주인과 나그네의 '심향(心香)'을 의미한다. 4구의 '문(聞)' 자가 멋지다. 시상이 신비롭다.

경쇠 치는 노인

_왕창령

쌍봉(雙峰)엔 해묵은 누더기옷 한 벌이요
한 울림 경쇠 소리에 흰 눈썹 길게 날리네
아아, 뉘라서 야인(野人)의 이 마음 알리
다만 봄풀이 푸름을 바라볼 뿐이네.

擊磬老人
격 경 노 인

雙峰褐衣久 一磬白眉長 誰識野人意 徒看春草芳
쌍 봉 갈 의 구 일 경 백 미 장 수 식 야 인 의 도 간 춘 초 방

_출전 『왕창령시집』

◆ 주
· 갈의(褐衣) : 거친 모직물로 만든 옷, 누더기옷.
· 도(徒) : 다만.

◆ 해설
백발의 눈썹을 날리는 도인의 모습이 눈에 잡힌다. 3·4구는 그런 도인의 초탈한 심정을 읊고 있다. 그러나 한 가닥 외로움이 풀잎 되어 흔들리는 것은 웬일일까.

석양

_왕유

빈산에 사람 없고
들리느니 말소리뿐
지는 햇살 숲 깊이 들어와
푸른 이끼 위에 비치고 있네.

鹿柴
녹시

空山不見人　但聞人語響　返景入深林　復照靑苔上
공 산 불 견 인　단 문 인 어 향　반 경 입 심 림　부 조 청 태 상

_출전 『왕우승집』

◆ 주
- 녹시(鹿柴) : 사슴을 먹여 기르는 곳.
- 인어향(人語響) : 사람의 말소리가 불분명하게 메아리치다.
- 반경(返景) : 해 질 녘의 햇살. 해가 서쪽으로 질 무렵이면 그 빛이 동쪽으로 반사되어 비치는데, 이를 '반경'이라 한다.
- 청태(靑苔) : 푸른 이끼.

◆ 해설
　너무나도 유명한 선시다. 특히 1구와 2구는 선시의 압권이다. 길이 남을 명시다.

대숲
_왕유

대숲에 홀로 앉아
거문고 뜯고 길게 소리 내어 읊네
깊은 숲 사람들 알지 못하니
밝은 달이 와 서로 비추고 있네.

竹里館
죽리관

獨坐幽篁裏 彈琴復長嘯 深林人不知 明月來相照
독좌유황리 탄금부장소 심림인부지 명월래상조

_출전 『왕우승집』

◆ 주
· 죽리관(竹里館) : 대숲 속에 있는 집.
· 유황(幽篁) : 깊은 대나무숲.
· 장소(長嘯) : 시가(詩歌) 등을 길게 소리 내어 읊다.

◆ 해설
역시 좋은 작품이다. 4구의 '명월래상조(明月來相照)'는 선의 높은 경지를 읊은 구절이다. 상조(相照, 서로 비추고 있네)란 '달빛이 사람을 비추고, 사람이 달을 비춰준다'는 뜻이다. 말하자면 달과 사람이 혼연일체가 된 무아(無我)의 경지다.

목련
_왕유

나무 끝에 연꽃
산속에 붉게 피었네
개울 옆 인적 없는 집가에
저 홀로 피었다 지네, 피었다 지네.

辛夷塢
신 이 오

木末芙蓉花 山中發紅萼 澗戶寂無人 紛紛開且落
목 말 부 용 화　산 중 발 홍 악　간 호 적 무 인　분 분 개 차 락
_출전 『왕우승집』

◆ 주
· 신이(辛夷) : 목련꽃.
· 오(塢) : 작은 둑, 작은 마을.
· 목말부용화(木末芙蓉花) : 목련꽃.
· 홍악(紅萼) : 홍화(紅花, 붉은 꽃). '화(花)'를 쓰지 않고 '악(萼)'을 쓴 것은 운을 맞추기 위해서다.
· 악(萼) : 꽃받침.
· 간호(澗戶) : 개울가에 있는 집.

◆ 해설

너무나 투명하여 눈물이 날 것만 같은 작품이다. 4구를 보라. "분분개차락(紛紛開且落), 저 홀로 피었다 지네, 피었다 지네." 이 이상의 말이 무슨 필요가 있으리.

향적사
_왕유

향적사 찾아가다
구름 깊은 곳에 들었네
고목 속으로 길은 사라졌는데
어디선가 종소리 들려오네
개울물은 괴이한 바위에 울리고
날빛(日色)은 소나무에 차갑네
해 질 녘 고요한 연못 부근에서
좌선에 들어 번뇌를 잠재우네.

過香積寺
과 향 적 사

不知香積寺　數里入雲峯　古木無人逕　深山何處鐘
부지향적사　수리입운봉　고목무인경　심산하처종

泉聲咽危石　日色冷靑松　薄暮空潭曲　安禪制毒龍
천성인위석　일색랭청송　박모공담곡　안선제독룡

_출전 『왕우승집』

◆ 주
· 향적사(香積寺) : 중국 장안(지금의 西安) 부근 종남산에 있는 절.
· 위석(危石) : 높고 기묘하게 생긴 바위.

· 공담(空潭) : 고요한 연못.
· 곡(曲) : 여기서는 '부근' 또는 '한쪽 구석의 외진 곳' 정도를 뜻한다.
· 안선(安禪) : 좌선(坐禪)하다.
· 독룡(毒龍) : 여기서는 '번뇌망상'. 공담(空潭)으로부터 독룡(毒龍)의 이미지가 연결된다.

◆ 해설
마치 한 폭의 동양화를 보는 듯하다. 이미지의 흐름이 흐르는 물과 같다.

이별
_왕유

말에서 내려 술잔을 든 그대여
묻노니 어디로 가려는가
그대는 말하네
장부의 큰 뜻을 얻지 못하여
저 남산 기슭에 돌아가 묻혀 살려 하네
다만 가노니 더 이상은 묻지 말게
그곳엔 흰 구름만 겹겹 쌓일 뿐…….

送別
송 별

下馬飮君酒 問君何所之 君言不得意 歸臥南山陲 但去莫復問 白雲無盡時
하 마 음 군 주 문 군 하 소 지 군 언 부 득 의 귀 와 남 산 수 단 거 막 부 문 백 운 무 진 시

_출전 『왕우승집』

♦ 주
- 하소지(何所之) : 왜 가는가, 어디로 가는가.
- 귀와(歸臥) : 은거하다.
- 남산(南山) : 중국 장안 부근의 종남산(終南山).
- 수(陲) : 주변, 부근.
- 막부문(莫復問) : 더 이상 묻지 마라.

◆ 해설

큰 뜻을 펴지 못하고 낙향하는 벗을 보내며 지은 시다. 3구와 4구는 역시 길이 남을 구절이다. 길이 남아 우리의 가슴을 울릴 구절이다.

봄날
_왕유

복사꽃 연붉은빛 간밤 비에 젖고
버들 푸른 가지에 봄 안개 어리네
꽃잎은 시나브로 져가는데
꾀꼬리 울음 속에 나그네는 졸고 있네.

田園樂 其一
전원락 기일

桃紅復含宿雨 柳綠更帶春煙 花落家童未掃 鶯啼山客猶眠
도홍부함숙우 유록갱대춘연 화락가동미소 앵제산객유면

_출전 『왕우승집』

◆ 주
· 숙우(宿雨) : 지난밤부터 오는 비.
· 춘연(春煙) : 봄 안개, 봄에 끼는 안개나 연기 같은 기운(이내).
· 가동(家童) : 심부름하는 아이.
· 앵(鶯) : 꾀꼬리.

◆ 해설
아주 무르녹은 작품이다. 차라리 요염하다고나 할까. 동양미의 극치는 바로 이런 풍경을 두고 하는 말이다.

새 우짖는 물가
_왕유

사람은 한가롭고 계화는 지고
밤은 고요하고 봄 산은 비었네
달 뜨자 산새 놀라서
봄 물가에서 우짖고 있네.

鳥鳴澗
조명간

人閑桂花落 夜靜春山空 月出驚山鳥 時鳴春澗中
인 한 계 화 락 야 정 춘 산 공 월 출 경 산 조 시 명 춘 간 중

_출전 『왕우승집』

◆ 주
· 계화(桂花) : 계수나무 꽃.
· 간(澗) : 산골에 흐르는 물.

◆ 해설
제1급 선시다. 1·2구는 '정(靜)'의 세계다. 3구의 '월출(月出)'은 정을 통한 직관의 분출(覺)이다. 이 직관의 분출이 있은 다음에는 삶과 더불어 굽이치는 '동(動)'의 세계다. 3구의 '경산조(驚山鳥)'와 4구의 '시명간(時鳴澗)'은 그런 동의 세계다. 시정과 시어, 선(禪)의 깊은 체험이 한데 어우러져 이렇게 멋진 한 편의 시가 태어났다.

서재에서
_왕유

옛 기와에 젖는 가랑비여
깊은 집은 낮인데도 더디 열리네
앉아서 이낏빛을 보고 있나니
그 파란 기운이 옷에 오르려 하네.

書事
서사

輕陰閣小雨 深院晝慵開 坐看蒼苔色 欲上人衣來
경음각소우 심원주용개 좌간창태색 욕상인의래
_출전 『왕우승집』

◆ 주
· 경음(輕陰) : 약간 흐리다.
· 창태(蒼苔) : 푸른 이끼.

◆ 해설
4구의 '욕상(欲上, 오르려 하네)'으로 인해 이 작품은 정말 대단한 한 편의 선시가 되었다. 자연과 혼연일체가 된 시인 자신의 감성이 아니고서는 도저히 이런 시어는 쓸 수가 없다.

산중
_왕유

개울 맑아 돌이 희게 나왔고
하늘 추워 붉은 잎 드무네
산길에는 원래 비가 없는데
허공 푸른 빛깔이 옷깃 적시네.

山中
산중

溪淸白石出 天寒紅葉稀 山路元無雨 空翠濕人衣
계 청 백 석 출 천 한 홍 엽 회 산 로 원 무 우 공 취 습 인 의
_출전 『왕우승집』

◆ 주
· 공취(空翠) : 허공의 푸른빛.

◆ 해설
산중의 맑은 기운을 읊고 있다. 4구를 보라. 허공의 푸른 빛깔이 옷깃을 적신다니…… 이 얼마나 정밀하고 섬세한 감성인가.

정야사
_이백

침상 앞 달빛
웬 서리 이리 흰가
고개 들어 산월을 바라보고
고개 숙여 고향을 생각하네.

靜夜思
정 야 사

牀前看月光　疑是地上霜　擧頭望山月　低頭思故鄕
상 전 간 월 광　의 시 지 상 상　거 두 망 산 월　저 두 사 고 향

_출전 『이태백시집』

♦ 주
· 상(牀) : 침상, 침대.
· 산월(山月) : 산에 걸린 달, 산을 배경으로 떠 있는 달.

♦ 해설
　시상이 너무 맑아 차라리 슬퍼진다. 1구의 '간월광(看月光)'과 2구의 '지상상(地上霜)'에서 우리는 시정의 신선한 충격을 맛본다. 그리고 3구의 '거두망(擧頭望)'과 4구의 '저두사(低頭思)'에서는 압축될 대로 압축된 시어와 만난다. 이백(李白)이 아니었더라면 이 여섯 자 속에 담긴 내용을 표현하기 위해 몇천 글자를 낭비했을 것이다. 그리

고 여기 '산월(山月)'과 '고향(故鄕)'의 대칭을 보라. 시선(詩仙) 이백이 아니면 쓸 수 없는 구절이다.

원정
_이백

미인이 주렴을 들어올리네
깊이 앉아 눈썹을 찡그리네
다만 눈물 흔적 보일 뿐,
누굴 원망하는지 알 수 없네.

怨情
원 정

美人捲珠簾 深坐嚬蛾眉 但見淚痕濕 不知心恨誰
미 인 권 주 렴   심 좌 빈 아 미   단 견 루 흔 습   부 지 심 한 수

_출전 『이태백시집』

◆ 주
· 원정(怨情) : 슬퍼하고 원망하는 마음.
· 빈(嚬) : 찡그리다, 눈살을 찌푸리다.

◆ 해설
그대로 한 폭의 〈미인도(美人圖)〉다. 2구의 '빈(嚬)'과 3구의 '견(見)'·'흔(痕)'을 보라. 얼마나 절묘한 시어들인가.

백로
_이백

백로, 가을 물에 내리네
외로이 날아 서리 내리듯 하네
마음이 한가로워 날아가지 않고
모랫가에 홀로 마냥 서 있네.

白鷺鷥
백로사

白鷺下秋水 孤飛如墜霜 心閑且未去 獨立沙洲傍
백로하추수 고비여추상 심한차미거 독립사주방

_출전 『이태백시집』

◆ 주
· 로사(鷺鷥) : 백로.
· 사주(沙洲) : 물가에 생긴 모래톱.

◆ 해설
시상·시정·시어가 딱 맞아떨어진 작품이다. 이런 시를 우리말로 (다른 나라 말로) 옮기기는 도저히 불가능하다. 옮겨오면 설명문이 되기 때문이다. 한문(漢文)의 상징 언어가 아니면 쓸 수 없는 시다.

맹호연을 보내며

_이백

황학루 서쪽으로 그댈 보내나니
안개꽃 피는 삼월 양주로 내려가네
외로운 돛폭 먼 그림자 허공가에 다하고
오직 장강만이 하늘 끝으로 아스라이 흐르네.

黃鶴樓送孟浩然之廣陵
황학루송맹호연지광릉

故人西辭黃鶴樓 煙花三月下楊州 孤帆遠影碧空盡 惟見長江天際流
고인서사황학루 연화삼월하양주 고범원영벽공진 유견장강천제류

_출전 『이태백시집』

◆ 주
· 맹호연(孟浩然) : 성당(盛唐)의 자연파 시인.
· 고인(故人) : 절친한 벗.
· 황학루(黃鶴樓) : 중국 호북성 황학산 서북쪽 강가에 있는 누각.
· 장강(長江) : 양자강.
· 천제(天際) : 하늘의 끝.

◆ 해설
   시상은 장중하고 시정은 섬세하기 이를 데 없다. 3구와 4구는 절창이다. '벽공진(碧空盡)'과 '천제류(天際流)'의 대칭을 보라.

산중문답

_이백

왜 산에 사느냐고 묻는 그 말에
대답 대신 웃는 심정, 이리도 넉넉하네
복사꽃 물에 흘러 아득히 가니
인간 세상 아니어라, 별유천지네.

山中問答
산중문답

問余何意棲碧山 笑而不答心自閑 桃花流水杳然去 別有天地非人間
문여하의서벽산 소이부답심자한 도화류수묘연거 별유천지비인간

_출전 『이태백시집』

◆ 주
· 여(余) : 나, 자기.
· 서(棲) : 살다.

◆ 해설
너무나도 잘 알려진 작품이다. 2구는 시인 자신의 넉넉한 심정을, 3구는 무릉도원의 신비경(神秘境)을 읊었다. 1구의 물음에 대한 답은 4구의 '비인간(非人間)'이다.

345

자견
_이백

술을 마주하여 어느덧 날이 저물어
꽃잎이 옷 가득 떨어졌네
취한 채 일어나 계월(溪月)을 밟고 가나니
새들 돌아가고 사람 또한 드무네.

自遣
자견

對酒不覺暝 落花盈我衣 醉起步溪月 鳥還人亦稀
대주불각명 낙화영아의 취기보계월 조환인역희

_출전 『이태백시집』

◆ 주
· 자견(自遣) : 스스로 심정을 달래다.
· 계월(溪月) : 개울에 비친 달.

◆ 해설
이 역시 제1급에 속하는 이백의 시다. 1구 '불각명(不覺暝)'과 2구 '영아의(盈我衣)', 3구 '보계월(步溪月)'과 4구 '인역희(人亦稀)'가 신비로운 대칭을 이루고 있다. 계월을 밟고 가는 시인 자신의 기척이 있기 때문에 '희(稀, 드물다)' 자를 쓴 것이다.

옛 절
_상건

새벽, 옛 절에 드니
첫 햇살 숲을 비추네
대숲 길 그윽한 곳으로 나 있고
선방은 꽃과 나무로 깊네
산빛은 새를 기쁘게 하고
담영(潭影)은 사람의 마음을 비게 하네
만뢰(萬籟)는 고요한데
오직 종소리 여음만 있네.

題破山寺後禪院
제파산사후선원

淸晨入古寺 初日照高林 竹徑通幽處 禪房花木深
청신입고사 초일조고림 죽경통유처 선방화목심
山光悅鳥性 潭影空人心 萬籟此都寂 但餘鍾磬音
산광열조성 담영공인심 만뢰차도적 단여종경음

_출전 『상건집』

◆ 주
· 담영(潭影) : 연못에 비친 그림자.
· 종경음(鍾磬音) : 종과 경쇠 소리.

◆ 해설

무너져가는 옛 절의 새벽녘 풍경을 읊고 있다. 시정은 잔 물줄기가 되어 끝없이 흐른다. 그러나 시상에 역동감이 약하다.

영철상인을 보내며

_유장경

어두워가는 죽림사
머언 종소리 저무네
어깨 멘 삿갓에 석양빛 물드나니
청산에 홀로 아득히 돌아가네.

送靈徹上人
송영철상인

蒼蒼竹林寺 杳杳鍾聲晩 荷笠帶夕陽 靑山獨歸遠
창창죽림사 묘묘종성만 하립대석양 청산독귀원

_출전『유수책자집』

◆ 주

- 영철(靈徹) : 당시에 이름 있던 시승(詩僧).
- 상인(上人) : 승려.
- 창창(蒼蒼) : 어둑어둑한 모양.
- 묘묘(杳杳) : 그윽하고 먼 모양.
- 하립(荷笠) : 삿갓을 어깨에 메다. '하(荷)'는 어깨에 멘다는 뜻이다.

◆ 해설

수묵화 한 폭이다. 1구 '창창(蒼蒼)'과 2구 '묘묘(杳杳)', 3구 '대석양(帶夕陽)'과 4구 '독귀원(獨歸遠)'이 절묘하게 대칭을 이루고 있다.

쓸쓸한 모래톱에
_유장경

쓸쓸한 모래톱에 저녁 연기 걷히나니
가을 강에서 달을 보네
모래톱에 한 사람 있어
달빛 속에 외로이 물을 건너네.

江中對月
강중대월

空洲夕烟斂 望月秋江裏 歷歷沙上人 月中孤渡水
공주석연렴 망월추강리 역력사상인 월중고도수

_출전 『유수책자집』

◆ 주
· 렴(斂) : 거둬들이다.
· 역력(歷歷) : 뚜렷한 모양.

◆ 해설
시상이 수정처럼 선명하다. 4구는 절창이다. '고(孤)'자로 하여 이 시는 대단한 품격을 갖추었다.

눈오는 날

_유장경

날 저물어 산은 멀고
추운 하늘 초가삼간은 조촐하네
사립문에 개 짖는 소리 들리더니
눈보라 속에 돌아오는 사람 있네.

逢雪宿芙蓉山
봉 설 숙 부 용 산

日暮蒼山遠 天寒白屋貧 柴門聞犬吠 風雪夜歸人
일모창산원 천한백옥빈 시문문견폐 풍설야귀인

_출전 『유수책자집』

◆ 주
· 백옥(白屋) : 초가삼간, 가난한 서민의 집.

◆ 해설
겨울, 눈 오는 저녁의 풍경을 읊고 있다. 시상에 무리가 없고 시정은 무르녹았다. 1구 '일모(日暮)'와 2구 '천한(天寒)', 1구 '창산원(蒼山遠)'과 2구 '백옥빈(白屋貧)'의 대칭이 좋다. 3구 '문견폐(聞犬吠)'와 4구 '야귀인(夜歸人)'에 이르면, 시정은 까마득히 가버린 날의 정취로 변한다.

봄의 옛집
_잠삼

양원의 해 질 무렵 갈까마귀 어지러이 나니
눈에 잡히는 건 쓸쓸한 두세 채의 집뿐
정원의 나무는 집주인 떠난 줄 미처 모르고
봄이 오자 옛 시절의 꽃을 활짝 피웠네.

山房春事
산방춘사

梁園日暮亂飛鴉 極目蕭條三兩家 庭樹不知人去盡 春來還發舊時花
양원일모란비아　극목소조삼양가　정수부지인거진　춘래환발구시화

_출전 『잠가주집』

◆ 주
- 양원(梁園) : 양효왕(梁孝王)의 장원(莊園)으로, 한대(漢代)에는 문인들이 모이던 중심지였다.
- 극목(極目) : 시력이 미치는 한계.
- 소조(蕭條) : 쓸쓸한 모양.

◆ 해설
　한때 전성했던 장원(莊園)의 폐허를 읊은 시다. 이 집에 살던 사람들은 모두 떠나버렸지만, 저 뜰 앞의 나무는 그것도 모르고 봄이 오자 활짝 꽃을 피워내고 있다. 꽃을 감상해줄 사람들이 아직도 예 있는

줄 알고…….
3구와 4구를 보라. 얼마나 멋진 구절인가. 무릎을 한번 '탁!' 칠 일이다.

은자가 사는 곳
_배적

해 지자 솔바람 일고
돌아오는 길 풀 끝에 이슬 말랐네
구름 그늘은 발자국에 고이고
나뭇가지 풀잎은 옷자락을 날리네.

華子岡
화자강

落日松風起 還家草露晞 雲光侵履迹 山翠拂人衣
낙일송풍기 환가초로희 운광침리적 산취불인의

_출전 『전당시』

◆ 주
· 화자강(華子岡) : 선인(仙人) 화자기(華子期)가 살던 언덕(岡). 사영운(謝靈運)의 「화자강(華子岡)」이라는 시가 있는데, 그 시에서 영감을 얻은 듯하다. 왕유의 시 「귀망천작(歸輞川作)」에 화답한 작품이다.
· 희(晞) : 마르다.
· 산취(山翠) : 산의 나무와 풀잎.

◆ 해설
3구의 '침(侵)'과 4구의 '불(拂)'이 대비를 이루며 미묘한 선정(禪情, 선의 정서)을 자아내고 있다. 시인은 왕유와 친분이 두터웠다.

먼 산 종소리
_전기

바람은 산 밖으로 종소리를 보내고
운하는 옅은 물을 건너네
종소리 다한 곳을 알고 싶은가
새의 모습 사라진 곳, 저 하늘 끝이네.

遠山鐘
원 산 종

風途出山鐘 雲霞度水淺 欲知聲盡處 鳥滅寥天遠
풍도출산종 운하도수천 욕지성진처 조멸요천원

_출전 『전당시』

◆ 주
· 운하(雲霞) : 구름과 안개.

◆ 해설
선지(禪智)와 시정이 잘 조화를 이루고 있다. 특히 3구와 4구에 이르러서는 선지로 시작하여 시정으로 끝을 맺는 거장의 솜씨가 엿보인다.

은자의 정자에서
_전기

약초 길에 붉은 이끼는 깊고
산창엔 푸른 산기운 가득하네
부러워라, 그대는 꽃 아래 취하여
나비가 되어 꿈속을 날고 있는가.

題崔逸人山亭
제 최 일 인 산 정

藥徑深紅蘚 山窓滿翠微 羨君花下醉 蝴蝶夢中飛
약 경 심 홍 선   산 창 만 취 미   선 군 화 하 취   호 접 몽 중 비

_출전 『전당시』

◆ 주
- 일인(逸人) : 세속을 초월한 은자.
- 홍선(紅蘚) : 붉은 이끼.
- 선(羨) : 부러워하다.
- 호접몽(蝴蝶夢) : 장자가 꿈에 호랑나비가 되어 날아다녔다는 고사.

◆ 해설
아주 탐미적이다. 1구와 2구는 정경의 묘사를 통해서 시인 자신의 심미안(審美眼)을 드러내 보이고 있다. 그리고 3구와 4구에 이르러서는 장자(莊子)풍의 허무미(虛無美)가 극을 이룬다.

우물
_전기

복사꽃 우물에 비쳐
샘 밑은 온통 붉은빛이네
뉘 알리, 이 우물 밑으로
무릉도원 가는 길 있는 줄을.

石井
석정

片霞照石井 泉底桃花紅 那知幽石下 不與武陵通
편하조석정 천저도화홍 나지유석하 불여무릉통

_출전 『전당시』

◆ 주
· 편하(片霞) : 복사꽃.
· 무릉(武陵) : 무릉도원(武陵桃源).

◆ 해설
환상적인 분위기가 작품 전체를 누비고 있다. 그리고 시상의 전개가 치밀하기 이를 데 없다.

가을 강
_전기

편한 잠에 조각배는 가볍고
바람이 자 파도는 잔잔하네
갈대숲 저 언덕은
밤새도록 가을 소리로 붐비네.

江行無題
강행무제

穩睡葉舟輕 風微浪不驚 任君蘆葦岸 終夜動秋聲
온수엽주경　풍미랑불경　임군로위안　종야동추성

_출전 『전당시』

◆ 주
· 온수(穩睡) : 편안하게 자다.

◆ 해설
　가을 밤의 시정을 그린 듯이 읊어내고 있다. 특히 4구의 '종야(終夜)'는 가을 정취에 걷잡을 수 없이 설레는 시인 자신의 심정을 잘 표현한 단어다.

비 오는 옛절

_대숙륜

공문은 적적하여 이 한 몸 한가롭고
저 개울 가는 비에 객의 번뇌 씻기네
흰 구름 향한 정은 다함 없나니
꾀꼬리 봄에 취한 거기 맡기네.

精舍對雨
정사대우

空門寂寂澹吾身 溪雨微微洗客塵 臥向白雲情未盡 任他黃鳥醉芳春
공 문 적 적 담 오 신   계 우 미 미 세 객 진   와 향 백 운 정 미 진   임 타 황 조 취 방 춘

_출전 『전당시』

◆ 주
· 정사(精舍) : 절.
· 공문(空門) : 선문(禪門) 또는 절.
· 담(澹) : 담박하다.
· 임타(任他) : 저(꾀꼬리)에게 모든 걸 맡기다.
· 황조(黃鳥) : 꾀꼬리.

◆ 해설
옛 절, 비 오는 날의 서정을 읊은 시다. 시정은 잔잔하게 흐르고 있다. 4구의 '임타(任他)'로 인해 이 시는 활기를 되찾았다.

날이면 날마다
_대숙륜

날이면 날마다 물가에 나가 흐르는 물 보나니
봄이 떠난 아쉬움에 가을, 쓸쓸함이 겹치네
산속의 옛집엔 사람 가고 없으니
풍진 속을 오가는 우린 모두 백발이네.

寄殷亮
기 은 량

日日河邊見水流 傷春未已復悲秋 山中舊宅無人住 來往風塵共白頭
일 일 하 변 견 수 류 상 춘 미 이 부 비 추 산 중 구 택 무 인 주 내 왕 풍 진 공 백 두

_출전 『전당시』

◆ 주
- 일일(日日) : 날이면 날마다, 매일.
- 풍진(風塵) : 사람이 사는 이 세상, 속세.

◆ 해설
　잔잔한 시정과 가슴 저리는 무상감(無常感)이 시의 주조를 이루고 있다.

물가에 나가

_위응물

물가에 나가 그윽이 풀을 보나니
나뭇가지 깊은 곳 꾀꼬리 우네
봄 물결 비에 섞여 저녁 무렵이면 급하나니
나루터엔 사람 없고 배만 홀로 떠 있네.

滁州西澗
저 주 서 간

獨憐幽草澗邊生　上有黃鸝深樹鳴　春潮帶雨晚來急　野渡無人舟自橫
독 련 유 초 간 변 생　상 유 황 리 심 수 명　춘 조 대 우 만 래 급　야 도 무 인 주 자 횡

_출전 『위소주집』

◆ 주
· 저주(滁州) : 중국 안휘성에 있는 양자강의 지류.
· 서간(西澗) : 성주성(姓州城) 서쪽에 있는 시냇물.

◆ 해설
시정이 넘치는 작품이다. 3구와 4구에 이르면 춘정(春情)에 겨워 설레는 시인의 감성이 나룻배가 되어 봄비 속을 일렁이고 있다.

가을 밤
_위응물

이 가을 밤 그대 생각에
시 한 수 읊조리며 마냥 거니네
빈산에 솔방울 떨어지나니
그대 응당 잠 못 이루리.

秋夜寄邱員外
추 야 기 구 원 외

懷君屬秋夜 散步詠凉天 空山松子落 幽人應未眠
회 군 속 추 야　산 보 영 량 천　공 산 송 자 락　유 인 응 미 면

_출전 『위소주집』

◆ 주
- 구원외(邱員外) : 시인의 친구인 구단(邱丹)을 말한다.
- 송자(松子) : 솔방울.
- 유인(幽人) : 은자(隱者) 구단을 가리킨다.

◆ 해설
　당시(唐詩)로서 이미 널리 알려진 작품이다. 3구 '공산송자락(空山松子落)'은 절창이다. 빈산(空山)에 솔방울 떨어지나니(松子落)…… 솔방울 떨어지고 난 다음의 산은 더욱 고요하기만 하다. 공산송자락, 이것은 정경 묘사에 앞서 분명 하나의 경지다.

사람을 보내며
_왕건

물가 정자에서 술잔 거두고
말이 다하자 각각 동과 서로 갈리네
고개 돌리매 서로 보이지 않으니
가을비 속에 수레는 멀어져가고 있네.

送人
송인

河亭收酒器 語盡各西東 回首不相見 行車秋雨中
하정수주기 어진각서동 회수불상견 행거추우중

_출전 『왕사마집』

◆ 주
· 하정(河亭) : 물가에 세워진 정자.
· 주기(酒器) : 술잔과 술병.

◆ 해설
이별시로서 제1급에 속하는 작품이다. 3구 '불상견(不相見)'과 4구 '추우중(秋雨中)'이 딱 떨어지는 대비를 이루고 있다. 쓸쓸하기 이를 데 없는 이별의 심정이 이 두 구절을 통해서 남김없이 드러난다.

어둑한 숲 속엔
_장적

어둑한 숲 속엔 물이 흐르고
밤기운 서늘하여 잠 못 이루네
서쪽 봉우리엔 아직 달이 있나니
멀리 그대의 풀집을 생각하네.

寄西峰僧
기 서 봉 승

松暗水涓涓 夜凉人未眠 西峰月猶在 遙憶草堂前
송암수연연 야량인미면 서봉월유재 요억초당전

_출전 『장사업시집』

◆ 주
· 서봉승(西峰僧) : 서쪽 봉우리 밑의 암자에 사는 선승.
· 연연(涓涓) : 물이 가늘게 흐르는 모양.

◆ 해설
잔잔한 작품이다. 3구의 '월(月)'과 4구의 '억(憶, 생각하다)'이 시에 간절함을 더해주고 있다.

촌야
_백거이

가을 풀 우거진 곳에 풀벌레 울고
길에는 사람의 흔적 끊겼네
문밖에 나가 홀로 들판을 바라보니
메밀꽃이 달빛 속에 흰 눈 같네.

村夜
촌 야

霜草蒼蒼蟲切切 村南村北行人絶 獨出前門望野田 月明蕎麥花如雪
상 초 창 창 충 절 절   촌 남 촌 북 행 인 절   독 출 전 문 망 야 전   월 명 교 맥 화 여 설

_출전 『백씨장경집』

◆ 주
- 창창(蒼蒼) : 무성한 모양.
- 절절(切切) : 슬프게 우는 풀벌레 소리의 형용.
- 전문(前門) : 정문.
- 교맥(蕎麥) : 메밀. 여름부터 가을에 걸쳐 흰 꽃이 핀다.

◆ 해설

시 전체에 흐르는 시상은 신비롭기 그지없다. 달빛이 메밀꽃에 젖어 마치 흰 눈과 같다니…… 이 얼마나 섬세한 시정인가.

식후

_백거이

식후에 한숨 잘 자고
일어나 차 한 잔 마시네
해그림자는 이미
서남쪽으로 기울어가네
즐거운 사람 세월 가는 것 아깝다지만
근심 있는 이 더디 간다 짜증을 내네
그러나 여기 근심도 기쁨도 없는 이 있어
세월이야 더디 가건 빨리 가건 오로지 그 흐름에 맡기네.

食後
식 후

食罷一覺睡 起來兩甌茶 擧頭看日影 已復西南斜
식 파 일 각 수　기 래 양 구 다　거 두 간 일 영　이 부 서 남 사

樂人惜日促 憂人厭年賖 無憂無樂者 長短任生涯
낙 인 석 일 촉　우 인 염 년 사　무 우 무 락 자　장 단 임 생 애

_출전 『백씨장경집』

◆ 주
· 구(甌) : 찻잔, 다완(茶碗).
· 사(賖) : 더디다, 멀다.

◆ 해설

유유자적을 즐기는 은자의 생활을 그린 시다. 그러나 이런 시는 자칫하면 맥이 풀릴 위험이 있다.

유애사
_백거이

개울가에 앉아 하염없이 돌을 보다가
꽃향기 따라 이곳 저곳을 헤매네
들리느니 온통 새 우는 소리요
곳곳마다 샘물 같은 개울 소리네.

遺愛寺
유 애 사

弄石臨溪坐 尋花遶寺行 時時聞鳥語 處處是泉聲
농석임계좌 심화원사행 시시문조어 처처시천성

_출전 『백씨장경집』

◆ 주
· 유애사(遺愛寺) : 중국 강서성 여산(廬山)의 향로봉(香爐峯) 북쪽에 있는 절. 이 절 부근에 백거이(白居易, 白樂天)의 초당(草堂)이 있었다.
· 천성(泉聲) : 흐르는 물소리.

◆ 해설
산속의 봄 풍경을 읊은 시로, 깔끔한 언어 구사력이 돋보인다.

술잔을 들며
_백거이

달팽이 뿔 위에서 서로 다투고
부싯돌 불빛 속에 이 몸을 맡겼네
부자거나 가난커나 이 모두가 연극판이니
크게 한번 웃지 않으면 어리석은 사람이네.

對酒二
대 주 이

蝸牛角上爭何事 石火光中寄此身 隨富隨貧且歡樂 不開口笑是痴人
와 우 각 상 쟁 하 사　석 화 광 중 기 차 신　수 부 수 빈 차 환 락　불 개 구 소 시 치 인

_출전 『백씨장경집』

◆ 주
· 와우각상(蝸牛角上) : '달팽이의 뿔 위'라는 뜻으로, 『장자』잡편(雜篇)에 나오는 우화에서 온 말이다. 옛날 달팽이(蝸牛)의 왼쪽 뿔(左角)을 점령한 사람과 오른쪽 뿔(右角)을 점령한 사람이 영토 문제로 전쟁을 일으켜 사상자가 수만 명에 달했다고 한다. 이 '달팽이 뿔(蝸牛角)'과 같이 비좁고 조그만 인간 세상에서 명리를 얻기 위해 아귀다툼하는 인간의 생활상을 풍자한 우화다.
· 기(寄) : 의탁하다, 머물다.

◆ 해설

술에 관한 시로서는 이백(李白, 李太白)을 능가하는 작품이다. 전편에 호방한 기백이 넘친다.

낙화

_백거이

잡는 봄은 머물지 않고
봄이 가니 마음은 적막해지네
바람은 도무지 잘 줄 모르니
바람 불자 여기저기 꽃잎이 지네.

落花
낙 화

留春春不住 春歸人寂寞 厭風風不定 風起花蕭索
유 춘 춘 부 주 춘 귀 인 적 막 염 풍 풍 부 정 풍 기 화 소 삭

_출전 『백씨장경집』

◆ 주
· 소삭(蕭索) : 쓸쓸한 모양, 물건이 산산이 흩어지는 모양. 여기서는 꽃잎이 지는 모양.

◆ 해설
가는 봄을 아쉬워하는 시로, 시정이 시상을 압도하고 있다. 2구 '인적막(人寂寞)'과 4구 '화소삭(花蕭索)'은 늦봄의 쓸쓸한 심정을 잘 드러낸 시어다.

늦가을
_백거이

깊은 곳이라 오가는 사람 없어
옷깃 풀어헤치고 그윽이 앉아 있네
쓸지 않은 가을 뜰 지팡이 끌고 걷나니
오동잎 가랑잎 밟히는 소리.

晩秋閑居
만 추 한 거

地僻門深少送迎 披衣閑坐養幽情 秋庭不掃攜藤杖 閑蹋梧桐黃葉行
지 벽 문 심 소 송 영   피 의 한 좌 양 유 정   추 정 불 소 휴 등 장   한 답 오 동 황 엽 행

_출전 『백씨장경집』

◆ 주
· 벽(僻) : 벽지, 외딴곳.
· 피의(披衣) : 착의(着衣), 옷을 입다.
· 유정(幽情) : 고요한 심정.
· 휴(攜) : ~을 끌고 가다.
· 답(蹋) : '답(踏)'과 같은 글자, ~을 밟다.

◆ 해설
그리 썩 빼어난 작품은 아니지만 그렇다고 그저 지리멸렬한 졸작도 아닌 데에 이 시의 묘미가 있다.

밤비
_백거이

귀뚜라미 울다 문득 멈추고
남은 등불 깜박이며 졸고 있네
창밖엔 밤비,
파초 잎에 먼저 소리 있네.

夜雨
야 우

早蛩啼復歇 殘燈滅又明 隔窓知夜雨 芭蕉先有聲
조 공 제 부 헐 잔 등 멸 우 명 격 창 지 야 우 파 초 선 유 성

_출전 『백씨장경집』

◆ 주
· 조공(早蛩) : 일찍 나온 귀뚜라미.
· 잔등(殘燈) : 꺼지려고 하는 등불.

◆ 해설
품격 있는 작품이다. 1구의 '제부헐(啼復歇)'과 2구 '멸우명(滅又明)', 3구의 '격창(隔窓)'과 4구의 '선유성(先有聲)'이 시에 우아한 멋을 더해주고 있다.

밤배에 앉아
_백거이

비 갠 못가엔 맑은 경치 많고
다리 아래 서늘한 바람이 부네
가을 학 한 쌍, 배 한 척이여
밤 깊어 달빛 속에 서로 벗하네.

舟中夜坐
주중야좌

潭邊霽後多淸景 橋下凉來足好風 秋鶴一雙船一隻 夜深相伴月明中
담변제후다청경　교하량래족호풍　추학일쌍선일척　야심상반월명중

_출전『백씨장경집』

◆ 주
· 제(霽) : 비가 개다.

◆ 해설
작품을 감싸고 있는 분위기가 신비롭다. 4구의 '상반(相伴, 서로 벗하다)'으로 하여 이 시는 그대로 한 폭의 그림이 되었다.

강설

_유종원

천 산엔 새의 자취 끊기고
만 길엔 사람 흔적 멸했네
외로운 배 도롱이 쓴 노인장
한강(寒江)의 눈발 속에 홀로 낚싯대를 내리네.

江雪
강설

千山鳥飛絶 萬徑人蹤滅 孤舟蓑笠翁 獨釣寒江雪
천산조비절 만경인종멸 고주사립옹 독조한강설

_출전 『전당시』

◆ 주
· 강설(江雪) : 강에 내리는 눈발.
· 사립(蓑笠) : 비나 눈이 올 때 쓰는 도롱이, 옛날식 비옷.

◆ 해설
당시(唐詩)로서 이미 잘 알려진 작품이다. 1구 '천산(千山)'과 2구 '만경(萬徑)', 1구 '조비절(鳥飛絶)'과 2구 '인종멸(人蹤滅)', 그리고 3구 '고주(孤舟)'와 4구 '독조(獨釣)'의 절묘한 대칭을 보라. 3구 '사립옹(蓑笠翁)'과 4구 '한강설(寒江雪)'의 대칭도 좋다. 이 절묘하기 이를 데 없는 대칭 앞에서는 그만 할 말이 없어진다. 길이 남을 작품이다.

돌중
_원진

구름 같은 길손이여 머무는 곳 없나니
봄의 옛 절을 찾아 꽃구경 한창이네
돌중이 꽃 앞에서 선정에 드니
나무 가득 광풍(狂風)이요 나무 가득 꽃이네.

定僧
정승

落魂閑行不著家　偏尋春寺賞年華　野僧偶向花前定　滿樹狂風滿樹花
낙혼한행불착가　편심춘사상년화　야승우향화전정　만수광풍만수화

_출전 『원씨장경집』

♦ 주
· 야승(野僧) : '반은 중이요 반은 속인(非僧非俗)'인 돌중.

♦ 해설
유난히 보수적이었던 원진(元稹)의 작품으로서는 예외에 속하는 시다. 4구의 '만(滿)'자와 '광(狂)'자로 하여 이 시는 정말 멋진 한 편의 선시가 되었다. 이 두 글자가 없었더라면 그만 지리멸렬한 산문이 돼버렸을 것이다.

은자를 찾아서
_무본 가도

소나무 아래 동자에게 물으니
스승은 약초 캐러 갔다네
다만 이 산속에 있긴 하지만
구름 깊어 그 있는 곳 알지 못하네.

尋隱者不遇
심 은 자 불 우

松下問童子 言師採藥去 只在此山中 雲深不知處
송하문동자　언사채약거　지재차산중　운심부지처

_출전 『장강집』

◆ 주
· 은자(隱者) : 속세를 등지고 숨어 사는 사람.
· 채약(採藥) : 약초를 캐다.

◆ 해설
당시(唐詩) 가운데서도 대표적인 시다. 가도(賈島)는 원래 승려였지만 한퇴지(韓退之)를 만나 저 유명한 퇴고(推敲)의 고사를 남기고 떠돌이 시인으로서 일생을 마쳤다.

은자에게
_무본 가도

이미 백각봉으로 돌아가 숨었나니
산은 멀리 늦은 하늘을 보네
석실(石室)에 마음은 고요하고
언 연못엔 달그림자 남았네
엷은 구름 조각 되어 사라지고
고목에선 마른 가지 떨어지네
한밤에 누가 경쇠 소리 듣는가
서봉(西峰)의 절정은 춥네.

寄白閣默公
기 백 각 묵 공

已知歸白閣 山遠晚晴春 石室人心靜 氷潭月影殘
이 지 귀 백 각　산 원 만 청 춘　석 실 인 심 정　빙 담 월 영 잔

微雲分片滅 古木落薪乾 後夜誰聞磬 西峰絶頂寒
미 운 분 편 멸　고 목 락 신 건　후 야 수 문 경　서 봉 절 정 한

_출전 『장강집』

◆ 주
· 백각(白閣) : 백각봉(白閣峰), 은자(隱者)가 사는 곳.
· 신건(薪乾) : 마른 나뭇가지.

· 후야(後夜) : 밤부터 새벽까지. 초야(初夜)와 대칭되는 말.

◆ 해설

은자가 사는 곳의 정경을 육중한 언어로 읊고 있다. 3구 '인심정(人心靜)'과 4구 '월영잔(月影殘)', 5구 '분편멸(分片滅)'과 6구 '락신건(落薪乾)'을 보라. 시인이 시어를 고르기에 얼마나 고심했는가를 알 수 있다.

왕자가 젓대를 불자

_허혼

왕자가 젓대를 불자 달이 대에 가득하니
옥저 소리 구르는 곳, 학(鶴)이 배회하네
옥저 소리 멎자 학은 어디론가 날아가버리고
산 아래 벽도나무엔 봄이 저절로 열리네.

緱山廟
구 산 묘

王子吹簫月滿臺　玉簫淸轉鶴徘徊　曲終飛去不知處　山下碧桃春自開
왕자취소월만대　옥소청전학배회　곡종비거부지처　산하벽도춘자개

_출전 『정묘집』

◆ 주
- 대(臺) : 높은 곳에 있는 정자.
- 벽도(碧桃) : 복숭아나무의 일종. 흰 꽃이 피며 열매는 매우 작아 먹지 못한다.

◆ 해설
아, 이 얼마나 신비로운 선경(仙境)인가. 노자(老子)가 말한 저 무위자연의 극치가 느껴진다. 2구의 '청전(淸轉)'과 '배회(徘徊)', 3구의 '부지처(不知處)', 4구의 '춘자개(春自開)'가 어우러져 빚어내는 이 시정을 보라. 이곳을 두고 또 어디 가서 선경을 찾는단 말인가.

봉정사

_장호

달빛 밝기 물 같은 산마루의 절
우러러 하늘 보며 돌 위를 가네
한밤, 깊은 회랑엔 말소리 멎고
솔가지 움직이며 학의 소리 들려오네.

峰頂寺
봉정사

月明如水山頭寺 仰面看天石上行 夜半深廊人語定 一枝松動鶴來聲
월명여수산두사 앙면간천석상행 야반심랑인어정 일지송동학래성

_출전 『전당시』

◆ 주
· 봉정사(峰頂寺) : 절 이름. 어디 있는지는 자세하지 않다.
· 정(定) : 정지하다, 조용해지다.

◆ 해설
선시(仙詩)에 가까운 작품이다. 4구는 완전히 선적(仙的)인 맛을 풍긴다. 그러나 신선미가 좀 떨어진다.

풍교야박
_장계

달 지자 까마귀 울고 서리는 하늘에 가득 찼는데
강가의 단풍과 고기잡이불, 선잠에 졸며 바라보네
고소성 밖 머언 한산사
야밤의 종소리 객선에 이르네.

楓橋夜泊
풍교야박

月落烏啼霜滿天 江楓漁火對愁眠 姑蘇城外寒山寺 夜半鐘聲到客船
월락오제상만천　강풍어화대수면　고소성외한산사　야반종성도객선

_출전 『전당시』

◆ 주
- 풍교(楓橋) : 중국 강서성 소주(蘇州)에 있는 다리.
- 야박(夜泊) : 밤에 배를 나루에 매어놓는 것.
- 강풍(江楓) : 강 언덕의 단풍나무.
- 어화(漁火) : 고기를 잡기 위해 띄운 불.
- 수면(愁眠) : 설치는 잠, 선잠.
- 고소성(姑蘇城) : 소주성(蘇州城).
- 한산사(寒山寺) : 풍교 부근에 있는 절. 당나라 때의 전설적인 인물 한산(寒山)과 습득(拾得)이 이곳에 머물렀다고 한다.
- 야반(夜半) : 한밤중.

· 객선(客船) : 여행중인 배.

◆ 해설

당시(唐詩)로서 이미 잘 알려진 작품이다. 1구의 시상은 락(落), 제(啼), 만(滿)을 통해서 장중하게 전개되고 있다. 그러나 2구의 섬세함과 결합되면서 이 1구의 장중미는 유현(幽玄)한 시정으로 변한다. 그리고 3구에 이르면 시상은 굽이쳐 문득 하나의 현실로 돌아온다. 3구의 완충미를 기반으로 결구(結句, 4구)는 이 시의 절정을 이룬다. 특히 '도(到)' 자 앞에서는 아아, 귀신조차 감탄하지 않을 수 없을 것이다. 생각해보라. 종소리가 '이른다(到)'는 표현을 누가 할 수 있었는가. 이 '도' 자를 통해서 종소리는 하나의 산 생명으로 개체화되고 있다. 가히 입신지경(入神之境)이라 하지 않을 수 없다.

오도송
_소식

개울물 소리는 부처의 법문이요
산빛은 어찌 부처의 몸이 아니리
간밤 깨달은 이 무궁한 소식
어떻게 그대에게 설명할 수 있으리.

悟道頌贈東林總長老
오도송증동림총장로

溪聲便是廣長舌 山色豈非淸淨身 夜來八萬四千偈 他日如何擧似人
계성변시광장설 산색기비청정신 야래팔만사천게 타일여하거사인

_출전 『동파집』

◆ 주
· 동림총장로(東林總長老) : 소식(소동파)의 스승이었던 선승.
· 광장설(廣長舌) : 부처의 설법.
· 청정신(淸淨身) : 부처의 몸.
· 야래(夜來) : 지난밤, 어제 밤부터 오늘 새벽까지.
· 팔만사천게(八萬四千偈) : 부처의 8만 4천 가르침을 기록한 팔만사천 대장경.
· 거사(擧似) : 설명하다.

◆ 해설

소식의 오도시(悟道詩)로서 널리 알려진 작품이다. 특히 1구와 2구가 압권이다.

망호루
_소식

먹구름 산을 가리기 직전
흰 빗발 구슬 되어 뱃전에 쏟아지네
구슬은 산산조각 바람에 흩어지고
망호루 아래 강물은 마치 하늘 같네.

望湖樓醉書
망 호 루 취 서

黑雲翻墨未遮山 白雨跳珠亂入船 卷地風來忽吹散 望湖樓下水如天
흑 운 번 묵 미 차 산　백 우 도 주 란 입 선　권 지 풍 래 홀 취 산　망 호 루 하 수 여 천

_출전 『동파집』

◆ 수
- 권지풍래(卷地風來) : 대지를 말아버리듯(捲) 바람이 몹시 부는 모습.
- 망호루(望湖樓) : 중국 항주(杭州)의 봉황산(鳳凰山)에 있는 누각.

◆ 해설
먹구름이 끼고 장대비가 뱃전에 꽂히는 그 순간을 사진 찍듯 읊고 있다. 과연 대가다운 문장 솜씨다.

여산연우
_소식

여산의 안개비와 절강의 물결이여
가보지 못했을 땐 천만 가지 한이었네
허나 그곳에 가보니 별다른 것은 없고
여산의 안개비와 절강의 물결이었네.

廬山煙雨
여산연우

廬山煙雨浙江潮 未到千般恨不消 到得還來無別事 廬山煙雨浙江潮
여산연우절강조　미도천반한불소　도득환래무별사　여산연우절강조

_출전 『동파집』

◆ 주
- 여산(廬山) : 중국 강서성 북쪽에 있는 명산. 안개와 비(煙雨), 1년에 한 번씩 발생하는 역류(逆流) 현상으로 유명하다.
- 절강(浙江) : 중국 절강성에 있는 전당강(錢塘江)의 하류.

◆ 해설
우리는 지금 하나의 오도송(悟道頌)을 보고 있다. 오도송 가운데서도 제1급의 오도송을 보고 있다. 3구의 '무별사(無別事)'는 대각(大覺)을 경험한 이가 아니면 감히 쓸 수 없는 단어다.

구름 밖으로
_소식

구름 밖으로 종소리만 들릴 뿐,
구름 속에 묻힌 절은 보이지 않네
유인은 아직 돌아오지 않았거니
풀잎 이슬에 짚신 다 젖네
예 오직 산마루의 달만이
밤이면 밤마다 비쳐 오가네.

梵天寺見僧守詮小詩淸婉可愛次韻
범천사견승수전소시청완가애차운

但聞烟外鍾 不見烟中寺 幽人行未歸 草露濕芒履 惟應山頭月 夜夜照來去
단문연외종 불견연중사 유인행미귀 초로습망리 유응산두월 야야조래거

_출전『동파집』

◆ 주
· 유인(幽人) : 숨어 사는 은자.
· 망리(芒履) : 짚신.

◆ 해설
  범천사의 승려 수전(守詮)의 시를 보고 마음에 들어 차운(次韻)해서 지은 시다. 1구의 '단문(但聞)'과 2구의 '불견(不見)'이 빚어내는 오묘

함을 보라. 그리고 5구의 '산두월(山頭月)'과 6구의 '조래거(照來去)'의 대칭을 보라. 달인(達人)이 아니면 쓸 수 없는 시어들이다.

一

12. 한 줄 선시 · 내 꿈은 마른 들녘 헤매네

옛 연못
_마쓰오 바쇼

옛 연못이여 개구리 뛰어든다 물소리.

古池や 蛙 飛びこむ 水の音
_출전 『바쇼구집』

◆ 주
· 古池(후루이케) : 오래된 연못.
· や(야) : 문장의 끝 또는 절이나 단어의 뒤에 붙어 감동, 영탄(詠嘆) 등을 나타내는 말. 우리의 '~여'에 해당한다.
· 蛙(가와즈) : 개구리.
· 飛びこむ(도비코무) : 갑자기 뛰어들어가다.
· 水の音(스이노오토) : 물소리.

◆ 해설
어느 봄날, 물마저 잠든 옛 연못은 깊은 고요에 젖어 있다. 그때 갑자기 개구리 뛰어드는 소리가 들렸다. 퐁당! 그러고는 다시 정적……
이 하이쿠(俳句)는 정중동(靜中動)의 경지를 읊고 있다. '옛 연못'은 정(靜)의 세계를, '뛰어든다'는 동(動)의 세계를, 그리고 '개구리'는 정과 동을 모두 가지고 있는 생명체를 뜻한다.
이 시는 가장 짧으면서 동시에 가장 긴 시다. 시의 구성으로 봐서 정

중동, 동중정이 무한히 반복되고 있기 때문이다. 이는 동시에 마쓰오 바쇼(松尾芭蕉)의 하이쿠 전체에 해당되는 말이기도 하다.

정적
_마쓰오 바쇼

정적이여 바위에 스며든다 매미 소리.

閑かさや 岩に しみ入る 蟬の聲
_출전 『바쇼구집』

◆ 주
- 閑かさや(시즈카사야) : 정적이여, 한가함이여.
- 岩に(이와니) : 바위에.
- しみ入る(시미이루) : (액체가) 스며들다.
- 蟬の聲(세미노고에) : 매미 우는 소리.

◆ 해설
정중동의 경지를 읊은 시다. 여기에서 '정적(閑かさ)'은 다음 두 가지를 뜻한다. 첫째, 외적인 정적으로서 '환경적인 고요'. 둘째, 내적인 정적으로서 '작가 마음의 한적함'.
'정적이여'는 정의 세계를 뜻한다. '바위'는 정적의 형상화로, '정적이 곧 바위'로 구체화되고 있다. '스며든다'는 매미 소리의 형상화로, '매미 소리가 액체로 변해 바위에 스며들고 있다'는 뜻이다. '매미 소리'는 동의 세계를 뜻한다.

죽도화

_마쓰오 바쇼

호로호로 죽도화는 지는가 폭포 소리.

ほろほろと 山吹 散るか 瀧の音
_출전 『바쇼구집』

◆ 주
- ほろほろ(호로호로) : 꽃잎 따위가 힘없이 떨어지는 소리.
- 山吹(야마부키) : 죽도화. 4~5월에 노란 겹꽃이 피며 열매는 맺지 않는다.
- 散る(지루) : (꽃잎 등이) 지다.
- か(가) : 문장 끝에 붙어 감탄, 의문 등을 나타내는 말. '~인가'.
- 瀧の音(다키노오토) : 폭포 소리, 센 물살 소리.

◆ 해설
'순간과 불멸의 절묘한 조화'를 노래하고 있다. '호로호로 죽도화는 지는가'는 순간의 세계를, '폭포 소리'는 불멸의 세계를 뜻한다. 즉, 죽도화 지는 소리 '호로호로'가 바로 '폭포 소리'인 것이다. 지금 이 순간이 그대로 불멸인 것이다. 잠 깨인 눈으로 보면.

종소리
_마쓰오 바쇼

종소리 사라져 꽃향기는 울려오는 저녁인가.

鐘消えて 花の香は 撞く夕哉
_출전 『바쇼구집』

◆ 주
- 鐘消えて(가네기에테) : 종(소리) 사라져.
- 花の香は(하나노가와) : 꽃향기는.
- 撞く(쓰쿠) : (종을) 쳐서 울리게 하다.
- 夕(유베) : 저녁.
- 哉(가나) : 문장의 끝에 붙어 의문, 추측 등을 나타내는 말. '~인가'.

◆ 해설
시정은 봄날의 저녁 무렵이지만, 그러나 시상으로 본다면 이 시는 감각 작용이 서로 바뀌는 초현실 차원을 읊고 있다. '종소리 사라져'는 청각 작용이요 '꽃향기'는 후각 작용이다. 이 청각(종소리)과 후각(꽃향기)이 지금 '울려오다(撞く)'라는 연금술적인 시어를 통해 서로 바뀌고 있다. 즉, '종소리가 사라져서 꽃향기로 변하여 울려오고' 있는 것이다. '종소리'가 '꽃향기'로 바뀌기 위해서는 여기 '어둠(저녁)'이라는 절대조건이 필요하다. 어둠은 사물과 사물, 감각과 감각, 의식과 의식 사이의 모든 경계선을 지워버리기 때문이다.

거친 바다
_마쓰오 바쇼

거친 바다여 사도에 가로놓인 하늘의 은하.

荒海や 佐渡に 横たふ 天の河
_출전 『바쇼구집』

◆ 주
- 荒海や(아라우미야) : 거친 바다여.
- 佐渡に(사도니) : 사도에. 사도(佐渡)는 일본 이즈모자키(出雲崎) 부근에 있는 섬. 죄인을 유배시키던 곳.
- 横たふ(요코타후) : 가로지르다. 앞의 단어 '佐渡'에 'を(~을)'가 아니라 'に(~에)'가 붙어 있기 때문에 '横たふ(가로지르다)'는 자동사 '横たわる(가로놓이다)'가 된다.
- 天の河(아마노가와) : 하늘의 은하수.

◆ 해설
칠흑 같은 어둠, 파도 울부짖는 밤바다, 저 멀리 사도 섬이 있다. 머리 위에는 은하(銀河)의 물줄기가 사도 섬을 가로지르며 길게 뻗어 나가고 있다. '거친 바다(荒海)'와 '하늘의 은하(天の河)'가 대비됨으로써 신비롭고 장엄한 분위기를 자아낸다. 그리고 그 사이에 유배지 '사도 섬'이 끼여듦으로써 인간의 슬픔과 적막감, 그리고 왜소감이 상대적으로 두드러진다.

봄
_마쓰오 바쇼

봄이 되었는가 이름도 없는 산의 엷은 안개.

春なれや 名もなき 山の薄霞
_출전 『바쇼구집』

◆ 주
· 春なれや(하루나레야) : 봄이 되었는가.
· 名もなき(메이모나키) : 이름도 없는.
· 山の(야마노) : 산의.
· 薄霞(우스가스미) : 엷게 낀 안개, 엷은 안개.

◆ 해설
이른 봄의 정경을 읊은 시다. 초봄의 정취가 '이름도 없는 산'과 '엷은 안개'를 통해서 남김없이 드러났다. 단 한 줄의 시로써 이른 봄의 정취를 이처럼 멋지게 표현하고 있다.

여로

_마쓰오 바쇼

여로에 지쳐 주막에 들 무렵 아, 등나무꽃.

草臥れて 宿借る ころや 藤の花
_출전 『바쇼구집』

◆ 주
- 草臥れて(구타비레테) : 지쳐서, 기진맥진하여.
- 宿借る(야도카루) : 주막에 들다.
- ころ(고로) : 무렵.
- 藤の花(후지노하나) : 등나무꽃. 봄에 보랏빛 꽃이 핀다.

◆ 해설
늦은 봄 석양이 질 무렵, 먼 길을 온 나그네가 주막에 들고 있다. 그때 문득 등나무꽃, 그 보랏빛이 나그네의 시야에 들어와 아련한 향수를 일으킨다. 그 엷은 보랏빛이 끝없는 수심을 불러일으키고 있다. 섬세하고 신비로운 작품이다.

가을 바람
_마쓰오 바쇼

돌산의 돌보다 하얀 가을 바람.

石山の 石より 白し 秋の風
_출전 『바쇼구집』

◆ 주
· 石山(이시야마) : 돌산, 바위산.
· 石より(이시요리) : 돌보다 더.
· 白し(시로시) : 하얀.
· 秋の風(아키노가제) : 가을 바람.

◆ 해설
나곡사(那谷寺, 일본 이시카와현 고마쓰시에 있는 절)에 가서 지은 시다. 이 절 주위의 산은 온통 하얀 돌(흰 바위)인데, 이 하얀 돌 위로 지금 돌보다 더 흰 가을 바람이 불고 있다. '가을 바람(秋風)'을 '소풍(素風)'이라고도 하는데, 이는 '백풍(白風)'을 뜻한다. 백풍의 이 '희다(白)'는 감각을, 돌의 '흰색(白色)'에 연결시킴으로써 시인은 가을의 적막감(흰 돌산)과 청량감(흰 돌의 차가움)을 미묘하게 형상화시키고 있다.

방랑

_마쓰오 바쇼

방랑으로 병들었건만 꿈은 마른 들녘 헤매네.

旅に 病んで 夢は 枯野を かけ廻る
_출전 『바쇼구집』

◆ 주
· 旅に(다비니) : 여행으로.
· 病んで(얀데) : 병들어서.
· 夢は(유메와) : 꿈은.
· 枯野を(가레노오) : 마른 들녘을, 가을 들녘을.
· かけ廻る(가케메구루) : 헤매다, 돌아다니다. '가케마와루'라고 읽기도 한다.

◆ 해설
마쓰오 바쇼는 일생 동안 하이쿠를 읊으며 방랑자로 떠돌다가 죽었다. 이 하이쿠는 '병중에 지은 시(病中吟)'로, 그의 마지막 작품이다. 보라. 방랑으로 병들어서 죽어가건만, 그러나 그의 꿈은 지금도 저 마른 들판을 헤매고 있다. 벗이여, 그대도 한 번쯤은 이런 삶을 살아보고 싶지 않은가.

轉
13. 전환 · 두 눈썹 치켜들고

금의 소리
_청매 인오

금의 소리 옥의 울림 담을 지나는가
이리 흔들 저리 흔들, 바람 앞에 뼈 없는 놈
번쩍! 하는 빛마저 이를 쫓지 못하지만
또 어느 땐 만취하여 하늘 뱅뱅 비틀비틀.

無位眞人
무위진인

金聲玉振過墻隅　草偃風行太似愚　石火電光追莫及　有時沈醉倩人扶
금성옥진과장우　초언풍행태사우　석화전광추막급　유시침취천인부

_출전 『청매집』

◆ 주
· 무위진인(無位眞人) : 본질로서의 나 자신, 주인공(主人公).
· 초언풍행(草偃風行) : 바람이 지나가면 풀이 눕듯, 상황을 따라 종횡무진으로 변하는 마음의 작용.

◆ 해설
극과 극을 거침없이 왕래하는 우리 마음의 불가사의한 작용을 읊고 있다. 그 빠르기는 빛보다도 빠르고, 그 느리기는 저 거북보다 느린 이 마음의 작용을 읊고 있다.

느닷없는 고함 소리에

_청매 인오

느닷없는 고함 소리에 대낮은 캄캄해지고
바늘 끝 위에서 하늘과 땅을 가지고 노네
염화미소에 집안은 이미 초상이 났는데
다시 허공을 잡아 두 동강이를 내고 있네.

喝
할

磊落寒聲白日昏　針鋒頭上弄乾坤　拈花微笑家初喪　更把虛空作兩分
뇌 락 한 성 백 일 혼　침 봉 두 상 롱 건 곤　염 화 미 소 가 초 상　갱 파 허 공 작 양 분

_출전 『청매집』

◆ 주
- 할(喝) : 크게 지르는 소리. 선문(禪門)에서는 공안의 하나로 쓰이고 있다.
- 뇌락(磊落) : 뜻이 커서 조그만 일에 구애되지 않는 것. 여기서는 하늘을 찢을 듯이 큰 고함 소리.
- 침봉(針鋒) : 바늘의 끝.
- 롱(弄) : 어떤 물건을 노리개이듯 마음대로 가지고 놀다.
- 염화미소(拈花微笑) : 부처가 꽃을 들어 보이자 큰 제자인 가섭이 그 뜻을 알고 미소를 지었다고 한다. 보통 이심전심(以心傳心, 마음에서 마음으로 전해주다)의 뜻으로 쓰인다.

· 갱파(更把) : 또다시 ~을 잡아서.

◆ 해설

'염화미소' 이야기에서 우리는 선(禪)의, 선공안(禪公案)의 시발을 볼 수 있다. 그러나 이 염화미소가 청매 인오(靑梅印悟)의 손에 걸려 신랄한 비판을 받고 있다. '꽃을 들어 보였다(拈花示衆)'는 그 자체가 이미 '진리를 보이고자 하는' 조작의 마음을 낸 것이기 때문이다. 이 무시무시한 청매 인오의 직관력을 보라.

밤에 앉아
_소요 태능

범종 소리 듣는 이놈, 이것 되레 들어보라
녹슨 잎 펄펄 날 제 저 잎 보는 놈을 여겨보라
다시 야명렴 발 밖으로 전환하나니
강물 소리 달빛이 텅 빈 누각을 적시네.

夜坐書懷
야좌서회

鍾聲起處聞聞復 黃葉飛時見見休 更向夜明簾外轉 江聲月色侵虛樓
종성기처문문복 황엽비시견견휴 갱향야명렴외전 강성월색침허루

_출전 『소요당집』

◆ 주
· 문문복(聞聞復) : 귀로 소리를 듣는 그것을 거슬러 들어가 '듣는 능력' 자체를 듣는 것. '들음'의 근원을 되찾아 들어가는 것. 이곳에서의 '들음'은 '듣지 않음으로 듣는 것(不聞聞)'이다.
· 견견휴(見見休) : 눈이 사물을 볼 때 '사물을 보는 그 자체'를 보는 것. 여기서의 '봄'은 '보지 않는 것으로 봄(不見而見)'이다. 즉, 본다는 생각이 끊어진 '봄'이다.
· 야명렴(夜明簾) : 밤에 빛을 낸다는 전설 속의 발.

◆ 해설

전체에 굽이치는 선기(禪氣)가 있다. 소리와 빛, 그리고 빈 공간이 있다. 글자도 어려운 자가 전혀 눈에 띄지 않는다. 모가 나거나 걸리는 데가 전혀 없으면서도 일상에서 멀리 벗어나서 드높은 것, 그것을 이름하여 '무가애(無罣碍, 자유로움)'라 하는가.

순대사에게
_소요 태능

개개의 면전에 명월이 밝음이여
사람마다 발아래 맑은 바람 불고 있네
거울마저 깨뜨리매 흔적조차 없는지라
한 소리 새 울음이 꽃가지에 오르네.

贈淳上人
증순상인

箇箇面前明月白 人人脚下淸風吹 打破鏡來無影跡 一聲啼鳥上花枝
개개면전명월백 인인각하청풍취 타파경래무영적 일성제조상화지

_출전 『소요당집』

◆ 주
· 순상인(淳上人) : '순(淳)'이라는 이름의 승려.
· 개개(箇箇) : 개인마다, 각자.

◆ 해설
여기서의 '거울(鏡)'은 청정무구한 마음(淸淨無垢心)을 말한다. 이 깨끗한 마음마저 초월해야만(뛰어넘어야만) 진정한 깨달음이 있다. '흔적 없는 그 경지'에 이를 수 있다. 여기서 감지되는 영원불멸은 바로 '꽃 피고 새 우는 것'이다. 눈에 보이고 귀로 들리는 모든 것이다. 이 삶 전체다.

의현법사와 함께

_소요 태능

짧은 지팡이와 누더기옷으로 이 몸은 넉넉하니
평생을 천봉만학 사이에서 떠돌았네
피곤하면 홀로 소나무 그늘에 기대어 잠드나니
바람이 보내오는 개울 소리 꿈에 들어와 차갑네.

賽義玄法師
새 의 현 법 사

短筇雲衲此身閑　百歲行裝萬壑間　困來獨倚松陰睡　風送溪聲入夢寒
단 공 운 납 차 신 한　백 세 행 장 만 학 간　곤 래 독 의 송 음 수　풍 송 계 성 입 몽 한

_출전 『소요당집』

◆ 주
· 새(賽) : 제사를 지내다, 승부를 다투다. 여기서는 '시 짓기로 우열을 겨루다'의 뜻인 듯하다.
· 의현법사(義玄法師) : 학승(學僧)의 이름.

◆ 해설
　지팡이와 누더기옷으로 일생을 떠도는 선승의 모습을 읊고 있다. 마지막 구절에서 우리는 그런 선승의 외로운 심정을 감지할 수 있다.

소 등에 앉아
_소요 태능

우습구나 소를 탄 자여
소 등에 앉아 다시 소를 찾고 있네
그림자 없는 나무 베어다가
저 바다 거품을 태워 다하라.

賽一禪和之求 其四
새일선화지구 기사

可笑騎牛子 騎牛更覓牛 斫來無影樹 銷盡海中漚
가소기우자 기우갱멱우 작래무영수 소진해중구

_출전 『소요당집』

◆ 주
· 일선화(一禪和) : 어떤 선승.
· 무영수(無影樹) : 그림자 없는 나무. 불멸의 이치, 본래면목(本來面目)을 뜻하는 말이다.

◆ 해설
내가 찾고 있는 것은 바로 나 자신이다. '찾고 있는 바로 그것'이 지금 내가 찾는 것이다. 1구와 2구는 이를 읊고 있다. 3구와 4구는 이런 잘못된 상태를 읊은 것이다.

왕복무한
_무경 자수

일이삼사로 가고
사삼이일로 와라
숨었다 나타났다 여덟은 끝없는데
그대 눈 반만 뜨고 보고 보고 잘 보거라.

往復無際
왕 복 무 제

一二三四去 四三二一來 隱顯八無際 看看眠半開
일 이 삼 사 거 사 삼 이 일 래 은 현 팔 무 제 간 간 면 반 개

_출전 『무경집』

◆ 수
- 은(隱) : 형체나 물건이 보이는 상태에서 보이지 않는 상태로 옮겨가는 것.
- 현(顯) : 어떤 물질이나 현상이 보이지 않는 상태에서 보이는 상태로 나타나는 것.
- 팔(八) : 일·이·삼·사와 사·삼·이·일의 여덟. 그러나 여기서의 팔(八)은 삼라만상의 갖가지 달리 나뉘는 그 숫자를 대신하여 쓰이고 있다.
- 무제(無際) : '제(際)'는 어떤 거리나 생각의 끝.
- 간간(看看) : '간(看)'을 강조하기 위해 다시 한 번 덧붙여 썼다.

◆ 해설

제목의 '왕복무제(往復無際)'는 가고 옴이 무한히 반복되는 것이다. 그러나 여기 주의할 것이 있다. 이 왕복무제는 일정한 규칙 아래서 진행되는 것이 아니라 왕(往)인가 보면 복(復)이요, 복(復)인가 싶으면 왕(往), 이렇듯 측량할 수 없는 동사의 물결이 이 시의 이미지다. 일이삼사로 갔다가 사삼이일로 오는 이 도리를 알려면 번갯불에 콩 구워먹는 재주를 가지고도 어림없다. 콩깍지에 앉아 번갯불 구워먹는 솜씨라야 조금 될까 말까······.

명선자에게
_나옹 혜근

2·4는 원래 8이니
의심 없는 자 누가 있느냐
이것밖에 현묘한 곳 구하려 들면
문득 저 제2류 제3류에 떨어지네.

明禪子求頌
명 선 자 구 송

二四元來八 無疑者是誰 更求玄妙處 卽落二三頭
이 사 원 래 팔 무 의 자 시 수 갱 구 현 묘 처 즉 락 이 삼 두

_출전 『나옹집』

◆ 주
· 이삼두(二三頭) : 제2류, 제3류. '두(頭)'는 어조사.

◆ 해설
가장 현묘(玄妙)한 선의 경지를 가장 단순한 언어로 표현해낸 작품이다. 나옹 혜근(懶翁惠勤), 그는 한국이 낳은 대선승이다. 그러나 그가 산 시대는 그를 받아들이지 않았다. 그래서 그는 57세라는 아까운 나이로 죽음을 택하고 말았다. 밀양 영원사(瑩源寺)로 유배 가던 도중 남한강변의 여주 신륵사에서……

마하연에서

_벽송 지엄

옷 한 벌 밥그릇 하나로
'조주의 문'을 드나들었네
온 산의 눈을 다 밟고 나서
돌아와 흰 구름에 누웠네.

摩訶衍韻
마 하 연 운

一衣又一鉢 出入趙州門 踏盡千山雪 歸來臥白雲
일의우일발 출입조주문 답진천산설 귀래와백운

_출전 『벽송당야노송』

◆ 주
· 마하연(摩訶衍) : 금강산에 있는 암자.
· 조주문(趙州門) : 조주선사의 공안문(公案門). 즉, 조주의 '무(無)'자 공안.

◆ 해설
벽송 지엄(碧松智嚴)의 오도송(悟道頌)이다. 선(禪)에서의 부정(否定)은 일체를 모두 체험한 끝에 더 이상은 체험으로 갈 수가 없는 곳이기에 일체를 털어버리는 것이다. 생각하다가 생각하다가 드디어는 그 생각길이 끊어져버리고 생각이라는 그 일념(一念)의 티끌마저 꺾어져버릴 때 선은 그 부정을 긍정으로 바꾼다. 이 시의 작가 벽송 지엄은 그런 부정의 정상으로서 일체를 긍정으로 받아들이기 위해서 별별 쓰라림을 다 겪은 사람이다. 이는 3구의 '답진천산설(踏盡千山雪)'이 입증한다. 가장 큰 즐거움은 뜬눈으로 지새우는 그 숱한 겨울밤의 소산이다. 고뇌의 밤이 끝난 그 자리에서 돌아오는 길은 흰 구름에 둥실둥실 누워 오는 풍류인 것이다.

진일선자에게
_벽송 지엄

꽃이 웃는 뜨락의 비요
소나무 우는 난간 밖의 바람이네
현묘한 이치를 어디서 찾는가
이것이 바로 그대가 찾는 진리인 것을.

示眞一禪子
시 진 일 선 자

花笑階前雨 松鳴檻外風 何須窮妙旨 這箇是圓通
화소계전우 송명함외풍 하수궁묘지 저개시원통

_출전 『벽송당야노송』

◆ 주
· 함(檻) : 난간.
· 하수궁(何須窮) : 어찌 ~을 추구하는가.
· 묘지(妙旨) : 현묘한 이치.
· 원통(圓通) : 원융무애(圓融無礙)한 진리.

◆ 해설
비가 오고 꽃이 피고 소나무 가지 바람에 우는 이 모든 것은 저 불멸의 굽이침이다. 아니, 보이는 것 들리는 것이 이대로 불생불멸의 이치다. 깨달음이 예까지 오지 않았다면, 벗이여 아직도 가야 할 길이 남아 있다는 것을 명심하기 바란다.

계암에게
_환성 지안

산월이 간담에 빛나고
솔바람이 뼛속을 관통하네
조사의 진면목이여
이밖에 또 무엇을 구하려는가.

示桂巖
시 계 암

山月輝肝膽 松風貫髑髏 祖師眞面目 河必用他求
산 월 휘 간 담 송 풍 관 촉 루 조 사 진 면 목 하 필 용 타 구

_출전 『환성시집』

◆ 주
- 산월(山月) : 산에 뜬 달.
- 간담(肝膽) : 간과 쓸개.
- 관(貫) : 관통하다.
- 조사진면목(祖師眞面目) : 달마대사의 진면목 → 선의 정수 → 불멸의 이치.

◆ 해설
계암(桂巖)이라는 선승에게 주는 시다. 시상은 간결하고 선지(禪智)는 빛나지만, 그러나 시정이 단조로운 게 흠이다.

섣달그믐날 밤에

_묵암 최눌

버들잎에 바람 일어 마음가지 흔들고
골마다 구름 피어 본성에 먼지 이네
파도 이는 겉모습 쫓아 헤매지 마라
삼라만상 낱낱것이 진인에 속하나니.

除夜吟
제 야 음

柳眉風動心搖樹 谷谷雲生性起塵 莫把頭頭看外事 須知萬像屬眞人
유미풍동심요수 곡곡운생성기진 막파두두간외사 수지만상속진인

_출전 『묵암집』

◆ 주
· 제야(除夜) : 섣달그믐날 밤, 1년의 마지막 날 밤, 즉 12월 31일 밤.
· 유미(柳眉) : 가늘고 긴 미인의 눈썹, 버드나무 잎.
· 두두(頭頭) : 매사(每事), 매건(每件).
· 수지(須知) : 반드시 ~을 알아야 한다.
· 진인(眞人) : 득도인(得度人), 각자(覺者).

◆ 해설
 깨닫는다는 것, 즉 진인(眞人)이 된다는 것은 만물과 하나가 되는 것이다. 만물과 내가 하나임을 감지하는 것이다. 비록 보이는 형상과

들리는 소리가 각기 다르더라도 본질적인 입장에서 본다면, 우주와 나(眞人)는 분리되지 않았다.

세월은
_진각 혜심

세월은 급히 흐르는 물살과 같으니
귀밑머리 희끗희끗 해가 오르네
다만 이 한 몸도 내 소유가 아니거니
그만둬라, 이 몸 밖에서 다시 무엇을 구하려는가.

息心偈
식심게

行年忽忽急如流 老色看看日上頭 只此一身非我有 休休身外更何求
행년 홀홀 급여류   노색 간간 일상두   지차 일신 비아유   휴휴 신외 갱하구

_출전 『진각국사어록』

◆ 주
· 홀홀(忽忽) : 여기서는 세월이 바삐 흘러가는 모양.

◆ 해설
　세월이 흐르는 물 같아서…… 어떤 사람은 세월이 쏜 화살 같다고도 한다. 그러나 세월이 물 흐르는 것 같다는 말이 훨씬 실감이 간다. 물이란 지형에 따라 그 굽이가 자유자재로 휘기도 하고 곧바로 흐르기도 한다. 그러면서도 물은 끊임없이 흘러가고자 한다. 물에게 정지란 죽음을 뜻한다. 물을 정지시키면 썩어버린다.
　세월이 물이듯 흐르고 흘러서, 어제의 그 사람들 오늘 보니 간곳없

다지만, 그러나 '가고 있다'는 이 사실만은 예나 지금이나 변함이 없는 것. '가고 있음', 이야말로 흐르는 것 속에서 영원히 변질되지 않는 하나의 진실이다. 이 하나의 진실이 객관으로 가면 자연법칙을 이루는 법성(法性)이 된다. 그리고 나에게로 흘러오면 내 마음뿌리인 불성(佛性)이 된다.

표주박 하나
_함월 해원

진종일 나를 잊고 앉아 있나니
제천이 꽃잎 뿌려 비 오듯 하네
내 생애여 무엇이 남아 있는가
표주박 하나 벽에 걸려 있네.

壁上掛一瓢
벽 상 괘 일 표

終日忘機坐 諸天花雨飄 生涯何所有 壁上掛單瓢
종일망기좌 제천화우표 생애하소유 벽상괘단표

_출전 『천경집』

◆ 주
· 제천(諸天) : 하늘의 모든 신(諸神).
· 표(飄) : (꽃잎 따위가) 바람에 날려 흩어지다.

◆ 해설
단 한 개의 표주박마저 거추장스러워 벽에 걸어두고 앉아 있는 사람, 무소유(無所有)란 바로 이런 것을 두고 하는 말이다.

예부터 끊임없이
_함월 해원

예부터 끊임없이 전해온 이 등불
심짓불 안 돋워도 길이 밝기만 하네
미친 바람 비 뿌림에 몸 맡기어도
새는 집 빈 창에는 그림자만 맑네.

心燈
심등

歷劫傳傳無盡燈 不曾挑別鎭長明 任他雨灑兼風亂 漏屋虛窓影自淸
역겁전전무진등 부증도별진장명 임타우쇄겸풍란 누옥허창영자청

_출전 『천경집』

◆ 주
· 도(挑) : 등불의 심지를 돋우다.

◆ 해설
깨달음은 마치 등불과 같아서 마음에서 마음으로 전해준다. 즉, 이 마음에 켜진 불멸의 불꽃을 그대 마음의 심지에 붙여주는 것이다. 그리하여 일단 이 마음의 심지에 붙여진 '불꽃'은 그 어떤 비바람에도 꺼지지 않는다…… 이것이 바로 불가사의한 일이다.

달밤에 홀로
_단하 자순

장강에 달빛 어리나
눈 가득한 맑은 빛은 고향집이 아니네
묻노니 고깃배여 어디로 가는가
밤이 깊어 여전히 갈꽃 속에 잠드네.

拈頌 第九〇四則 公案頌
염송 제 9 0 4 칙 공안송

長江澄澈印蟾華 滿目淸光未是家 借問漁舟何處去 夜深依舊宿蘆花
장강징철인섬화 만목청광미시가 차문어주하처거 야심의구숙로화

_출전 『선문염송』

◆ 주
- 장강(長江) : 긴 강, 양자강.
- 징철(澄澈) : 물이 맑아 거울 같다.
- 인(印) : 도장 찍히듯 달빛이 수면에 찍히다.
- 섬화(蟾華) : 달빛.
- 만목(滿目) : 눈에 가득.
- 차문(借問) : ~을 묻다.
- 의구(依舊) : 예대로, 옛날과 다름없이, 옛날같이.

◆ 해설

이 시의 근거가 되는 공안인 『선문염송』의 제904칙은 동산(洞山)과 한 승려의 문답이다.

승려는 동산을 향하여 칼을 뽑았다. 그러나 동산은 이따위 중녀석쯤은 누워서 떡 먹기다. 이 승려는 그것도 모르고 재차 칼을 바로잡았다. "어허, 다친대두!" 동산의 말이었다. 드디어 이 승려, 동산의 올가미에 걸려들었다. 그러나 동산은 다시 점잖게 타일렀다. "그만 가봐라." 그러나 승려는 그래도 뭔가 좀 개운치 않았던지 "내 솜씨 좀 보여드릴까요?" 하고 꼬리를 치는 것이었다. "가거라, 이놈아!" 동산은 화가 났다. "어디로 갈까요?" 승려는 여우새끼다. "으음, 갈 곳이 없어." 동산은 여우새끼에게 말했다. "스님도 조심 좀 해야겠군요." 이 여우새끼 승려도 보통은 아닌가 보다. "그놈 참 지독하군." 보다못한 동산의 마지막 말이었다.

이 시의 1구는 깨달음의 경지, 2구는 깨달음만으로는 안 된다는 뜻, 3구는 '그럼 어찌해야 되는가'라는 반문, 4구는 울고 웃는 이 인간의 삶 속으로 다시 들어와야 한다는 뜻이다.

눈 속에 높은 산 솟아오르고
_승승○공

눈(眼) 속에 높은 산 솟아오르고
귓속에 큰 바다의 파도가 이네.
입 없는 저 아이 말문 열기 전
문밖에선 뇌성벽력 전투가 치열하네.

拈頌 第五〇則 公案頌
염송 제50칙 공안송

眼裡須彌重業岌 耳中大海疊波瀾 無言童子未開口 門外雷聲早戰寒
안리수미중업급 이중대해첩파란 무언동자미개구 문외뇌성조전한

_출전 『선문염송』

◆ 주
- 수미(須彌) : 높은 산.
- 업급(業岌) : 산이 높고 험준한 모양.
- 첩파란(疊波瀾) : 파도가 연달아 치다.

◆ 해설

개구즉착(開口卽着)이란 '입 벌리는 순간 빗나간다'는 말이다. 그것은 어떤 사고(思考)로도 갈 수 없는 경지이기 때문이다. 오직 직관으로 체득해야 할 따름이기 때문이다. 그러나 눈여겨보면 직관이라는 이 말도 틀렸다.

금빛 갈기 낚으려고

_장산 법천

금빛 갈기 낚으려고 고깃배 저어갈 제
뇌성벽력 소리 푸른 하늘 깨어지네
고기잡이 늙은이 이 물 깊이 어찌 알리
풍랑이 언덕 치는 소리만 부질없이 듣고 있네.

拈頌 第六四七則 公案頌
염송 제 6 4 7 칙 공안송

欲取金鱗釣艇橫 轟然霹靂下靑冥 漁翁豈識潭中意 空聽風波拍岸聲
욕 취 금 린 조 정 횡 굉 연 벽 력 하 청 명 어 옹 기 식 담 중 의 공 청 풍 파 박 안 성

_출전 『선문염송』

◆ 주
- 금린(金鱗) : 금빛 비늘을 가진 고기. 여기서는 비유로 쓰였다.
- 굉연(轟然) : 소리가 크게 울리는 모양.
- 어옹(漁翁) : 고기잡이 노인.
- 기식(豈識) : 어찌 ~을 알겠는가.
- 공청(空聽) : 부질없이 듣고 있다.
- 풍파(風波) : 풍랑(風浪).

◆ 해설

동문서답(東問西答)이란 동을 물었는데 서를 대답하는 어리석음을

이름이다. 결국 모든 것은 그 뿌리를 알아야지, 어설피 짐작하거나 몇 마디의 말 가지고는 아예 발도 못 붙이는 곳이다. 이 자리(본성자리)만은 하늘이 무너져도 속이거나 사기 칠 수 없는 자리임을 명심하라.

눈먼 나귀 무리 지어
_밀암 함걸

깨어남과 잠든 것이 얼마나 다른가
눈먼 나귀 무리 지어 마음밭은 난장판
지금 온 누리는 숫돌같이 평평한데
갈피리만 바람 맞아 어지러이 울고 있네.

拈頌 第三二則 公案頌
염송 제 3 2 칙 공안송

出得何如未出時 瞎驢成隊喪全機 而今四海平如砥 蘆管迎風撩亂吹
출득하여미출시 할려성대상전기 이금사해평여지 노관영풍료란취

_출전 『선문염송』

◆ 주
· 출득(出得) : 명상에서 나오다.
· 하여(何如) : 여하(如何), 얼마나 (다른가).
· 미출(未出) : 명상에서 아직 나오지 않다.
· 할려(瞎驢) : 눈먼 나귀.
· 이금(而今) : 지금.
· 사해(四海) : 온 세상.
· 지(砥) : 숫돌.
· 노관(蘆管) : 갈피리, 갈대피리.

◆ 해설

평지풍파(平地風波)라는 말이 있다. 공연히 일을 만들어 수선 떠는 것을 말한다. '깨닫는다(悟)'거나 '부처가 된다(成佛)'는 것은 그 본래자리에서 본다면 평지풍파를 일으키는 셈이다. 이 시의 1구와 2구는 본래자리에 평지풍파를 일으키는 것을 읊고 있다. 3구는 본래자리의 넉넉한 모습을, 그리고 4구는 그 본래자리를 놓고 '깨달았다', '깨닫지 못했다'를 반복하며 말다툼하고 있는 모습을 읊은 것이다.

머나먼 나그넷길

_천동 정각

이 사람아, 자네 날 알겠는가
희미한 그믐달만이 갈고리 같네
금은보화 다 놔두고 무엇 때문에 떠도는가
머나먼 나그넷길에 수심만 있네.

從容錄 第三七則 公安 潙山業識頌
종용록 제 3 7 칙 공안 위 산 업 식 송
一喚回頭識我不 依俙蘿月又成鉤 千金之子纔流落 漠漠窮途有許愁
일 환 회 두 식 아 불 의 희 라 월 우 성 구 천 금 지 자 재 류 락 막 막 궁 도 유 허 수

_출전『종용록』

◆ 주
· 의희(依俙) : 어렴풋하다, 분명치 않다.
· 라월(蘿月) : 담쟁이나 칡덩굴 틈으로 비치는 달.
· 구(鉤) : 조각달의 형용. 마치 갈고리 같다.
· 유허수(有許愁) : 근심만 있다. '허(許)'는 어조사.

◆ 해설

『법화경(法華經)』에 '가난한 자의 비유(窮子喩)'라는 이야기가 있다. 가난한 사람이 친구의 초대를 받았다. 술에 만취했다. 친구는 먼 곳으로 급히 출장을 가면서 이 사람의 옷깃 속에 보배를 숨겨주었다.

이 사람은 그것도 모르고 객지살이로 빌어먹고 다니다가 몇 년 후 친구를 다시 만났다. 그제야 자기 옷섶에 보배가 있음을 알았다.

이와 마찬가지다. 우리는 자신의 마음, 그 무진장한 보물창고를 팽개치고 밖을 향해 동분서주하고 있다. 자기 마음속의 그 능력을 모르고 남의 다리만 긁고 있다.

이 시는 이 '가난한 자의 비유'를 회고조(回顧調)로 읊은 것이다.

슬픈 바람
_작가 미상

일생 동안 내가 나를 되불러서
남의 말 듣지 마라 신신당부했었네
오늘은 맑게 깨어서 어디로 가는가
온 산의 송백에 슬픈 바람이 이네.

偈頌 其七
게송 기칠

一生長喚主人公　不受人謾迴不同　今日惺惺何處去　滿山松柏起悲風
일생장환주인공　불수인만형부동　금일성성하처거　만산송백기비풍

_출전 『선종송고연주통집』

◆ 주
· 주인공(主人公) : 본래 자기, 본질로서의 나 자신.
· 송백(松柏) : 소나무와 잣나무.

◆ 해설
옛날에 어떤 선승이 있었다. 그는 언제나 "아무개야!" 하고 자기 이름을 불렀다. 그러고는 연이어서 "예!" 하고 대답이 뒤따른다. 자기가 불러놓고 자기가 대답하는 것이다.
"이후부터는 다시 남의 말 듣지 마라!"
"예, 알았습니다!"

그는 밥만 먹으면 문을 꼭 닫고 앉아서 이런 수작을 계속하는 것이었다. 그리하여 그의 이런 수작이 사람들의 입을 타고 이 입에서 저 입으로 돌아다녔다. 당시 자기를 찾는 사람들의 귀감이 되었다. 선승의 일평생은 원맨쇼였다.

이 시의 작가는 이 선승의 일생을 끌어와 이렇게 말하고 있다. "일생 동안 내가 나를 되불러서 / 남의 말 듣지 마라 신신당부했었네." 여기까지는 좋았다. 그러나 3구에 넘어가자 아닌 밤중에 홍두깨가 나온다. "오늘은 맑게 깨어서 어디로 가는가." 필시 자기가 자기를 되불러놓고 훈계하는 그런 짓거리를 되잡아치려는 수작이 분명하렷다. 음…… 과연, 4구에 오자 그 속셈이 드러나는군. "온 산의 송백에 슬픈 바람이 이네."

그렇다, 자기를 찾겠다고 두 눈을 끔벅이며 앉아 있는 그 짓거리, 평생을 쏟아봐라. 자기는 고사하고 깻묵덩이도 못 찾는다. 그러면 어떻게 해야 하는가. 그대 일은 그대가 알아서 하라, 왜 나에게 묻고 있는가.

산둥성이

_작가 미상

산둥성이 넘고 보면 또 구름이 앞을 가려
기진맥진 허기져서 흐물흐물 헤매다가
발길 꺾어 돌아서서 집에 와보니
꽃 지고 새 우는 봄 여기 있었네.

偈頌 其八
게송 기팔

一重山了一重雲 行盡天涯轉苦辛 驀刴歸來屋裏坐 落花啼鳥一般春
일중산료일중운 행진천애전고신 맥답귀래옥리좌 낙화제조일반춘

_출전 『선종송고연주통집』

◆ 주
· 맥답(驀刴) : 봄을 찾아 산으로 들로 헤매던 짓을 '단칼에 끊어버린다'는 뜻이다. 맥(驀)은 '똑바로, 쉬지 않고', 답(刴)은 풀 베는 연장인 '낫'을 의미한다.

◆ 해설
『화엄경(華嚴經)』의 「입법계품(立法界品)」은 읽는 이에게 깊은 감명을 준다.
소년 선재(善財)는 구도심을 일으킨다. 그 도를 구하는 마음이 문수(文殊)를 만난다. 문수는 선재에게 이곳으로부터 남쪽으로 남쪽으

437

로 53명의 스승을 찾아 구도의 길을 떠나라고 권한다. 선재는 문수의 가르침에 따라 긴 나그넷길에 오른다. 그가 만나는 스승들 가운데는 도둑놈도 있고 깡패도 있고 사기꾼도 있고 창녀 파수미트라도 있고 의사도 있고 백정도 있고 고행자도 있고 구두쇠도 있고 장사꾼도 있고 난봉꾼도 있고 소녀도 있다. 선재는 그들에게서 모두 그들이 겪은 나름대로의 체험, 그 하나의 진실을 얻는다.

이렇듯 가장 밝음에서부터 가장 어둠에까지의 일체를 체험한 선재는 그 체험의 결과 미래의 상징인 미륵을 만난다. 미륵의 손가락 튕김 세 번에 선재의 나그넷길은 끝나고 선재는 잠에서 깬다. 선재는 자신이 처음 출발했던 복성동반에 있는 자신을 발견한다. 결국 구도심을 낸 바로 그 자리에 해답이 있었다. 여기 이 시는 바로 이런 것을 읊은 것이다.

轉
14. 격외 · 그림자 없는 나무

이 자리에서
_경허 성우

이 자리에서 허공이 무너지고
공화는 바야흐로 열매를 맺네
이 또한 봄빛인 줄 아나니
짙은 향기 내 방으로 불어오네.

偶吟五
우음오

當處殞空虛　空花方結實　知此亦春光　幽香吹我室
당 처 운 공 허　공 화 방 결 실　지 차 역 춘 광　유 향 취 아 실

_출전 『경허집』

◆ 주
· 운(殞) : 죽다, 부서지다.
· 공화(空花) : 눈병 앓는 사람에게 보이는 꽃과 같은 무늬. 실재하지 않는 것.
· 방(方) : 바야흐로, 이제.
· 유향(幽香) : 짙은 향기.
· 취(吹) : 불다, 불어오다.

◆ 해설
뿌리에서 보는 이 차별상은 파도에 불과하다. 순간에 일었다가 사라

지는 그런 파도 한 장에 불과하다. 울기도 하고 웃기도 하고 화를 내기도 하고 속삭이기도 하는 이 인간살이여, 저 바다에 일었다 사라지는 부질없는 그림자여. 결국 인간의 100년이란 한 장의 파도가 일어남인가. 그렇다면 파도가 사라진 그 다음은 무엇인가. 물은 파도의 어머니요 파도는 물의 자식이다. 어머니 없는 자식이 없는 것과 같이, 자식 없는 어머니도 존재할 수 없다. 이 부질없는 파도 한 장을 일어나게 하는 그 힘이 저 바다를 바다이게 하는 그 힘인 것이다. 부질없음 속에서 부질없음 이상의 것을 보아야 한다. 봄바람은 옛날대로 여전히 버들가지 흔드는 그걸 보아야 한다.

여기 실재하지 않는 공화(空花)가 열매를 맺으면 이 또한 봄빛이 무르익어가는 줄 알아야 한다. 실재하지 않는 것이 꿈꾸는 동안은 마치 실재하는 것처럼 느껴지기 때문이다.

눈에는 강물 소리
_경허 성우

눈에는 강물 소리 급하고
귓가에 번갯불 번쩍이네
예와 지금의 이 모든 일을
돌사람이 '알았다'고 고개를 끄덕이네.

偶吟七
우음칠

眼裡江聲急 耳畔電光閃 古今無限事 石人心自點
안리강성급 이반전광섬 고금무한사 석인심자점

_출전 『경허집』

◆ 주
 · 이반(耳畔) : 귓가.
 · 자점(自點) : 스스로 고개를 끄덕이다. 긍정하거나 모르던 것을 알았을 때 하는 행동.

◆ 해설

우리는 눈으로 형상을 보고 귀로 소리를 듣는다. 그런데 여기서는 지금 '눈으로 강물 소리를 듣고 귀로 번갯불을 본다'고 읊고 있다. 이게 어찌된 일인가. 우리의 상식으로는 이해가 되지 않는다. 이는 깨달음의 충격으로 인해 오관(五官)의 감각 기능이 서로 바뀌고 있다는 뜻이다. 예나 지금이나 거기서 거기인 인간사를 돌사람이 된 경허는 꿰뚫어보고 있다. 그래서 경허(鏡虛), 그는 그렇게도 울부짖었단 말인가. 숱한 기행을 남기고 갔단 말인가.

청류문 앞
_경허 성우

청류문 앞 푸른 산 가지 꺾어 심으니
푸른 그림자 붉은 향기 나날이 무성하네
혹시나 그대, 재목감이 못 된다 하여
한 점 비린내 던져 조각낼까 걱정되네.

詠蓮隱種樹裁花
영 연 은 종 수 재 화

淸流門植碧山枝 綠影紅香日夕垂 知君不是粧垣屋 恐或腥塵一點吹
청류문식벽산지 녹영홍향일석수 지군불시장원옥 공혹성진일점취

_출전 『경허집』

◆ 주
· 장원옥(粧垣屋) : 담으로 두른 집.
· 공(恐) : 걱정스럽다, 염려스럽다.
· 성(腥) : 비린내, 비린내 나다.

◆ 해설

경허, 그는 선천적으로 시인의 기질을 지니고 태어난 사람이다. 반짝반짝하는 기지가 있는가 하면, 진한 슬픔도 있다. 누리를 집어삼키는 패기가 있는가 하면, 날개 꺾여 우는 좌절이 있다. 세상을 제멋대로 주무르는가 하면, 그런 세상의 인습에 대한 불붙는 울부짖음도

있다. 여기 그의 제자 만공(滿空)이 그를 두고 쓴 시가 있다.

그 사납긴 범보다 더하고 착함은 부처를 넘나니
이것이 경허선사시네
지금은 어디에 계시는가
취하여 꽃 속에 누웠네.

善惡過虎佛　是鏡虛禪師　向什麽處去　醉臥花中睡
선악과호불　시경허선사　향십마처거　취와화중수

임종게
_함허 득통

고요하고 텅 비어 본래 한 물건도 없으니
신령스러운 빛은 눈부시게 온 누리를 비추네
저 삶과 죽음을 받을 몸과 마음 이제 없거니
가고 옴에 전혀 걸리는 것이 없네.

臨終偈
임 종 게

湛然空寂本無一物　靈光爀爀洞徹十方
담 연 공 적 본 무 일 물　영 광 혁 혁 통 철 시 방
更無身心受彼生死　去來往復也無罣碍
갱 무 신 심 수 피 생 사　거 래 왕 복 야 무 가 애

_출선「함허낭어록」

◆ 주
· 담연(湛然) : 물이 고인 듯 고요한 모양.
· 혁혁(爀爀) : 불꽃 따위가 눈부시게 타거나 비치는 모양.
· 통철(洞徹) : 투명하다, 환히 비치다.
· 가애(罣碍) : (물건 같은 것이) 걸리다, 진로를 방해하다.

◆ 해설
  일생을 수행자로 산 함허(涵虛)의 「임종게」라는 점에서 우리는 유심

히 이곳을 보아두고 넘어가야 하겠다. 그렇다. 본래 우리의 마음, 그 자리는 고요하고 텅 비어 형체나 흔적이 없다. 오직 비고 비고 비고 빈 거울뿐이다. 2구 '영광혁혁통철시방(靈光爀爀洞徹十方)'은 함허가 도달한 이 마음거울의 경지다. 오직 거울 그 텅 빈 자리에서 불꽃도 아닌 불길이(그러니까 신령스럽다) 활활 타올라 온 누리를 꿰뚫고 있다. 함허의 마지막은 이렇게 영롱한 사무침이었다. 그것은 그의 평생 수행의 마무리였다. 이후로는 다시 이 마음이 나고 죽음의 물결에 휩쓸리지 않아, 가고 오고 오고 감에 티끌 하나 걸리지 않는 그런 경지에까지 이른 것이다.

수법사에게
_사명 유정

공겁 이전에 풍월이 맑았으니
소리 없고 냄새 없고 모습마저 없네
구름을 일으켰다 비를 내렸다, 이 누리 뒤엎고 가되
공왕 저 옛 성엘랑 떨어지지 말게 하라.

贈琇法師
증 수 법 사

空劫前時風月淸 無聲無臭又無形 興雲作雨傾天去 莫隨空王故國城
공겁전시풍월청 무성무취우무형 홍운작우경천거 막수공왕고국성

_출전 『사명당대사집』

◆ 주

· 공왕(空王) : '일체가 없다'는 무기공(無記空). 허무. 선(禪)에서의 일체 부정은 그 다음의 대긍정을 위한 준비 작업이다. 이걸 모르고 흔히들 '필요없다'는 식의 부정에 떨어져 죽는 자 나날이 불어간다. 차라리 선문(禪門)에 아니 들어옴만 못한 결가지 길이다. 조심하라, 수행자들이여. 불립문자(不立文字)는 불리문자(不離文字)를 전제로 한다. 그대들의 부정은 바로 자신과 이 세상을 부정함이다. 그대들이 부정일 때 그대들은 이 사회를 좀먹는 밥벌레밖에 또 무엇이 되겠는가.

◆ 해설

이 누리의 제각기 다른 차별 현상은 그 근본이 아무것도 없는 공(空)에서 나온다. 이것을 진공(眞空)이라 부른다. 아무것도 없는(우리의 사고와 감각으로 감지할 수 없는) 저 허공 같음에서 산은 산이요 물은 물이듯 제각각의 차별상이 생기나니, 그러므로 깨달은 자는 이 차별의 배후가 텅 빈 거울임을 알고 있다. 그러나 자칫하면 '정말 아무것도 없다'는 허무에 떨어지고 만다. 이것은 아주 조심해야 할 일이다.

허공을 찢어서
_나옹 혜근

허공을 찢어서 뼈다귀 꺼내 들고
번쩍이는 번갯불 속에 주거지를 마련하네
누군가가 내 가풍을 묻는다면
이밖에 또다시 별난 것은 없네.

自讚
자찬

打破虛空出骨 閃電光中作窟 有人問我家風 此外更無別物
타 파 허 공 출 골 섬 전 광 중 작 굴 유 인 문 아 가 풍 차 외 갱 무 별 물

_출전 『나옹집』

◆ 주
· 가풍(家風) : 수행자를 이끄는 선사의 독특한 지도 방법.

◆ 해설
  '자찬(自讚)'이란 스스로 칭찬하는 것이다. 1구와 2구는 전광석화와도 같은 나옹 자신의 직관력을 읊은 대목이다. '허공을 부순다(打破虛空)'는 것은 불가능한 일이다. 그리고 '그 허공의 뼈다귀를 꺼낸다(出骨)'는 것 역시 허황된 말이다. 그러나 이런 표현은 '언어와 생각으로 미칠 수 없는 차원'을 말할 때 선문(禪門)에서 곧잘 쓰인다.

일선자에게
_부휴선수

이른 봄 매화꽃 만발함이여
가을 깊어 들국화 홀로 피었네
매화니 들국화니 따지려 들면
뜬구름만 부질없이 오고 간다네.

一禪和求語
일 선 화 구 어

春早梅花發 秋深野菊開 欲說箇中事 浮雲空去來
춘조매화발 추심야국개 욕설개중사 부운공거래

_출전 『부휴당집』

◆ 주
· 일선화(一禪和) : 한 선 수행자.
· 공(空) : 부질없이, 공연히.

◆ 해설
꽃은 왜 피는가. 이유를 붙이고 논쟁을 하면서 이 꽃의 신비로움에 난도질을 하는 것은 사람이요, 꽃이 피면 그 향기를 찾아 어디선가 날아오는 것은 벌과 나비다. 인간이여, 그대의 대갈통을 때려부수지 않는 한, 그 잘난 자만심을 버리지 않는 한, 그대의 고뇌는 끝나지 않을 것이다.

물 위의 진흙 소가
_소요 태능

물 위의 진흙 소가 달빛을 밭 갈고
구름 속의 나무 말이 풍광을 끌고 가네
위음의 옛 곡조 허공의 뼈다귀니
외로운 학의 울음 소리 하늘 밖에 길게 가네.

宗門曲
종문곡

水上泥牛耕月色 雲中木馬掣風光 威音古調虛空骨 孤鶴一聲天外長
수상니우경월색 운중목마체풍광 위음고조허공골 고학일성천외장

_출전 『소요당집』

◆ 주
· 니우(泥牛) : 진흙으로 만든 소
· 경(耕) : 밭 따위를 갈다, 농기구로 논밭을 파 뒤집다.
· 체(掣) : 끌어당기다. 여기서는 '목마가 풍광을 끌고 간다'는 뜻.
· 풍광(風光) : 경치, 풍경.
· 위음(威音) : 위음왕불(威音王佛). '한없이 오랜 옛적' 또는 '처음'이란 뜻이다. 선문(禪門)에서는 '본분소식(本分消息, 본질)'의 뜻으로 쓴다.
· 허공골(虛空骨) : 허공의 뼈대. '원래 없는 것'을 뜻한다.

◆ 해설

원시 제목의 '종문곡(宗門曲)'이란 선문곡(禪門曲)이라는 뜻이 되겠다. 선(禪)의 본질을 읊은 노래라는 자부심이 이 시를 지배하고 있다. 선지(禪智)가 시정과 시상을 압도한다.

성원선자에게
_소요 태능

소리 없고 냄새 없고 이름마저 없음이여
가는 곳마다 분명하지만 밝혀내긴 어렵네
태어나기 전의 이 소식 알고 싶은가
기러기 가을빛 끌고 강성(江城)을 지나가네.

贈性源禪子
증성원선자

無聲無臭又無名 到處相從不可明 欲識空王眞面目 鴈拖秋色過江城
무성무취우무명　도처상종불가명　욕식공왕진면목　안타추색과강성

_출전 「소요당집」

◆ 주
· 성원선자(性源禪子): '성원(性源)'이라는 이름의 선승.
· 욕식(欲識): ~을 알려고 하다.
· 공왕진면목(空王眞面目): 본래면목(本來面目), 본질적인 자기.
· 타(拖): ~을 끌고 가다.

◆ 해설
우리의 마음은 소리도 냄새도 이름도 없어서 '이것이 마음이다'라고 내보일 수가 없다. 그럼 어떻게 이 마음을 알 수 있단 말인가. 여기 소요 태능의 대답이 있다. '기러기 가을빛 길게 끌며 강성을 지나가

네.' 이 마음이 본질에 닿아 있다면 저 기러기가 우는 것도 마음이라는 이 거대한 생명의 바다에서 이는 한 장의 파도 현상이 아니겠는가. 아차, 내가 실언을 했구나.

언법사에게
_소요 태능

뿔 없는 무쇠 소가 허공을 올라가서
저 제석신의 궁전을 여지없이 깨버리네
몸을 돌려 이 세상에 다시 내려와서는
꼬리 치고 머리 흔들며 눈바람 산마루네.

示彦法師
시 언 법 사

鐵牛無角陟虛空 磕破三千帝釋宮 翻身却下閻浮界 擺尾搖頭雪嶺風
철우무각척허공　개파삼천제석궁　번신각하염부계　파미요두설령풍

_출전 『소요당집』

◆ 주
· 척(陟) : 오르다.
· 개(磕) : 돌이 서로 부딪쳐 나는 소리.
· 삼천제석궁(三千帝釋宮) : 제석천신의 궁전.
· 염부계(閻浮界) : 이 세상.

◆ 해설

　　철우무각(鐵牛無角)은 무각철우(無角鐵牛)의 도치다. '무쇠 소'라는 말도 이상스럽거니와, 소가 뿔이 없다니 이건 또 무엇인가. 하나도 참구(參究, 탐구)요, 둘도 참구요, 셋도 참구다. 제아무리 떠들고 날뛰

더라도 한 번 크게 죽지 않고는 안 된다. 그리하여 그 죽음으로부터 다시 살아나야 한다.

계우법사에게
_소요 태능

불 속의 붉은 연꽃 헌 옷에 떨어지니
목동(木童)이 주워서 광주리 가득 돌아가네
옛 곡조는 소리 없거니 뉘 감히 화답하리
개울가 석녀가 실웃음을 웃고 있네.

示繼雨法師
시 계 우 법 사

火裏紅蓮落故衣　木童收拾滿筐歸　古曲無音誰敢和　溪邊石女笑微微
화 리 홍 련 락 고 의　목 동 수 습 만 광 귀　고 곡 무 음 수 감 화　계 변 석 녀 소 미 미

_출전 『소요당집』

◆ 주
· 화리홍련(火裏紅蓮) : 불 속에서 핀 연꽃. 우리 자신의 순수한 본래 모습.
· 고의(故衣) : 헌 옷.
· 광(筐) : 광주리.
· 석녀(石女) : 여기서는 그냥 '돌로 만든 여자'라는 뜻이다.
· 소미미(笑微微) : 실웃음을 웃고 있다.

◆ 해설
　선지(禪智)가 번뜩이고 유머감각이 있다. 2구의 '목동(木童)'과 4구의

'석녀(石女)'가 이 시를 살려냈다. 옛 곡조(불멸의 노래)에 화답하는 이는 명창도 아니요 선승도 아닌, 저 개울가에 서 있는 석녀(돌로 빚은 여자)다.

종소리 들으며
_소요 태능

귀 가운데 밝고 밝아 듣는 자가 누군가
소리 없고 냄새도 없어 알아볼 길 없는데도
거두어들이면 따라오다 풀어놓으면 펴지면서
속인이었다 성인이었다 자유자재네.

聞鍾有感
문 종 유 감

耳裏明明聽者誰　無聲無臭卒難知　收來放去任舒卷　在凡在聖長相隨
이 리 명 명 청 자 수　무 성 무 취 졸 난 지　수 래 방 거 임 서 권　재 범 재 성 장 상 수

_출전 『소요당집』

◆ 주
· 졸(卒) : 마침내.
· 임(任) : ~에게 맡기다.
· 장상수(長相隨) : 길이 서로 다르다.

◆ 해설
 종소리를 들으면서 이 종소리를 듣는 자기 자신을 읊고 있다. 나 자신(마음)은 소리도 없고 냄새도 없어서 알아보기가 참 어렵다. 그러나 부정과 긍정, 속인과 성인의 경계를 자유자재로 넘나들고 있다.

월송대사에게

_함월 해원

달빛 들어 솔소리 희고
솔잎 달빛 차게 젖어 있네
그대에게 반야검을 주노니
돌아가 저 달과 소나무 사이에 누워 지내라.

贈月松大師
증월송대사

月入松聲白 松含月色寒 贈君般若劍 歸臥月松間
월입송성백 송함월색한 증군반야검 귀와월송간

_출전 『천경집』

◆ 주
· 반야검(般若劍) : 지혜의 검(칼).

◆ 해설

'월송(月松)'이라는 선승에게 주는 시다. '월(月)' 자에서 '솔바람 소리가 희다'는 시상이 떠올랐고, '송(松)' 자에서 '달빛을 차갑게 머금었다'는 시상이 떠올랐다. 그리하여 이 '월' 자와 '송' 자는 3구에서 지혜의 검(반야검)으로 변하고 있다.

이 빛덩이
_묵암 최눌

이 빛(도)은 안과 밖이 없으나
풍월(風月)이 전신에 가득하네
모양 따라 나뉘어서 길거나 짧음이여
어느 때는 굽었다가 또 어느 땐 펴지네
이것 풀면 저 허공도 비좁다지만
거두고 다시 보면 티끌 속도 허공이네
이 도는 본래 피차가 없거니
어디 감히 사사로움이 먹히겠는가.

次碧谷韻
차 벽 곡 운

光輝無表裡 風月滿全身 應物分長短 隨時任屈伸
광휘무표리 풍월만전신 응물분장단 수시임굴신

放行彌六合 斂跡納纖塵 道本無彼此 何容面目親
방행미육합 염적납섬진 도본무피차 하용면목친

_출전 『묵암집』

◆ 주
· 미(彌) : 널리 펴지다, 가득 차다.
· 육합(六合) : 우주.
· 염(斂) : 거두다, 거둬들이다.

◆ 해설

 양파를 원숭이에게 던져줘보라. 껍질을 벗기면 또 껍질이요, 그 껍질 속의 껍질을 벗기고 보면 또다시 껍질이라. 껍질 속의 껍질, 그 껍질 속의 껍질 속의…… 껍질, 껍질로만 이어지는 양파의 정체를 알고는 화가 난 원숭이 씨. 꽥꽥 소리를 지르며 두 눈을 부라리고 양파를 던진 사람에게 껍질뿐인 그 양파를 되던져버린다. 그러나 이 원숭이 씨, 하나만 알았지 둘은 몰랐다. 껍질을 다시 차곡차곡 겹쳐놓고 보면 껍질이 모여 하나의 양파 속을 이루고 있는 것을.

 안이다 밖이다 하고 따지는 것 또한 다르지 않다. 이쪽에서 보면 저쪽이 안이고 이쪽이 밖이다. 그러나 이번에는 다시 저쪽에 서서 이쪽을 보면 저쪽은 밖이 되고 이쪽은 안이 된다. 마찬가지다. 방위도 그렇고 시간도 그렇고 심지어는 도덕적 가치마저 그렇다. 그러므로 우리는 'A는 B다' 식의 관념을 어서 바삐 부숴버려야 한다.

내원암에 가서

_만해 한용운

달 없는 밤 산빛만이 고이 내린 눈에 어려
겨울 모란 눈꽃송이 밤 향기를 마시네
눈에 선한 가지 위의 차가운 넋은
내 시름엔 아니 들고 만 리를 가네.

內院庵有牧丹樹古枝受雪如花因吟
내원암유목단수고지수설여화인음

雪艶無月雜山光 枯樹寒花收夜香 分明枝上冷精魄 不入人愁萬里長
설염무월잡산광 고수한화수야향 분명지상랭정백 불입인수만리장

_출전 『만해유고』

◆ 주
· 내원암(內院庵) : 경남 양산시 천성산(千聖山)에 있다. 지금은 내원사로 불린다.

◆ 해설
「님의 침묵」으로 유명한 만해 한용운의 선시다. 모란 가지 위에 눈이 내려서 마치 모란꽃 같음을 보고 읊은 시다.
전체에 흐르는 이미지는 그런대로 괜찮다지만, 1구의 '염(艶)' 자는 눈(雪)을 수식하는 데 무리가 있다. 눈을 요염하다고 한다면 아무리 수긍하려 해도 그게 그렇게 되어지질 않는다. 흰색은 아무리 불붙어

봐도 차가움, 그것을 넘지 못하기 때문이다. 요염스러움(艶)은 붉은 빛깔이 감돌아야 한다. 그래야 요염기가 흐르는 것이다.

서릿발 같은 검을 휘둘러
_청매 인오

서릿발 같은 검을 휘둘러 봄바람을 베자
눈 쌓인 빈 뜰에 붉은 잎 떨어지네
예서 만일 시시비비를 논한다면
반달은 이미 서쪽 봉우리로 넘어가네.

少林斷臂
소림단비

一揮霜刃斬春風 雪滿空庭落葉紅 這裏是非才辨了 半輪寒月枕西峰
일 휘 상 인 참 춘 풍   설 만 공 정 낙 엽 홍   저 리 시 비 재 변 료   반 륜 한 월 침 서 봉

_출전 『청매집』

◆ 주
- 소림(少林) : 중국의 숭산 소림사. 달마대사가 9년 동안 면벽한 곳.
- 소림단비(少林斷臂) : 소림사로 달마를 찾아간 혜가(慧可)대사가 법(法)을 구하기 위해 자신의 팔을 잘라 달마에게 바쳤다는 고사.
- 휘(揮) : 휘두르다.
- 상인(霜刃) : 서리 기운 감도는 칼날.
- 설만공정(雪滿空庭) : 혜가대사가 팔을 잘라 달마에게 바칠 때는 마침 눈이 무릎까지 쌓인 새벽이었다고 한다.
- 엽홍(葉紅) : 여기서는 혜가대사의 팔에서 떨어지는 피를 '붉은 단풍잎'에 비유한 것이다.

◆ 해설

1구는 칼을 뽑아 왼팔을 베는 혜가의 모습, 2구는 흰 눈 위에 혜가의 팔에서 떨어지는 붉은 피에 대한 묘사다. 붉은 피를 '붉은 단풍잎'에 비유하고 있다. 불과 일곱 자(雪滿空庭落葉紅)밖에 안 되는 2구에서 우리는 흰색과 붉은색, '가득 참(滿)'과 '텅 빔(空)'의 절묘한 대비를 느낄 수 있다. 3구와 4구는 2구의 감흥을 잇는 여흥(餘興)이다.

무쇠 소
_야보 도천

여러 해 동안 돌 말이 빛을 토하자
무쇠 소가 울면서 장강으로 들어가네
허공 저 고함 소리여 자취마저 없나니
어느 사이 몸을 움츠려 북두칠성에 숨었는가.

偈頌
게송

多年石馬放毫光 鐵牛哮吼入長江 虛空一喝無蹤跡 不覺潛身北斗藏
다년석마방호광 철우효후입장강 허공일할무종적 불각잠신북두장

_출전 『금강경오가해』

◆ 주
- 방(放) : 빛을 놓다, 빛을 비치다.
- 호광(毫光) : 여기서는 '돌 말의 몸에서 나온 빛이 사방으로 퍼짐'을 뜻한다.
- 철우(鐵牛) : 무쇠로 만든 소.
- 일할(一喝) : 큰 고함 소리.
- 불각(不覺) : 어느새, 나도 모르는 사이.
- 잠신(潛身) : 몸을 숨기고 나타내지 않다.
- 북두(北斗) : 북두칠성.

◆ 해설

선문(禪門)의 말들은 원래가 따지고 분별하여 알기에는 너무나 억측이 많다. 여기 이 시가 그 전형적인 예다. '돌 말이 빛을 토한다'는 말도 어불성설이고, '무쇠 소가 울면서 장강으로 들어간다'는 말도 이해할 수 없다. 그러나 분명히 알지어다. 이해가 아니라 번쩍하는 번갯불이다. 그런 걸 한번 잡아보라는 말이다. 머뭇거리다가는 도저히 알 수가 없다.

신부가 말을 타고

_해인 초신

신부가 말을 타고 시어머니가 끄나니
저 노인장 공중에다 쇠 배를 띄우네
우물 밑에서 돛을 매다는 바람 기운 험하나니
높은 산 이마에 파도가 이네.

拈頌 第一三二〇則 公案頌
염송 제1320칙 공안송

新婦騎驢阿家牽 王老空中駕鐵船 井底掛帆風勢惡 須彌頂上浪滔天
신부기려아가견 왕로공중가철선 정저괘범풍세악 수미정상랑도천

_출전『선문염송』

◆ 주
· 려(驢) : 당나귀. 몸이 작고 귀가 길다.
· 아가(阿家) : 며느리가 시어머니를 부르는 말.
· 왕로(王老) : 왕씨 노인. 중국에서 왕씨는 우리나라의 김씨나 이씨처럼 흔한 성이다.

◆ 해설
이 시의 근거가 되는『선문염송』제1320칙 공안은 다음과 같다.
여주(汝州) 보응성념(寶應省念) 선사에게 어떤 승려가 물었다.
"어떤 것이 부처입니까?"

성념선사가 말했다.
"신부기려아가견(新婦騎驢阿家牽, 신부가 말을 타고 시어머니가 끌고 간다)."
신부가 말을 타고 시어머니가 끌고 가는 것은 저 공중에다 무쇠로 만든 배를 띄우는 것과도 같은 소식이다. 무쇠배가 공중에 떠가면 어찌 되는가. 저 높은 산봉우리에서는 세찬 파도가 인다.
벗이여, 이게 무슨 소식인지 모르겠는가. 생각과 언어의 밖으로 나가는 소식이요, 마침내는 그대 자신에게로 되돌아가는 소식이다.

우물 밑 진흙 소

_원오 극근

우물 밑 진흙 소가 달을 향해 울고
구름 사이 목마 울음 바람에 섞이네.
이 하늘 이 땅을 휘어잡나니
누가 서쪽이라 동쪽이라 나누고 있는가.

拈頌 第一七二則 公案頌
염송 제 1 7 2 칙 공안송

井底泥牛吼月 雲間木馬嘶風 把斷乾坤世界 誰分南北西東
정저니우후월 운간목마시풍 파단건곤세계 수분남북서동

_출전 「선문염송」

◆ 주
· 후월(吼月) : 달을 향해 울다.
· 시풍(嘶風) : 바람 소리와 말 울음 소리가 서로 섞이다.
· 분(分) : 나누다, 구분하다.

◆ 해설
이 시의 작가는 『벽암록』에 주석과 비평을 붙인 원오 극근(圜悟克勤)이다. 1구와 2구는 우리의 사고와 감각을 넘어선 직관의 세계를 읊고 있다. 3구는 득도인의 기백을, 그리고 4구는 우리의 고정관념에 가하는 충격이다. 선지(禪智)와 시상이 뛰어나다.

봄이 오면 꽃들은
_설두 중현

소 대가리로 사라졌다 말 대가리로 되돌아오니
본성의 거울 속엔 티끌이 없네
북 치며 봐도 그대는 볼 수 없나니
봄이 오면 꽃들은 누굴 위해 피는가.

碧巖錄 第五則 公案頌
벽암록 제5칙 공안송

牛頭沒 馬頭回 曹溪鏡裏絶塵埃 打鼓看來君不見 百花春至爲誰開
우두몰 마두회 조계경리절진애 타고간래군불견 백화춘지위수개

_출전『벽암록』

◆ 주
· 조계경리(曹溪鏡裏) : 본성의 거울 속.

◆ 해설
굉장한 속도가 이 시를 지배하고 있다. 우두몰 마두호(牛頭沒 馬頭回), 무시무시한 소리다. 소의 대가리로 사라졌는가 싶더니 이번에는 말의 머리가 되어 나타났다. 이것이 무엇인가. 주먹으로 내리쳐도 꿈쩍 않고, 펄펄 끓는 가마솥에 처넣어도 헤헤 웃고, 꽁꽁 언 얼음 속에 박아놔도 꽃이 피는, 도대체 이것이 무엇이란 말인가. 찾아보면 아무것도 없는데, 에라 모르겠다 팽개쳐놓고 보니 물에 비치는

산 그림자이듯 아리아리 영롱하게 어려온다. 도대체 도대체 이것이 무엇인가.
'이것이 무엇인가'라고 반문하고 있는 것은 또 무엇인가.
벗이여, 우리가 이 세상에 태어난 목적은 바로 이 문제를 풀기 위해서이다. 외롭고 험한 그 침묵의 한가운데서 뼛속까지 사무쳐오는 그 추위와 마주하면서 이 문제를 해결하지 않겠는가.

얼음이 장강을 묶어

_대각 회련

얼음이 장강을 묶어 그 흐름 끊겼으니
그 누가 이 얼음을 깨고 배를 띄우겠는가
봄 우레 울자 복사꽃 물결 이나니
번개같이 빠른 배는 십주를 지나가네.

拈頌 第七九三則 公案頌
염송 제 7 9 3 칙 공안송

氷鎖長江凍不流 厭厭誰解攂船頭 春雷送起桃花浪 一閃孤帆過十洲
빙쇄장강동불류 염염수해뢰선두 춘뢰송기도화랑 일섬고범과십주

_출전 『선문염송』

◆ 주
· 염염(厭厭) : 혈기 왕성한 모양.
· 뢰(攂) : 돌 굴리는 소리. 여기서는 얼음을 깨뜨리며 배를 띄움을 말한다. 얼음장이 뱃머리에 부딪히는 소리가 돌 굴리는 소리와 같다고 해서 이 자를 썼다.
· 일섬고범(一閃孤帆) : 배가 번개같이 빠름을 뜻한다.
· 십주(十洲) : 신선이 산다는 열 개의 섬.

◆ 해설
　가장 빠름은 가장 느림 속에 있다. 마른 나무처럼 침묵을 지키며 좌

선수행하는 것은 그 침묵 속의 칼날(지혜)을 찾기 위해서다. 선지(禪智)와 패기가 넘치는 작품이다.

언 잠에 눈 덮인 집

_천동 정각

언 잠에 눈 덮인 집, 저문 해 퇴락하여
그윽한 저 문은 밤에도 열리지 않네
고목의 뜨락에 푸른빛 돌자
봄바람이 죽통 속의 재를 날리네.

從容錄 第七二則 公案 中邑獼猴頌
종용록 제 7 2 칙 공안 중읍미후송

凍眠雪屋歲推頹 窈窕蘿門夜不開 寒槁園林看變態 春風吹起律筒灰
동면설옥세최퇴   요조라문야불개   한고원림간변태   춘풍취기율통회

_출전『종용록』

◆ 주
· 미후(獼猴) : 원숭이.
· 요조(窈窕) : 깊고 그윽한 모양.
· 고(槁) : 메마르다.
· 율통회(律筒灰) : '율통(律筒)'이란 대를 잘라서 구멍을 판 것, 즉 대통을 말한다. 대통 속에 갈대를 태워 그 재를 넣고 바람이 통하지 않게 봉한 다음 밀실에 둔다. 그러나 봄(立春)이 되면 이 '대통 속의 재(律筒灰)'가 자연히 대통 마개를 뚫고 튀어나온다고 한다.

◆ 해설

가장 비겁한 자가 가장 눈부실 때가 있다. 그것은 그 비겁함 속에 먼지 하나 빛바래지 않은 채 숨겨져 있던 그 힘의 분출 때문이다. 선(禪)에서의 집중과 침묵은 바로 이런 힘의 원천에 보다 강한 충전을 하기 위함인 것이다.

1구와 2구는 정적의 세계를, 3구와 4구는 확산의 세계를 읊고 있다.

눈썹의 언덕에는
_천동 정각

눈썹의 언덕에는 흰 눈이 덮여 있고
강물 같은 눈에는 가을이 젖어 있네
바다 같은 입에 물결이 일어
혀의 배는 그 흐름을 저어가네
난세를 평정하는 수완이요
태평을 도모하는 계략이네.

從容錄 第四七則 公案 趙州栢樹頌
종용록 제 4 7 칙 공안 조주백수송

岸眉橫雪 河目含秋 海口鼓浪 航舌駕流 撥亂之手 太平之籌
안미횡설 하목함추 해구고랑 항설가류 발란지수 태평지주

_출전『종용록』

◆ 주
- 안미(岸眉) : 언덕처럼 길게 뻗은 눈썹.
- 하목(河目) : 강물 같은 눈매.
- 해구(海口) : 바다같이 깊고 넓고 그리고 큰 입.
- 항설(航舌) : 혀의 배.
- 발란지수(撥亂之手) : 난세를 평정하는 수완.
- 태평지주(太平之籌) : 태평을 도모하는 계략.

◆ 해설

'안미횡설(岸眉橫雪)'이나 '하목함추(河目含秋)' 따위는 일품이다. 응결과 정적의 극치다. 여기 비하면 3구와 4구의 '해구고랑(海口鼓浪)'이나 '항설가류(航舌駕流)'는 확산과 동의 극치다. '고고정상립 심심해저행(高高頂上立 深深海底行, 높고 높이 산의 정상에 서고 깊고 깊이 바다 밑으로 가다)'이란 바로 이런 경지를 말한다.

가장 약한 것은 가장 강한 것이다. 시로서도 흠잡을 곳 없는 작품이지만, 그 시상이 장중하고 웅대한 기상이 있다.

개울가 돌 여자

_작가 미상

동쪽 산이 물 위로 가는 이치 알고 싶은가
개울가 돌 여자가 밤에 생황을 불고
나무 사람이 구름 속에서 판자를 두드리고
양주곡 한 곡조 이경에 우네.

東山水上行頌
동산수상행송

要會東山水上行 溪邊石女夜吹笙 木人把板雲中拍 一曲凉州恰二更
요회동산수상행　계변석녀야취생　목인파판운중박　일곡양주흡이경

_출전 『선문송고연주통집』

◆ 주
- 생(笙) : 생황(笙篁). 목관악기의 한 가지로, 열아홉 또는 열세 개의 가는 대나무 관으로 만든다.
- 양주(凉州) : 가곡(歌曲)의 이름.
- 흡(恰) : 새가 우는 소리. 여기서는 양주곡(凉州曲)의 연주 소리.

◆ 해설
'동쪽 산이 물 위로 간다'는 말은 초현실주의자들을 녹여버리고도 남음이 있는, 그런 정도로 아름다운 이미지다. 그러나 여기서의 '동산수상행(東山水上行)'이란 공안의 하나다. 그 대강은 다음과 같다.

어떤 승려가 운문(雲門)에게 물었다.
"모든 부처가 나온 곳이 어디입니까?"
운문이 말했다.
"동쪽 산이 물 위로 간다(東山水上行)."
이 뜻을 알고 싶은가. 물맛을 알고 싶거든 그대 스스로 직접 물을 떠먹어볼 일이다. 남의 물 먹는 데나 기웃기웃하며 물맛이 어떻냐는 둥, 이런 바보 같은 짓은 아예 집어치워라. 가랑잎이 웃는다.

끝없는 풍월은
_작가 미상

끝없는 풍월은 눈 가운데 눈이요
다함없는 천지는 등불 밖의 등불이네
버들연기 환한 꽃에 십만 가호 묻혀 있고
문 두드리는 곳마다 인기척이 있네.

偈頌
게송

無邊風月眼中眼 不盡乾坤燈外燈 柳暗花明十萬戶 叩門處處有人應
무변풍월안중안 부진건곤등외등 유암화명십만호 고문처처유인응

_출전 『선문제조사게송』

◆ 주
· 유암화명(柳暗花明) : 버드나무 가지 어둡고 꽃은 환하다. 무르익은 봄의 풍경.

◆ 해설
더없이 충만한 심정을 봄과 대비시켜 읊었다. 1구와 2구는 득도인의 넉넉한 심정을, 3구와 4구는 무르익은 봄의 풍광을 읊고 있다. '춘만건곤 복만가(春滿乾坤 福滿家, 봄은 천지에 가득하고 복은 집안에 충만하다)'를 노래한 것이다.

더위 가고 겨울 오고
_작가 미상

더위 가고 겨울 오고 봄은 다시 가을이요
석양은 서쪽으로 지고 물은 동쪽으로 흐르네
망망한 이 우주에 무수한 사람들아
몇몇이나 친히 이곳에 이르겠는가.

偈頌
게송

暑往寒來春復秋 夕陽西去水東流 茫茫宇宙人無數 那箇親曾到地頭
서 왕 한 래 춘 부 추　석 양 서 거 수 동 류　망 망 우 주 인 무 수　나 개 친 증 도 지 두

_출전 『선종송고연주통집』

◆ 주
· 나개(那箇) : 그(he), 저(that).

◆ 해설
더운 여름이 가면 가을을 지나 이윽고 추운 겨울이 온다. 이렇듯 절기는 끝없이 순환하고 있건만 우리는 이 대자연의 흐름에 따르지 못하고 있다. 이 자연의 흐름에 맡겨 한 포기의 들꽃처럼 살아갈 수 있는 그런 사람이 과연 몇이나 있단 말인가.

歸

15. 귀향 · 소 찾는 노래

소 찾는 노래 (十牛圖)

_확암 사원 | 출전 『선종사부록』

하나, 그를 만나러

망망한 풀바다 헤치며 너를 찾아가노니
물굽이 멀고 산 첩첩하여 힘은 다했네.
두 눈빛 가물가물 꺼져갈 즈음
단풍나무엔 늦매미 울음만 물들고 있네.

尋牛
심우

茫茫撥草去追尋 水闊山遙路更深 力盡神疲無處覓 但聞楓樹晩蟬吟
망망발초거추심　수활산요로갱심　역진신피무처멱　단문풍수만선음

◆ 주
- 망망(茫茫): 넓고 멀고 아득한 모양. 여기서는 풀밭이 끝없이 펼쳐지는 모양.
- 발(撥): 여기서는 '풀을 헤치다'.
- 풍수(楓樹): 단풍나무.
- 선음(蟬吟): 매미 우는 소리.

◆ 해설

소(牛)는 우리의 본마음(본성)이다. 잃어버린 본성을 찾아가는 과정을 열 단계로 구분했다. 원래는 '십우도(十牛圖)'라는 제목과 같이 각

시에 해당하는 그림이 곁들여 있었다. 『유교경(遺敎經)』에 보면 수행을 '소 먹이는 것(牧牛)'에 비교하고 있다. 『법화경(法華經)』에서도 대승(大乘)을 '큰 흰 소가 이끄는 수레(大白牛車)'에 견주었다. 다른 공안에도 가끔 소 이야기가 나온다.

둘, 발자취 있네

물가 나무 아래 발자취 많음이여
풀밭 가르며 가르며 가보라, 흔적 있는가
깊은 산 심심산골 그 깊이라도
하늘 덮는 콧구멍이라, 저를 어이 숨기리.

見跡
견 적

水邊林下跡偏多 芳草離披見也麼 縱是深山更深處 遼天鼻孔怎藏也
수변림하적편다 방초리피견야마 종시심산갱심처   요천비공즘장야

◆ 주
· 편(偏): '편(徧)'과 통용.
· 견야마(見也麼): 보이겠는가. '마(麼)'는 속어의 조사로 의문을 나타낸다. '야(耶)'와 뜻이 같다.
· 종(縱): 비록.
· 요천비공(遼天鼻孔): 온 우주를 덮는 큰 콧구멍.
· 즘(怎): 어찌. 고문(古文)의 '여하(如何)'와 같다.

◆ 해설

마음의 흔적은 도처에 있다. 아니, 이 누리 전체가 그대로 나 자신의 현현이다.

셋, 그를 보았네

금꾀꼬리 가지 위에 한 소리 소리요
햇빛 바람 흐름이여 버들 언덕 푸르렀네
다만 이것뿐이라 피해갈 곳 없나니
삼삼한 자태여 어찌 이를 그릴까나.

見牛
견우

黃鶯枝上一聲聲　日暖風和岸柳靑　只此更無廻避處　森森頭角畫亂成
황 앵 지 상 일 성 성　일 난 풍 화 안 류 청　지 차 갱 무 회 피 처　삼 삼 두 각 화 란 성

◆ 주
· 앵(鶯) : 꾀꼬리.
· 삼삼(森森) : 무성한 모양, 왕성한 모양. 여기서는 '눈에 삼삼하다'는 뜻이다.

◆ 해설

보이는 모든 것은, 들리는 모든 소리는 그대로 저 불멸의 가시화다. 나 자신의 객관화다.

넷, 그를 잡았네

몸과 마음 다 바쳐 그댈 잡았으나
사나운 그 마음 다스리기 어렵네
때로는 고원 위에 홀로 노닐다가
구름밭 안개숲 속으로 모습 감추네.

得牛
득 우

竭盡靜神獲得渠 心强力壯卒難除 有時纔到高原上 又入煙雲深處居
갈진정신획득거 심강력장졸난제 유시재도고원상 우입연운심처거

◆ 주
· 竭盡(갈진) : 물 같은 것이 말라 다하다.
· 거(渠) : 지시사. 여기서는 '소(牛)'를 가리킨다.
· 졸(卒) : 마침내.

◆ 해설
 우리의 마음은 지옥과 천국을 자유자재로 넘나든다. 천국인가 하면 지옥이요, 지옥인가 하면 어느새 천국이다.

다섯, 그를 키우네

채찍 치며 고삐 매어 그대를 지킴은
옛 버릇대로 티끌에 물들까 두렵기 때문이네

끄는 대로 나 따라 먹고 마시면
고삐 멍에 안 씌워도 종횡무진할 것이네.

牧牛
목우

鞭索時時不離身 恐伊縱步入埃塵 相將牧得純和也 羈鎖無抱自逐人
편 삭 시 시 불 리 신 공 이 종 보 입 애 진 상 장 목 득 순 화 야 기 쇄 무 포 자 축 인

◆ 주
 · 편(鞭) : 채찍.
 · 삭(索) : 노끈이나 새끼 따위. 굵은 것은 삭(索), 가는 것은 승(繩)이라
   한다. 여기서는 '소의 고삐'를 뜻한다.
 · 기(羈) : 굴레, 마소의 얼굴을 얽는 줄.
 · 쇄(鎖) : '삭(索)'과 통용, 고삐.

◆ 해설
 그러나 무애자재한 이 마음이 관념의 틀에 갇히거나 오염되면 거기
 고통이 따르며 인위적인 조작이 있게 된다. 그러므로 우리는 언제
 어디서든 새벽처럼 깨어 있어야 한다.

여섯, 그를 타고 집에 가네

소를 타고 구불구불 고향집 가네
흥겨운 피리 가락 저녁빛 뉘엿뉘엿
손짓 하나 눈짓 하나 끝없는 이 뜻
아는 이는 알고 있네, 어찌 말로 다하리.

騎牛歸家
기 우 귀 가

騎牛迤邐欲還家 羌笛聲聲送晚霞 一拍一歌無限意 知音何必鼓唇牙
기우이리욕환가　강적성성송만하　일박일가무한의　지음하필고진아

◆ 주
- 이리(迤邐) : 산길이 구불구불 길게 이어진 모양.
- 강적(羌笛) : 일정한 곡조 없이 흥나는 대로 부는 피리 가락.
- 일박(一拍) : 한 박자.
- 지음(知音) : 서로의 뜻을 아는 사람. 거문고의 명인 백아(伯牙)가 거문고를 타면 자기(子期)만이 그 소리에 담긴 백아의 마음을 알았다는 고사가 있다. 여기에서 '지음(知音)'이란 말이 나왔다.
- 고진아(鼓唇牙) : 입술과 어금니를 두드리다, 즉 주둥이를 놀려대다.

◆ 해설
내가 나에게로 돌아오면 그것이 바로 고향 아니고 무엇이리. 본성의 흐름을 따르라. 생명의 이 파장을 따르라. 벗이여, 이 삶에는 정답이 없다.

일곱, 그를 잊고 나만 있네

소를 타고 이미 고향집에 왔으나
소도 없고 나마저 한가롭네
해가 이마 위에 오도록 늦잠 자나니
채찍과 밧줄은 곳간에 던져두네.

忘牛存人
망우존인

騎牛已得到家山 牛也空兮人也閑 紅日三竿猶作夢 鞭繩空頓草堂間
기우이득도가산 우야공혜인야한 홍일삼간유작몽 편승공돈초당간

◆ 주
· 홍일삼간(紅日三竿) : 긴 낮. 해가 낚싯대의 세 길이만큼 길어진다.
· 공돈(空頓) : 부질없이 ~에 던져두다.

◆ 해설
내가 나에게로 돌아오면 이제 '돌아온 나'도 없고 '돌아와야 할 나'도 없나니…… 느긋하게 늦잠이나 잘밖에…….

여덟, 그와 나 모두 잊네

비고 비고 텅 비어서 온갖 것 비었으니
거울 푸른 저 하늘에 티끌 어이 묻겠는가
활활 타는 이 불 속에 흰 눈 어이 머물랴
예까지 왔다면 길은 이제 끝났네.

人牛俱忘
인우구망

鞭索人牛盡屬空 碧天遙濶信難通 紅爐焰上爭容雪 到此方能合祖宗
편삭인우진속공 벽천요활신난통 홍로염상쟁용설 도차방능합조종

♦ 주
- 신(信) : 서신.
- 방능(方能) : 바야흐로, 능히, 비로소.
- 조종(祖宗) : 조사(祖師)의 종지(宗旨), 선의 본질.

♦ 해설

주관인 '나'도 없고 객관인 '너'마저 없나니, 여기 새파랗게 불타는 직관만이 있을 뿐…… 그 절정만이 새벽이 되어 깨어나고 있을 뿐…….

아홉, 나에게로 돌아오네

집에 간다 짐 챙긴다 날뛰는 것은
눈먼 듯 귀먹은 듯 그보다는 못하네.
이 몸에 앉아 이 몸을 보지 않나니
물은 절로 아득하고 꽃은 절로 붉은 것을.

返本還源
반 본 환 원

返本還源已費功 爭如直下若盲聾 庵中不見庵前物 水自茫茫花自紅
반본환원이비공 쟁여직하약맹롱 암중불견암전물 수자망망화자홍

♦ 주
- 반본환원(返本還源) : 자신의 본성으로 돌아오다, 깨닫다.
- 쟁여(爭如) : 어찌 ~함과 같겠는가.
- 약(若) : ~와 같다. '여(如)'와 통한다.

493

◆ 해설

사물은 이대로 완벽한데 내가 공연히 수선을 떨었던 것이다. 깨달음이니 도(道)니 외치며 다녔던 것이다.

열, 다시 이 삶의 파도 속으로

맨발에 가슴 풀고 저자(시장바닥)에 뛰어드네
흙먼지 쑥머릿단 두 뺨 가득 웃음바다
이것은 신선의 비결이 아니라
고목에 꽃 피는 바로 그 소식이네.

入鄽垂手
입 전 수 수

露胸跣足入鄽來 抹土塗灰笑滿顋 不用神仙眞秘訣 直敎枯木放花開
노흉선족입전래　말토도회소만시　불용신선진비결　직교고목방화개

◆ 주
· 전(鄽) : 저잣거리, 시장바닥.
· 선족(跣足) : 맨발.
· 시(顋) : 뺨.
· 직교(直敎) : 바로 ~을 가리키다.

◆ 해설

가야 한다. 울고 웃는 이 삶 속으로 다시 들어가야 한다. 이 삶 속에서 이 삶과 하나가 되어 그냥 굽이쳐야 한다. 삶, 이 자체가 새벽이 될 때까지, 하나의 위대한 침묵이 될 때까지……

讚
16. 향가 · 바람결 노래

바람결 노래
_양지

온다 온다 온다 온다
슬픔 커라 슬픔 커이
무리 공덕 닦으러 온다.

風謠
풍요

來如 來如 來如 來如 哀反多羅 哀反多矣 徒良功德 修叱如良來如
래여 래여 래여 래여 애반다라 애반다의 도량공덕 수질여량래여

_출전 『삼국유사』

◆ 주
· 래여(來如) : 온다, 오고 있다.
· 애반다라 애반다의(哀反多羅 哀反多矣) : 슬픔이 크다, 슬픔이 커.
· 도량(徒良) : 무리(衆), 떼거리.
· 공덕(功德) : 착한 일을 하여 선을 쌓는 것(積善).
· 수질여량래여(修叱如良來如) : 닦으러 온다.

◆ 해설
『삼국유사(三國遺事)』 제6권에 다음과 같은 기록이 있다.
중 양지(良志)는 어느 집안에 어디 사람인지 모른다. 다만 선덕왕 때에 행적이 나타난다. 놋쇠 지팡이 머리에 주머니를 걸어놓으면 지팡

이가 절로 날아가 시주(施主) 집에 이르러 떨어 울었다. 시주 집에선 이를 알고 재 지낼 돈을 바쳤다. 주머니가 차면 날아 돌아갔다. 이에 그가 살던 곳을 석장사(錫杖寺)라 했다. 그 행적의 신기함은 이루 헤아릴 수 없었다. 그는 또 글씨를 잘 썼다. 영묘사(靈廟寺)의 장육삼존(丈六三尊), 천왕상(天王像), 전탑(殿塔)의 기와, 사천왕사 탑 아래 팔부신장(현재 경주박물관에 파편이 있다), 법림사(法林寺)의 주불삼존(主佛三尊) 및 좌우금강신장 등은 모두 그의 작품이다. 또 영묘사와 법림사의 현액(懸額)을 쓰고 작은 탑 하나와 삼천불을 조성했다. 이「바람결 노래(風謠)」는 그가 영묘사의 장육불상을 만들 때 진흙을 나르는 백성들과 함께 불렀다고 한다.

가고파 노래
_광덕의 아내

달하, 이제
서방까지 가시리잇고
무량수불전에
다시금 많이 삷으소서(아뢰소서)
다짐 깊으신 님께 우러러
두 손 모으고 삷으소서(아뢰소서)
가고파라 가고파라
그리는 사람 있다 삷으소서(아뢰소서)
아아 이 몸 보내주어
사십팔대원 이루소서.

願往生歌
원왕생가

月下 伊底亦 西方念丁 去賜里遣
월하 이저역 서방념정 거사리견

無量壽佛前乃 惱叱古音 多可支 白遣賜立
무량수불전내 뇌질고음 다가지 백견사립

誓音 深史隱 尊衣 希仰支 兩手 集刀 花乎 白良
서음 심사은 존의 희앙지 양수 집도 화호 백량

願往生 願往生 慕人 有如 白遣賜立
원왕생 원왕생 모인 유여 백견사립

阿耶 此身 遺也 置遣 四十八大願 成遣賜去
아야 차신 견야 치견 사십팔대원 성견사거

_출전『삼국유사』

◆ 주

- 월하(月下) : 달하. '하'는 '아'의 존칭어.
- 이저역(伊底亦) : '이제'로 봐야 깊고 절실함이 온다.
- 서방념정(西方念丁) : 서방까지. 서쪽에는 아미타의 나라가 있다고 한다.
- 거사리견(去賜里遣) : 가시리잇고.
- 무량수불전내(無量壽佛前乃) : 무량수불전에. 무량수불은 아미타불.
- 뇌질고음(惱叱古音) : 뇌오곰, 거듭거듭.
- 다가지(多可支) : 많이. '크게'의 뜻도 들어 있다.
- 백견사립(白遣賜立) : 삷으소서, 아뢰소서.
- 서음 심사은 존의(誓音 深史隱 尊衣) : 다짐 깊사온 님께.
- 희앙지(希仰支) : 우러러.
- 양수 집도 화호(兩手 集刀 花乎) : 두 손 모아가지고.
- 백량(白良) : 아뢰소서.
- 원왕생(願往生) : 가고파라.
- 모인 유여(慕人 有如) : 그리는 사람 있다고, 그리워하는 사람 있다고.
- 아야(阿耶) : 감탄사, '아야'.
- 차신 견야 치견(此身 遺也 置遣) : 이 몸 보내주시어. 이 몸을 (서방정토로) 보내시어.
- 사십팔대원(四十八大願) : 아미타불이 아직 법장비구로 있을 때 자재왕여래전(自在王如來前)에 세운 48종(四十八種)의 서원. 그는 자기 나라에서 이 바람이 이루어지지 않으면 성불하지 않겠다고 했다. 오랜 세월의 수행 끝에 법장은 아미타여래가 되고, 그의 나라인 극락은 사십팔대원의 바람같이 되었다. 그의 나라는 영원히 괴로움이 끊어진 나라다. 많은 목숨이 가고파 하는 동경의 나라다.

· 성견사거(成遣賜去) : 이루소서, 이루게 하소서.

◆ 해설

이 노래의 배경은 분황사로, 그 말미암음(유래)은 다음과 같다.

문무왕 때 사문 광덕(廣德)과 엄장(嚴莊)이 있었다. 가까운 벗이었다. 어느 날 저녁 서로 언약했다. "먼저 극락정토에 가는 이는 알리자"고. 광덕은 분황사 서쪽 마을에 살았다. 짚신 삼아 생업을 꾸려나갔다. 아내와 아이를 데리고 살았다. 엄장은 남악(南岳) 암자에 살며 화전(火田)을 했다.

어느 날 노을이 곱게 물들고 솔 그늘은 저물어갔다. 창밖에서 소리 있어 일렀다. "광덕이 먼저 서방으로 가노라. 그댄 잘 있다가 빨리 날 따라오너라." 엄장이 문을 열고 나가보니 구름 밖에 하늘, 풍류(風流) 소리 있고 밝은 볕이 땅에 쬐었다.

이튿날 광덕을 찾아갔다. 광덕은 가고 없었다. 이에 그 아내와 더불어 주검을 거두고 장사를 치렀다. 일은 끝났다. 광덕의 아내에게 말했다. "남편이 갔으니 함께 살아 어떠리." 광덕의 아내가 "좋다" 했다. 드디어 함께 머물렀다. 밤에 잘새, 뚫고자 했다. 지어미가 부끄러워하며 말했다. "스님은 정토를 일으려 하나 신에 올라 생년을 얻으려 함이로다."

엄장이 놀라 물었다.

"광덕이 이미 그대와 그랬거늘 난들 또한 어떠리."

지어미가 말했다.

"광덕은 나와 열 해 남짓 살았으나 일찍이 한 번도 한 자리에 베개하지 않았습니다. 궂은 곳을 건드리다니요. 밤마다 몸을 단정히 하고 앉아 나무아미타불을 부르거나 십육관(『관무량수경』의 십육관법)을 닦았습니다. 관(觀)이 이미 익어 밝은 달이 입에 들며 그 빛이 떠오르면 그 위에 가부좌하여 극진함이 이러하였습니다. 서방에 가고파

한들 어델 가리요. 무릇 천 리를 가는 이는 첫걸음에 알 수 있습니다. 이제 스님의 관(觀)은 동쪽은 몰라도 서방정토(西方淨土)는 갈 수 없습니다."
엄장은 부끄러워 얼굴을 붉히며 물러났다. 곧바로 원효가 계신 분황사에 갔다. 왕생비요(往生秘要)를 간곡히 물었다. 원효는 수관법(修觀法)을 지어 타일렀다. 이에 엄장은 몸을 깨끗이 하고 뉘우쳐 꾸짖고 오로지 관(觀)을 닦았다. 또한 서방에 감을 얻었다. 수관법은 『원효본전(元曉本傳)』과 『해동고승전(海東高僧傳)』에 전한다.
광덕의 아내는 곧 분황사의 사비(寺婢)였다. 대개 관음(觀音)의 제십구응신(第十九應身) 가운데 한 덕(德)이 있었다. 일찍이 다음과 같은 노래를 지었다.
_『삼국유사』 권5, 광덕엄장조

아아, 이 얼마나 절실한 그리움인가. 가슴 골골이 짜릿한 감동이 온다. 설령 어느 이름 모를 벌판에 끌려가 헤매일지라도 아아, 이 「가고파 노래」 두 손 모으고 되뇌면 가슴엔 옹달샘 물이 괼 것이다. 그리운 사람, 그리운 사람…… 그리움 한 줄 있기에 이 싸늘한 죽음의 계절을 나는 살아가는 것이다. 그리다가 그리다가, 결국은 나도 모르는 누구의 모습을 그리다가 이 몸의 불이 꺼지는 날 나는 그리움 젖은 마음 하나만 가지고 말없이 떠나가리라. 꼭 누군가를 사랑하고 싶다.

누비굿 노래
_월명사

생사 길은
예 있어 머뭇거리고
나는 간단 말도
못다 이르고 가버렸네
어느 가을 이른 바람에
여기저기 떨어질 잎이여
한 가지에 나고
가는 곳 모르다니
아아 서방정토에서 만날 우리
누이여 (먼저 가서) 도 닦으며 기다리거라.

祭亡妹歌
제 망 매 가

生死路隱 此矣有阿 米次朕伊遣
생사로은 차의유아 미차짐이견

吾隱去內如 辭叱都 毛如 云遣 去內尼叱古
오은거내여 사질도 모여 운견 거내니질고

於內 秋察 早隱 風未 此矣 彼矣 浮良落尸 葉如
어내 추찰 조은 풍미 차의 피의 부량락시 엽여

一等隱 枝良 出古 去奴隱處 毛冬乎丁
일등은 지량 출고 거노은처 모동호정

阿也 彌陀刹良 逢乎 吾 道修良 待是古如
아야 미타찰량 봉호 오 도수량 대시고여

_출전 『삼국유사』

◆ 주

· 제망매(祭亡妹) : 죽은 누이동생(누비)을 제 지내다(굿).
· 생사로은(生死路隱) : 생사 길은.
· 차의유아(此矣有阿) : 여기 있어, 예 있어.
· 미차짐이견(米次朕伊遣) : 머뭇거리고.
· 오은거내여(吾隱去內如) : 나는 가노이다, 나는 갑니다.
· 사질도(辭叱都) : 말도.
· 모여 운견(毛如 云遣) : 못다 이르고.
· 거내니질고(去內尼叱古) : 가나닛고.
· 어내 추찰(於內 秋察) : 어느 가을.
· 조은 풍미(早隱 風未) : 이른 바람에.
· 차의 피의(此矣 彼矣) : 여기저기.
· 부량락시 엽여(浮良落尸 葉如) : 떨어질 잎이여.
· 일등은 지량(一等隱 枝良) : 한 가지에, 같은 가지에.
· 출고(出古) : 나고.
· 거노은처(去奴隱處) : 가는 곳.
· 모동호정(毛冬乎丁) : 모르다니.
· 아야(阿也) : 감탄사, '아아'.
· 미타찰량(彌陀刹良) : 미타의 나라에, 서방정토에.
· 봉호 오(逢乎 吾) : 만날 우리. '봉호(逢乎)'를 김선기 박사는 '만난'으로 읽었고, 양주동 박사는 '만날'로 보았다. 물론 양주동 박사를 따라야 뜻이 통한다. 미래형이기 때문이다.
· 도수량(道修良) : 도를 닦아, 도를 닦으며.
· 대시고여(待是古如) : 기다리려무나.

◆ 해설

이 시의 작가인 월명사(月明師)는 신라 경덕왕 때 사람으로, 사천왕사의 고승(高僧)이다. 능준대사(能俊大師)의 문인(門人), 기파랑의 낭도로서 향가와 범패에 능했다. 특히 피리를 잘 불어서 달밤 대로에서 피리를 불면 가던 달도 그 바퀴를 멈추고 소리에 취했다고 한다. 그리하여 그 길을 월명리(月明里)라고 불렀다.

경덕왕 19년 4월 초, 해가 둘 나타나 사라지지 아니할새 월명사를 모셔다가 「도솔가(兜率家)」를 지어 부르게 하였더니 해가 사라졌다. 임금은 보답으로 차와 수정염주를 내렸다. 그런데 난데없이 동자가 나타나 차와 수정염주를 받잡고 궁전 내원(內院)의 탑 속으로 들어갔다. 차와 수정염주는 미륵보살 그림 앞에 놓여 있었다. 월명사는 이 밖에도 많은 기적을 행했는데, 미륵보살의 힘입음 덕분이었다.

누이동생이 죽자 월명사가 '누이제'를 지내며 이 노래를 지어 불렀다. 그때 문득 바람이 일더니 지전(紙錢, 망자의 저승 노잣돈으로 쓰는 가짜 종이돈)이 서쪽으로 날아갔다. 월명사가 '누이제'를 지낸 곳은 사천왕사다. 지금은 유적만 남았다. 그 유적지 위에는 여왕 선덕(善德)이 잠들어 있다.

기파랑 노래
_충담

열치매(문을 열자)
나타난 달이
흰 구름 쫓아 어디로 가는가
새파란 가람(강)에
님의 얼굴 비쳐 있네
빠른 내의 돌도
님의 지니심 같사온(님이 지니신)
마음의 끝을 쫓고져
아아 잣가지 높아
서리도 못 내릴 꽃사내시여(화랑이시여).

讚耆婆郞歌
찬 기 파 랑 가

咽嗚爾處米 露曉邪隱 月羅理
인 오 이 처 미 　 노 효 사 은 　 월 라 리

白雲音 逐于 浮去隱 安支下 沙是 八陵隱 汀理也中
백 운 음 　 축 우 　 부 거 은 　 안 지 하 　 사 시 　 팔 릉 은 　 정 리 야 중

耆郞矣 自史 是史藪邪 逸烏 川理叱 磧惡希
기 랑 의 　 자 사 　 시 사 수 야 　 일 오 　 천 리 질 　 적 악 희

郞也 持以支 如賜烏隱 心未 際叱肹 逐內良齊
낭 야 　 지 이 지 　 여 사 오 은 　 심 미 　 제 질 힐 　 축 내 량 제

阿耶 栢史叱 枝次 高支好 雪是 毛冬乃乎尸 花判也
아야 백사질 지차 고지호 설시 모동내호시 화판야

_출전 『삼국유사』

◆ 주
- 기파랑(耆婆郎) : 당시의 어떤 화랑의 이름. 월명사도 기파랑의 낭도였다.
- 인오이처미(咽鳴爾處米) : 열치매, (문 같은 것을) 확 열어젖히자.
- 노효사은(露曉邪隱) : 나타난.
- 월라리(月羅理) : 달이.
- 백운음(白雲音) : 흰 구름.
- 축우(逐于) : 좇아.
- 부거은 안지하(浮去隱 安支下) : 어디로 가는가.
- 사시 팔릉은(沙是 八陵隱) : 새파란.
- 정리야중(汀理也中) : 가람에, 냇물에.
- 기랑의 자사(耆郎矣 自史) : 기파랑의 모습이.
- 시사수야(是史藪邪) : 있다, 있더라.
- 일오 천리질(逸烏 川理叱) : 빠른 냇물의.
- 적악희(磧惡希) : 돌이. 뜻으로 보아 '돌도'라고 해야 시의 깊이가 더 한다.
- 낭야 지이지(郎耶 持以支) : 기파랑의 지니심.
- 여사오은(如賜烏隱) : 같사온, 같은.
- 심미(心未) : 마음의.
- 제질힐(際叱肹) : 끝을.
- 축내량제(逐內良齊) : 좇고자.
- 아야(阿耶) : 감탄사, '아아'.
- 백사질 지차(栢史叱 枝次) : 잣가지, 잣나무 가지.
- 고지호(高支好) : 높아.
- 설시 모동내호시(雪是 毛冬乃乎尸) : 눈조차 모르실. '설시(雪是)'는 뜻

으로 보아 '서리(霜)'로 해야 한결 짙은 맛이 난다. 양주동 박사는 '서리'라 풀었다.
· 화판야(花判也) : 화랑이시여, 꽃사내시여.

◆ 해설

향가로서 가장 대표적인 작품이다. 시의 첫머리가 창문을 '열어젖히매'로 되어 있다. 이는 앞의 많은 말이 생략되었음을 뜻한다. 시의 첫머리를 이런 식으로 대담하게 연 예는 아일랜드 시인 예이츠의 「비잔티움 여행(Sailing to Byzantium)」을 제외하고는 거의 없다.
문을 열어젖히자 갑자기 나타난 달이 흰 구름을 쫓아 어디론가 가고 있다(사실은 흰 구름이 가고 있는 것이다). 그래서 시인은 그 달에게 물었다. "어디를 그리 바삐 가고 있는가."
달이 대답했다. "저 멀리 새파란 강물 위에 기파랑의 얼굴이 비치고 있는데 그의 마음 끝간 데를 따라가고 있다. 기파랑의 마음은 얼마나 깊고 넓은지 저 강물도 그의 마음 끝간 데를 쫓아가고 있다. 나 또한 그의 마음 끝간 데를 쫓아가고 있는 것이다."
달에게 이 말을 들은 시인 충담(忠談)은 감격해하면서 이렇게 마무리하고 있다. "기파랑, 그의 높은 기상은 마치 저 겨울의 잣나무와도 같아서 감히 서리조차 내릴 수 없구나."
세계의 어느 나라 시들 속에 끼워넣어도 찬란히 빛날 작품이다. 이런 경지 높은 시를 가진 우리가 지금은 왜 이렇게 되었는가. 미국의 흉내나 내고 있으니…… 너나없이 돈! 돈! 돈에 미쳐 있으니…….
여기 예이츠의 시 「비잔티움 여행」의 첫머리를 옮겨온다. 한번 비교해보라.
"저것은 노인의 나라가 아니다(That is no country for old men)."
예이츠는 지금 물질과 정신이 가장 이상적으로 결합된 곳, 비잔티움으로 떠나면서 이 속세를 향해 외치고 있는 것이다. "저것은 지혜 있는 자(노인)가 살 곳이 아니다"라고.

눈 밝은 노래
_희명

무릎을 고치와
두 손 모으고 다가가며
즈믄 손 관음보살께
빌어 사뢰옵니다
즈믄 손 즈믄 눈(千手千眼)을
그 가운데 하나를 더소서
두 눈이 먼 내라
하나쯤 주셔도 지나오리
아서라, 나에게 끼쳐 줄 것을
어디 쓰올 자비심인고.

禱千手觀音歌
도 천 수 관 음 가

膝肹 古召彌 二尸 掌音 毛乎 支內良
슬힐 고소미 이시 장음 모호 지내량

千手觀音叱 前良中 祈以支 白屋尸 置內乎多
천수관음질 전량중 기이지 백옥시 치내호다

千隱手 □叱 千隱目肹 一等 下叱於 一等肹 除惡支
천은수 질 천은목힐 일등 하질어 일등힐 제악지

二于 萬隱 吾羅 一等沙隱 賜以古 只內乎叱等邪
이우 만은 오라 일등사은 사이고 지내호질등야

阿邪也 吾良 遺知支 賜尸等焉 於冬矣 用屋尸 慈悲也 根古
아사야 오량 유지지 사시등언 어동의 용옥시 자비야 근고

_출전 『삼국유사』

◆ 주
- 슬힐(膝肹) : 무릎을.
- 고소미(古召彌) : 고치며, 고치와.
- 이시 장음(二尸 掌音) : 두 손.
- 모호 지내량(毛乎 支內良) : 모두고 다가가라. '다가가라'는 '다가가며'로 해야 뜻이 살아온다. 가슴 설렘이 깊어진다.
- 천수관음질 전량중(千手觀音叱 前良中) : 천수관음 앞에.
- 기이지(祈以支) : 빌다, 빌어.
- 백옥시 치내호다(白屋尸 置內乎多) : 사뢰두옵니다.
- 천은수 □질 천은목힐(千隱手 □叱 千隱目肹) : 즈믄 손 즈믄 눈을. '즈믄'은 천(千)의 옛말.
- 일등 하질어(一等 下叱於) : 같은 것에. '일등(一等)'은 '하나'라는 뜻으로, '같은'이라는 말이 들어 있어 신라 노래 25수 가운데 글로서 가장 높고 애절함을 주고 있다.
- 일등힐(一等肹) : 하나를, 같은 것을.
- 제악지(除惡支) : 덜어주소서, 더소서.
- 이우 만은 오라(二于 萬隱 吾羅) : 둘 먼(두 눈이 먼) 우리.
- 일등사은(一等沙隱) : 하나쯤.
- 사이고(賜以古) : 주이소. '주이소'는 경상도 사투리로 '주십시오'에 해당한다.
- 지내호질등야(只內乎叱等邪) : 지내겠더라, 지낼 만하겠더라, 지낼 만하지 않습니까.
- 아사야(阿邪也) : 아서라, 아아.
- 오량 유지지 사시등언(吾良 遺知支 賜尸等焉) : 내게 베풀어줄 것을.
- 어동의(於冬矣) : 어데, 어디다가.

· 용옥시(用屋尸) : 쓰올, 쓸(用).
· 자비야 근고(慈悲也 根古) : 자비란 말인고, 자비심인고.

◆ 해설

『삼국유사』 권3 「분황사 천수대비 맹아득안(盲兒得眼)」이라는 제목 아래 다음과 같은 기록이 있다.

"경덕왕 때였다. 한기리 사는 계집 희명(希明)이 있었다. 태어나서 다섯 살인데 갑자기 눈이 멀었다. 하루는 그 어미가 아이를 안고 분황사 좌전(左殿) 북벽(北壁)에 걸려 있는 천수대비관음상 앞에 나아갔다. 아이에게 노래를 지어 부르게 했더니 마침내 눈이 다시 밝았다."

이 노래는 또 애끓는 슬픔과 눈시울 뜨거운 기쁨이 섞인 노래다. 두 눈이 먼 아이를 안고 즈믄 눈(천 개의 눈)을 가진 관음보살께 하나만 달라 청하는 간절함이 여기 있다.

愛

17. 에로틱 선시 · 눈먼 미인 가마 타고

임종게
_잇큐 소준

십 년 동안 꽃 아래서 부부 언약 잘 지켰으니
한 가닥 풍류는 무한한 정취네
그대 무릎 베고 누워 이 세상을 하직하나니
깊은 밤 운우 속에서 삼생을 기약하네.

辭世詩
사 세 시

十年花下理芳盟 一段風流無限情 惜別枕頭兒女膝 夜深雲雨約三生
십 년 화 하 리 방 맹 일 단 풍 류 무 한 정 석 별 침 두 아 여 슬 야 심 운 우 약 삼 생

_출전 『광운집』

◆ 주
· 리(理) : 여기서는 '언약을 잘 지키다' 또는 어떤 일을 '끊임없이 복습하다'.
· 방맹(芳盟) : 부부 사이의 언약.
· 운우(雲雨) : 남녀 사이의 정사(情事).
· 삼생(三生) : 전생·현생·내세(후생).

◆ 해설
지금까지 우리는 중국·한국·일본의 선승들이 남긴 수많은 선시를 감상했다. 다들 너무 청정하고 아름다웠다. 그러나 왠지 허전한 느

낌이 남는 것은 이성(異性)에 대한 애증(愛憎)의 정서가 결여되었기 때문이다. 여기 잇큐(一休)의 시에 와서 우리는 비로소 선시의 그 허전한 구석을 마음껏 채울 수 있게 되었다.

첫날밤
_잇큐 소준

화촉동방 깊은 곳, 샘솟는 시정이여
노랫소리 춤사위에 술자리는 무르익네
운우의 베개맡에 그 무한한 의미여
우리 한 쌍 원앙이 되어 남은 생을 보내리.

夢閨記三
몽규기삼

洞房深處幾詩情 歌吹花前芳宴淸 雲雨枕頭江海意 鴛鴦水宿送殘生
동 방 심 처 기 시 정 가 취 화 전 방 연 청 운 우 침 두 강 해 의 원 앙 수 숙 송 잔 생
_출전 『광운집』

◆ 수
· 동방(洞房) : 화촉동방. 신랑신부가 첫날밤을 지내는 신혼방.
· 원앙(鴛鴦) : 원앙새. 부부 금슬이 좋기로 이름이 높다.

◆ 해설
첫날밤, 젊은 남녀의 정사 장면을 당당하게 읊고 있다.
거기에는 귀천이 없다.
거기에는 삶도 없고 죽음도 없다.
거기에는 더러움도 없고 깨끗함도 없다.
거기에는 시간도 없고 공간도 없다.

거기에는 성자도 없고 속인도 없다.
아아, 남녀가 한 몸이 되는 이 감각의 절정 속에는……. (호색한!)

원앙의 꿈
_잇큐 소준

어느 때는 이 세상이요 어느 때는 산이니
세상 밖의 도인에게 명리는 쓸데없네
밤마다 선탑을 이불 삼아 원앙의 꿈 꾸나니
풍류와 밀어로 내 생애는 넉넉하네.

夢閨夜話
몽규야화

有時江海有時山 世外道人名利間 夜夜鴛鴦禪榻被 風流私語一身閑
유시강해유시산 세외도인명리간 야야원앙선탑피 풍류사어일신한

_출전 『광운집』

◆ 주
· 강해(江海) : 강과 바다, 이 세상.
· 선탑(禪榻) : 좌선할 때 앉는 의자.

◆ 해설
잇큐 소준, 부처의 깨달음마저, 선(禪)의 경지마저 넘어가버린 사람.
잇큐, 이 영원한 반항아, '미친 구름(狂雲)'.
그가 있었기에 오늘 내가 한 잔의 물을 마음놓고 마실 수 있나니.
그대들이여, 감사하라. 이 '미친 구름'에게 감사하라.

오늘 밤 미인이
_잇큐 소준

노파심에서 도적에게 사다리를 건네주고
청정한 사문에게 젊은 여자 주었네
오늘 밤 미인이 내 품에 안긴다면
말라 죽은 고목나무에 새싹이 나리.

婆子燒庵
파 자 소 암

老婆心爲賊過梯　淸淨沙門與女妻　今夜美人若約我　枯楊春老更生稊
노 파 심 위 적 과 제　청 정 사 문 여 여 처　금 야 미 인 약 약 아　고 양 춘 로 갱 생 제

_출전 『광운집』

◆ 주
· 제(梯) : 사다리.
· 고양(枯楊) : 말라 죽은 버드나무.
· 제(稊) : 새싹.

◆ 해설
'파자소암(婆子燒庵)'이라는 공안의 경지를 읊은 시다.
어느 '노파(婆子)'가 암자를 지어놓고 젊은 선승을 머물게 했다. 자신의 딸을 시켜 아침저녁으로 밥을 날라다 주었다. 한 20년쯤 지난 어느 날 노파가 딸에게 말했다.

"얘야, 오늘은 가서 그 스님을 꼭 안아봐라."
딸은 어머니가 시키는 대로 스님을 꼭 안았다. 그러고는 물었다. "지금 기분이 어떠신지요?"
스님이 대답했다. "차디찬 바위에 마른 고목나무가 기댄 기분입니다."
돌아온 딸에게 노파가 물었다. "그 스님이 뭐라 하던?"
딸이 대답했다. "차디찬 바위에 고목이 닿은 기분이래요."
노파가 말했다. "이런 사기꾼 같은 놈, 내가 20년 동안 공밥을 줬구나." 그 길로 가서 노파는 암자를 '불질러버렸다(燒庵)'.

음방에서
_잇큐 소준

미인과의 정사 속에 애액(愛液)이 넘치나니
누자노선이 누 위에서 신음하네
그대 안고 빨고 핥는 이 흥취여
확탕지옥인들 어떠리, 무간지옥인들 어떠리.

題婬坊
제 음 방

美人雲雨愛河深 樓子老禪樓上吟 我有抱持嘨吻興 竟無火聚捨身心
미인운우애하심 누자노선루상음 아유포지잡문흥 경무화취사신심

_출전 『광운집』

◆ 주
· 애하(愛河) : 발기된 여성의 음부에서 흐르는 분비물.
· 누자노선(樓子老禪) : 사창가(靑樓)에서 노는 늙은 선승.
· 잡문(嘨吻) : 빨고 핥다, 애무하다.
· 무(無) : 무심하게.
· 화취(火聚) : 확탕지옥(鑊湯地獄). 끓는 솥에 삶기는 고통을 받는 지옥.

◆ 해설
아, 아, 이보다 더 위대한 경전이 어디 있으리. 이보다 더 당당한 말씀이 어디 있으리. (미친놈!)

단지 음탕한 구절이라고 비난하지 마라. '염화미소'의 소식보다 더 깊은 소식이 여기 있나니! 잇큐, 그가 아니면 누가 감히 이런 구절을 쓸 수 있단 말인가.

미인의 음수를 빨며
_잇큐 소준

은밀하게 고백하며 속삭이나니
풍류의 신음 소리 파하고 삼생을 언약하네
이 몸 산 채로 짐승 길에 떨어졌으니
위산의 뿔난 소보다 그 정취가 더하네.

吸美人婬水
흡 미 인 음 수

密啓自慙私語盟 風流吟罷約三生 生身墮在畜生道 絶勝潙山載角情
밀 계 자 참 사 어 맹　풍 류 음 파 약 삼 생　생 신 타 재 축 생 도　절 승 위 산 재 각 정

_출전 『광운집』

◆ 주
· 참(慙) : 부끄러워하다, 부끄럽다.
· 위산재각정(潙山載角情) : '위산수고우(潙山水牯牛)' 공안.

◆ 해설
　선사 위산(潙山)은 '죽어서 무엇으로 다시 태어나려 하는가' 묻는 말에 이렇게 대답했다. "음, 내 죽어서 저 아랫마을의 뿔난 소로 태어나리라."
　그러나 잇큐는 한술 더 뜨고 있다. 죽어서 짐승으로 태어날 것이 아니라 지금 당장 인간의 몸으로 짐승의 짓을 한다는 것이다. 그렇기

에 잇큐는 지금 여자의 질에서 흐르는 분비물(애액)을 감로수인 양 빨아먹고 있지 않은가. 미치려면 적어도 이 정도는 돼야 한다.

파계
_잇큐 소준

엉터리 시를 지어 읊어대나니
선비의 풍류를 흉내 내는 파계승이네
십 년 동안 시를 읊으며 풀집에 있나니
깊은 밤 사위는 등불 마주하였네.

破戒三
파 계 삼
惡詩題取記吾會 儒雅風流破戒僧 吟斷十年樵屋底 山林暗夜對殘燈
악 시 제 취 기 오 회 유 아 풍 류 파 계 승 음 단 십 년 초 옥 저 산 림 암 야 대 잔 등

_출전『광운집』

◆ 주
· 제취(題取) : 제목을 내고 시를 짓다.
· 음단(吟斷) : '음(吟)'은 시를 읊다. '단(斷)'은 오직, 오로지 정도의 뜻이다.
· 초옥저(樵屋底) : 나무꾼의 집. '저(底)'는 관계대명사.
· 잔등(殘燈) : 꺼지려고 하는 등불, 사위어가는 등불.

◆ 해설
잇큐, 선방과 술집 그리고 음방(사창굴)을 제집처럼 드나들던 미치광이…… 그러나 그의 내면은 너무나도 쓸쓸하다. 그래서 그는 지금

사위어가는 등불을 마주하고 앉아 있는 것이다. 유일한 자위수단으로 시를 읊으며…….

어부
_잇큐 소준

도를 닦고 참선하다가 본래 마음 잃었으니
어부의 노래 한 가락이 천금보다 귀중하네
강에는 저문 비요 구름 속에 달이니
무한풍류여, 밤마다 밤마다 신음 소리네.

漁父
어부

學道參禪失本心 漁歌一曲價千金 浙江暮雨楚雲月 無限風流夜夜吟
학도참선실본심 어가일곡가천금 절강모우초운월 무한풍류야야음

_출전 『광운집』

◆ 주
· 학도(學道) : 도를 배우다, 도를 닦다.

◆ 해설
참선이니 도(道)니 지껄이며 다니는 것은 그 순수한 본성을 점점 더 더럽히는 짓이다. 그보다는 차라리 저 어부의 노래 한 가락이 더 순수하지 않은가. 진정한 깨달음은 울고 웃는 인간의 이 고뇌 속에 있나니, 정사 도중의 그 신음 소리마저 풍류가 될 때 우리의 고뇌는 그대로 한 송이 미소가 되리…….

3구의 절강모우(浙江暮雨, 절강성의 저녁 비)와 초운월(楚雲月, 초나라의

구름 달)은 '운우(雲雨)'라는 말을 멋스럽게 쓴 것이다. '운우'란 무엇인가. 남녀의 정사를 말한다. '밤마다 부둥켜안고 신음 소리를 내는 무한한 풍류'라는 것이다.

임종의 시
_잇큐 소준

이 천지간에
누가 내 선을 알리
허당이 온다 해도
반푼어치의 값어치도 없네.

遺偈
유 게

須彌南畔 誰會我禪 虛堂來也 不値半錢
수미남반 수회아선 허당래야 불치반전

_출전 『광운집』

◆ 주
- 수미남반(須彌南畔) : 수미산의 남쪽, 즉 우리가 사는 이 지구.
- 허당(虛堂) : 중국 송나라 때의 선승인 허당 지우(虛堂智愚, 1185~1269). 잇큐는 허당의 법맥을 이은 7세후손(七世後孫)이다.
- 불치(不値) : 값어치가 없다.

◆ 해설

잇큐의 가풍은 전무후무하다. 여인의 음부에서 수선화 향기를 맡으며, 그 음액(淫液)을 감로수로 빨아먹는 이 짐승의 행위…… 도대체 이런 가풍이 어디 있단 말인가.

그러나 잇큐는 단순한 치한(癡漢)이 아니다. 짐승의 행위, 그 속에서 시퍼렇게 불타고 있는 잇큐의 안목(眼目)을 보라. 유례가 없는 임종의 시다.

진짜 스승
_잇큐 소준

입으로는 진리를 지껄여대는 이 속임수여
권력자 앞에서는 연신 굽실거리네
이 막된 세상에서 진짜 스승은
금란가사를 입고 앉아 있는 음방의 미인들이네.

婬坊頌以辱得法知識
음방송이욕득법지식

舌頭古則長欺謾　日用折腰空對官　榮銜世上善知識　婬坊兒女着金襴
설두고칙장기만　일용절요공대관　영현세상선지식　음방아녀착금란

_출전 『광운집』

◆ 주
· 고칙(古則) : 옛 선승들의 문답, 즉 '선의 공안'.
· 선지식(善知識) : 훌륭한 스승.
· 금란(金襴) : 금란가사, 고승대덕이 입는 옷.

◆ 해설
근엄한 성직자의 옷을 입고 마음속으로는 온갖 사악한 짓을 도모하는 것보다는 차라리 솔직한 저 창녀들이 더 위대하다. 배울 것이 있다면 그녀들에게서 배워야 한다. 성직자의 탈을 쓴 이 위선자들에게는 이제 더 이상 배울 게 없다.

복사꽃 그림을 보며
_잇큐 소준

보는 곳마다 풍류요 깨달음이니
복사꽃 한 송이가 천금보다 귀하네
봄기운에 취하는 서왕모의 얼굴이여
난 그녀와 울고 웃는 오늘 밤을 언약하네.

見桃花圖
견 도 화 도

見處風流悟道心 桃花一朶價千金 瑤池王母春風面 我約愁人雲雨吟
견 처 풍 류 오 도 심 도 화 일 타 가 천 금 요 지 왕 모 춘 풍 면 아 약 수 인 운 우 음

_출전 『광운집』

◆ 주
· 요지(瑤池) : 주(周)나라의 목왕(穆王)이 서왕모를 만났다는 신선경. 곤륜산에 있다고 한다.
· 수인(愁人) : 시인.
· 음(吟) : 정사 도중의 신음 소리.

◆ 해설
복사꽃을 보고 영운(靈雲)은 깨달음을 얻었다. 그러나 복사꽃을 보고 잇큐는 '운우의 정(雲雨之情)'을 깨달았다. 영운과 잇큐, 과연 누구의 경지가 더 높은가. 두말할 것도 없이 잇큐의 경지가 더 높다.

잇큐는 지금 생명의 바다에 접근하고 있기 때문이다. 깨달음은 이 생명의 바다에 이는 한 조각의 물결에 불과하기 때문이다.

음수
_잇큐 소준

꿈에 취한 꽃동산의 눈먼 미인이여
베개 위의 매화꽃, 갓 터지는 수줍음이여
입 안 가득 맑은 향은 그대의 애액이니
황혼과 달빛 속에 번져가는 신음 소리.

淫水
음수

夢迷上苑美人森　枕上梅花花信心　滿口淸香淸淺水　黃昏月色奈新吟
몽미상원미인삼　침상매화화신심　만구청향청천수　황혼월색나신음

_출전 『광운집』

◆ 주
· 음수(淫水) : 여자의 성기에서 흘러나오는 분비물.
· 상원(上苑) : 아름다운 천자(天子)의 정원.
· 삼(森) : 맹인 여성인 삼시자(森侍者).
· 화신(花信) : 꽃 피는 소식. 화신심(花信心)은 '꽃 피는 소식 같은 미인의 마음'을 뜻한다.
· 나(奈) : 어찌, 어떻게.
· 신음(新吟) : 정사 도중 절정에 오를 때마다 나는 새로운 신음 소리.

◆ 해설

잇큐의 연인은 '눈먼 소녀'였다. 그녀의 음수(淫水)를 빨며 그 속에서 향기를 맡는 잇큐를 상상해보라. 두 눈을 부릅뜨고 앉은 달마대사조차 이 앞에 와서는 고개를 숙일 것이다. 정말 대단하다(대단하긴 뭐가 대단해!).

봄나들이
_잇큐 소준

눈먼 미인 가마 타고 봄나들이 하나니
울적한 그 가슴이 봄기운에 무르녹네
앞 못 보는 장님이라 얕보지 마라
이 광경이야말로 아주 멋진 풍류 한판 아니리.

森公乘輿
삼공승여

鸞輿盲女屢春遊　鬱鬱胸襟好慰愁　遮莫衆生之輕賤　愛見森也美風流
난여맹녀루춘유　울울흉금호위수　차막중생지경천　애견삼야미풍류

_출전 『광운집』

◆ 주
- 난여(鸞輿) : 화려한 가마, 수레.
- 루(屢) : 자주.
- 차(遮) : '저(這)'와 뜻이 같다. 이것, 이 사람.
- 삼(森) : 눈먼 여자 삼시자(森侍者), 삼공(森公).

◆ 해설
잇큐의 연인인 삼공(森公), 눈먼 그녀가 지금 꽃가마를 타고 봄나들이 가고 있다. 자, 이 장면을 한번 상상해보라. 너무나 멋진 한판의 풍류가 아니겠는가.

그러나 잇큐의 가슴 한구석에는 앞 못 보는 그녀에 대한 연민이 남아 있음을 우리는 알 수 있다. 3구를 통해서…… 그렇다. 잇큐에겐 아직 슬픔이 남아 있다. 우리의 마지막 희망이 남아 있다.

수선화 향기
_잇큐 소준

신비로운 저 비너스의 언덕을 오르나니
밤 깊은 옥 침상에 꿈마저 아득하네
꽃망울이 터지려는 한 줄기 매화나무 아래
수선화 가녀린 허리를 안네.

美人陰有水仙花香
미인음유수선화향

楚臺應望更應攀　半夜玉床愁夢間　花綻一莖梅樹下　凌波仙子遶腰間
초대응망갱응반　반야옥상수몽간　화탄일경매수하　능파선자요요간
_출전 『광운집』

◆ 주
· 초대(楚臺) : 초나라의 정자. 여기서는 '여자의 알몸'.
· 반(攀) : 올라가다.
· 수몽(愁夢) : 근심 어린 꿈.
· 탄(綻) : 꽃이 피다.
· 능파선자(凌波仙子) : 수선화.
· 요(遶) : 두르다, 감다.
· 요간(腰間) : 허리의 둘레.

◆ 해설

여기 '화탄일경(花綻一莖)'은 '발기된 남근'을 뜻한다. 그리고 '능파선자(凌波仙子, 수선화)'는 '여성' 또는 '막 벌어지려는 여성의 자궁'을 뜻한다.

세세생생 언약, 하나
_잇큐 소준

밤마다 밤마다 눈먼 미인은 몸을 틀며 신음하나니
이불 속의 원앙 한 쌍은 밀어마저 새롭네
세 번째 격전 끝에 날이 새나니
이곳은 영원한 봄, 불멸의 낙원이네.

約彌勒下生一
약 미 륵 하 생 일

盲森夜夜伴吟身 被底鴛鴦私語新 新約慈尊三會曉 本居古佛萬般春
맹 삼 야 야 반 음 신 피 저 원 앙 사 어 신 신 약 자 존 삼 회 효 본 거 고 불 만 반 춘
_출전 『광운집』

◆ 주
- 맹삼(盲森) : 눈먼 여자 삼시자.
- 피(被) : 이불.
- 신약자존(新約慈尊) : '새로 발기된 성기' 정도의 뜻이다.
- 만반(萬般) : 오만 가지, 갖가지 종류.

◆ 해설
남녀가 '만남' 그 자체를 위해 만나는 그 정사의 극치…… 그것은 순수한 깨달음과 상통한다.
묘적청정구 시보살위(妙適淸淨句 是菩薩位)_『이취경(理趣經)』

세세생생 언약, 둘
_잇큐 소준

잎 지고 겨울 지나 봄은 다시 오나니
저 들엔 옛 언약대로 온갖 꽃 피어나네
눈먼 미인이여, 이 늙은이의 은혜 저버린다면
세세생생 그대 짐승의 몸 받으리.

約彌勒下生二
약미륵하생이

木凋葉落更回春　長緣生花舊約新　森也深恩若忘却　無量億劫畜生身
목조엽락갱회춘　장연생화구약신　삼야심은약망각　무량억겁축생신
_출전 『광운집』

◆ 주
· 축생신(畜生身) : 짐승의 몸.

◆ 해설
잇큐는 지금 자신의 연인인 '눈먼 소녀 삼공'을 보고 세세생생 서로 만나서 '운우의 정(雲雨之情)'을 나누자고 약속하고 있다. 만일 이 약속을 어겼다가는 짐승의 몸을 받을 거라고 엄포를 놓는다. 잇큐는 지금 '생사해탈(生死解脫)'이 아니라 '생사윤회(生死輪廻)'를 언약하고 있다. 정말 소름 끼치는 사내다.

눈먼 미인 삼시자에게
_잇큐 소준

하는 일 없이 그저 무위도식만 하고 있으니
염라대왕께 줄 밥값이 아직 충분치 않네
눈먼 미인 고운 노랫소리에 미소 짓고 있나니
황천길 눈물비가 쓸쓸히 오네.

盲女森侍者云云
맹 녀 삼 시 자 운 운

百丈鋤頭信施消 飯錢閻老不曾饒 盲女艶歌笑樓子 黃泉淚雨滴蕭蕭
백장조두신시소 반전염로부증요 맹녀염가소루자 황천루우적소소

_출전 『광운집』

◆ 주
- 백장(百丈) : 중국의 백장선사. '하루 일을 하지 않으면 그날은 굶는다(一日不作 一日不食)'는 생활규칙(淸規)을 만든 선승으로 유명하다.
- 조두(鋤頭) : 호미.
- 신시(信施) : 신자들의 시주금.
- 반전(飯錢) : 밥값.
- 염로(閻老) : 염라대왕.
- 부증요(不曾饒) : 아직 충분치 않다.
- 루자(樓子) : 사창가(靑樓)에서 노는 남자, 즉 잇큐 자신.

◆ 해설

'눈먼 소녀 삼시자'는 잇큐를 너무나 사모한 나머지 목숨을 끊으려고 절식(絶食)에 들어갔다. 그 소식을 들은 잇큐는 이 시를 지어 그녀에게 주며 위로했다.

3구는 그녀의 절식을 고운 노랫소리로 본 것이요, 4구는 그녀에게 향하는 잇큐의 슬픔이다. 퍼내도 퍼내도 그 밑바닥이 보이지 않는 연민의 마음이다.

지금 내가 저 떠가는 구름을 볼 수 있는 것은, 저 구름이 되어 정처 없이 흐를 수 있는 것은 잇큐가 있기 때문이다. 잇큐의 슬픔이 남아 있기 때문이다.

覺

18. 깨우침 · 깨달음의 노래

깨달음의 노래(證道歌)

_영가 현각 | 출전 『연등회요』 권30

하나

그대여 보지 못했는가
더 이상 배울 게 없어 무위로운 사람은
번뇌를 거부하지도, 불멸을 갈구하지도 않나니
번뇌는 불성이요
덧없는 이 육신은 이대로 불멸의 몸인 것을.

君不見 絶學無爲閑道人 不除妄想不求眞 無明實性卽佛性
군불견 절학무위한도인 부제망상불구진 무명실성즉불성
幻化空身卽法身
환화공신즉법신

◆ 주
· 절학(絶學) : 더 이상 배울 것이 없다.
· 무위(無爲) : 유위(有爲)의 반대. 조작이 없는 것.
· 무명실성(無明實性) : 우리의 '본래 마음(佛性)'을 가려 어둡게 하는 번뇌.
· 환화공신(幻化空身) : 육신은 4원소(흙, 물, 불, 바람)의 집합이다. 그러므로 일정한 기간을 지나 4원소가 분산되면 육신도 무너진다. 이를 '실체가 없는(幻化)' '빈 몸(空身)'이라 한다.
· 법신(法身) : 환화공신의 상대어. 이 현상을 생성, 변화시키는 법칙의

인격화.

◆ 해설

깨달음과 번뇌는 같다. 같은 에너지의 액체적인 면(번뇌)과 기체적인 면(깨달음)이다. 영원과 순간은, 물질과 정신은 같다. 같은 것의 안과 밖이다. 그러므로 물질을 버리고 정신을, 순간을 버리고 영원을 찾지 마라.

둘

영원불멸, 이것 외에는 아무것도 없는지라
이 모습 이대로가 본래 천진부처네
생멸 변화의 그 뜬구름만 속절없이 오감이여
번뇌의 물거품만이 저 바다에서 일었다 사라지네.

法身覺了無一物 本源自性天眞佛 五陰浮雲空去來 三毒水泡虛出沒
법신각료무일물 본원자성천진불 오음부운공거래 삼독수포허출몰

◆ 주
· 무일물(無一物) : 현상계에 있는 낱낱의 사물. 그 천차만별은 다름 아닌 법신(法身)의 파동이다. 법신을 제외하고는 어떤 개체도 존재할 수 없다.
· 본원자성(本源自性) : 본래부터 가지고 있는 마음의 순수성.
· 오음(五陰) : 오온(五蘊). 무릇 생멸 변화하는 것을 종류대로 모아 다섯 갈래로 나눈 것. ① 색음(色陰) : 스스로 변하고 또 다른 것을 장

애하는 물체. ② 수음(受陰) : 고락(苦樂), 무기(無記, 不苦不樂)를 느끼는 마음의 작용. ③ 상음(想陰) : 외계의 사물을 마음속에 받아들여 그것을 비교, 추리, 상상하는 마음의 작용. ④ 행음(行陰) : 이러한 마음의 작용이 끊임없이 이동하는 것. 시간성. ⑤ 식음(識陰) : 앞의 수(受)·상(想)·행(行)을 있게 하는 주체, 즉 의식.
· 삼독(三毒) : 인간의 마음에 괴어 있는 독소 가운데 가장 강렬한 세 요소. 이것이 모든 번뇌의 시발점이 된다. ① 탐욕(貪欲) : 소유의 욕망. ② 진에(瞋恚) : 성냄. 이는 뜻과 같지 않음에서 오는 반발 작용이다. ③ 우치(愚癡) : 지적으로 혼란한 상태 또는 지나친 자만심이나 자기도취.

◆ 해설
이 누리 전체가 그대로 저 영원한 것의 나타남이다. 여기 영원한 바다에 번뇌의 물거품만이 일었다 사라지고 있다.

셋

실상을 깨달으니 사람도 없고 사물도 없음이여
저 무간지옥의 업이 순식간에 사라지네
나 그대를 속이는 이 말이라면
이 혓바닥을 뽑아서 밭을 갈리라.

證實相無人法 刹那滅却阿鼻業 若將妄語誑衆生 自招拔舌塵沙劫
증실상무인법　찰나멸각아비업　약장망어광중생　자초발설진사겁

◆ 주
· 실상(實相) : 이 세상에 존재하는 모든 것의 실상.
· 인법(人法) : '인(人)'은 주관, 즉 개체. '법(法)'은 객관의 사물 일체.
· 찰나(刹那) : 시간의 단위. 75분의 1초.
· 아비업(阿鼻業) : '아비(阿鼻)'는 아비지옥(阿鼻地獄)의 준말. '업(業)'은 행위하다, 짓하다. 아비지옥은 그 고통이 쉴 새 없다고 하여 '무간(無間)'이라 의역한다. '무간지옥(無間地獄)에 갈 짓을 하다'라는 뜻이다.
· 중생(衆生) : 모든 생명체.
· 발설(拔舌) : 발설지옥(拔舌地獄)의 준말. 거짓말을 한 사람이 간다는 지옥으로, 그 갚음으로 혀를 뽑아 밭을 간다는 표현이 있다.
· 진사겁(塵沙劫) : '진사(塵沙)'가 '겁(劫)'을 수식한다. '겁'이란 헤아릴 수 없이 긴 시간을 말한다. 이에 대해 여러 설과 비유가 있으나 여기서는 생략한다. 13억 4,400만 년을 1겁(一劫)으로 보기도 한다. 진사겁은 '이 세상의 모든 먼지나 모래알의 수와 같이 많은 겁'을 의미한다.

◆ 해설
주관(人)과 객관(法)이 없는 경지에 이르면, 이제 우리는 그 기나긴 꿈에서 깨어나게 된다.

넷

무지의 잠에서 깨어 보니
원래부터 모든 것은 나에게 있었네

꿈속에선 지옥도 있고 고통도 있었으나
꿈 깨고 보니 한 구슬 빛뿐이네.

頓覺了如來禪 六度萬行體中圓 夢裡明明有六趣 覺後空空無大千
돈각료여래선　육도만행체중원　몽리명명유육취　각후공공무대천

◆ 주
· 여래선(如來禪) : 부처의 선(禪).
· 육도만행(六度萬行) : '육도(六度)'는 육바라밀(六波羅蜜), 궁극에 이르는 여섯 길을 뜻한다. ① 보시(布施) : 주는 것. 물건을 남에게 주는 것을 재시(財施), 지적으로 계발시켜주는 것을 법시(法施)라 한다. ② 지계(持戒) : 사고와 행동을 어떤 절제 아래 두어 그 흩어짐을 막는 것. ③ 인욕(忍辱) : 모욕이나 괴로움을 참고 견딤. ④ 정진(精進) : 섬세하고 치밀한 추진력과 끈기. ⑤ 선정(禪定) : 정진으로 인해 얻어지는 마음의 집중, 그로 인한 평정 상태. ⑥ 지혜(智慧) : 선정의 결과로 얻어지는 직관지(直觀智). 이 여섯 가지가 모든 행동의 근원이 된다 하여 '육도만행'이라 한다.
· 체(體) : '계(界)', '성(性)'이라 옮긴다. 만물을 생성케 하고 파괴하면서 불면하는 본체. 차별 현상의 근본.
· 육취(六趣) : 생명 있는 것들이 각자의 '행위(業)'에 따라 윤회(회전)한다는 여섯 갈래의 세계. 지옥, 아귀, 축생, 인간, 아수라, 천상.
· 대천(大千) : '삼천대천세계(三千大千世界)'의 준말. 이 우주 전체.

◆ 해설
꿈속에서는 선과 악이 분명했으나 꿈을 깨고 나니 선도 없고 악도 없음이여.

다섯

죄도 복도 없고 손해와 이익도 없음이여
이 적멸성 가운데서 묻거나 찾지 말라
요사이는 마음거울을 갈고 닦지 않았으니
오늘에야 비로소 산산조각 내버리네.

無罪福無損益 寂滅性中莫問覓 比來塵鏡未曾磨 今日分明須剖析
무죄복무손익　적멸성중막문멱　비래진경미증마　금일분명수부석

◆ 주
· 비래(比來) : 요사이, 근래.
· 부석(剖析) : 두 동강 내다.

◆ 해설
　모든 것은 이 본성(적멸성) 속에 있다. 그러므로 본성의 입장에서 본다면 '마음 닦는 것', 이 자체마저 부질없는 짓이다. 거기 닦아야 할 마음마저 없기 때문이다. 그러나 이는 너무 어려운 경지다. 잘못하다간 허무주의에 떨어질 위험이 있다.

여섯

누가 생각도 없고 태어남도 없다 하느냐
태어남도 없고 태어나지 않음마저 없는 것을
나무로 만든 저 사람(로봇)에게 한번 물어보라

자선한 대가로 성불을 바라는 그 짓이 과연 옳은가를.

誰無念誰無生 若實無生無不生 喚取機關木人問 求佛施功早晚成
수무념수무생　약실무생무불생　환취기관목인문　구불시공조만성

◆ 주
· 환취~문(喚取~問) : ~을 불러서 물어보라.
· 기관목인(機關木人) : 나무로 만든 사람, 로봇.
· 구불시공(求佛施功) : 자선한 대가로 성불을 원하는 것.
· 조만(早晩) : 조만간, 머지않은 장래에.

◆ 해설
 부처인 그대가 부처를 찾아 헤매다니…… 그대의 본질은 부처다. 그러니 밖에서 찾지 마라. 열쇠는 그대 안에 있다.

일곱

그 어디에도 집착하지 말고
본성의 흐름대로 살아가라
모든 것 덧없고 부질없나니
'부질없는 이것'이야말로 저 불멸이네.

放四大莫把捉 寂滅性中隨飮啄 諸行無常一切空 卽是如來大圓覺
방사대막파착　적멸성중수음탁　제행무상일체공　즉시여래대원각

◆ 주
· 사대(四大) : 우주와 육체를 구성하고 있는 네 가지 원소. 흙, 물, 불, 바람.
· 제행무상(諸行無常) : 존재의 시간적인 고찰. 모든 존재(諸)는 시간적으로 볼 때 끊임없이 이동하기 때문에(行) 고정 불변한 것은 하나도 없다(無常).
· 여래(如來) : 부처의 다른 이름.

◆ 해설
모든 것은 끊임없이 변한다. 사랑도 젊음도 속절없이 흘러간다. 그러나 '속절없음'이 그대로 저 영원불멸인 것을…… 그러므로 벗이여, 삶은 삶에게 맡기고 죽음은 죽음에게 맡겨라.

여덟

결정적인 말씀이여, 진승(眞乘)의 길이라
믿지 않는 사람 있다면 멋대로 두겠나니
즉시 근원에 도달함은 부처가 인정한 바요
지말적인 것에 매달림은 내 할 일이 아니네.

決定說表眞乘　有人不肯任情徵　直截根源佛所印　摘葉尋枝我不能
결정설표진승　유인불긍임정징　직절근원불소인　적엽심지아불능

◆ 주
· 정징(情徵) : 제멋대로, 제 뜻대로.

- 인(印) : 인가(印可). 스승이 제자의 깨달음(得法, 悟道)을 증명하고 인정하다.
- 적엽심지(摘葉尋枝) : 문자만을 깨우쳐 깨달음을 구하려 하는 등의 지말적인 것 일체를 말한다. 문자는 깨달음을 담는 그릇일 뿐(載道之器), 진정한 깨달음은 문자 밖에 있다.

◆ 해설

진실을 나타내기 위해서는 많은 말이 필요치 않다. 아는 자는 말하지 않고 말하는 자는 알지 못한다(知者不言 言者不知 _ 老子).

아홉

마니의 구슬이여 아는 이 없나니
마음바다 깊은 곳에서 얻을 수 있네
여섯 감각의 그 묘한 작용이여
한 덩이 뭉근 빛은 형체면서 형체를 님어있네.

摩尼珠人不識 如來藏裡親收得 六般神用空不空 一顆圓光色非色
마니주인불식　여래장리친수득　육반신용공불공　일과원광색비색

◆ 주
- 마니주(摩尼珠) : 여의주(如意珠)라고 옮긴다. 이 구슬을 지니면 불에 뛰어들어도 타지 않고 독약도 해를 끼치지 못한다고 한다. 여기서는 '마음의 자유자재한 작용'에 비유한다.
- 여래장(如來藏) : 인간의 마음속에 잠재되어 있는 불멸성, 즉 부처가

될 수 있는 가능성.
· 육반신용(六般神用) : 우리의 감각이 객관적 사물을 인식하는 감지력 자체를 불가사의한 신통력(초능력)으로 본 것이다. 즉, 눈이 사물을 보고 그 사물의 빛깔과 형태를 느끼는 것, 귀가 소리의 크고 작음을 구별하는 등의 작용은 아무리 생각해봐도 불가사의한 일이다. 이러한 불가사의는 '공(空) 아닌 공(空)', 또는 '공이로되 공이 아니다' 등으로 표현된다.
· 일과원광색비색(一顆圓光色非色) : '일과원광(한 덩이 둥근 빛)'이란 마음의 작용을 말한다. '색비색(형체면서 형체가 아니다)'이란 무슨 뜻인가. '마음의 작용은 오관(눈, 귀, 코, 혀, 피부)을 통해서 표현되지만, 그러나 이 오관을 초월해 있다'는 뜻이다.

◆ 해설
여기에서 마음은 여의주(마니주)로 상징되고 있다. 이 마음으로부터 보고 듣고 냄새 맡고 맛보고 감촉을 느끼고 생각하는 여섯 가지 작용이 비롯되나니…… 그러므로 감각은 그대로 마음의 굽이침이다. 그대여, 가장 유치하면서 동시에 가장 고상해져라.

열

다섯 눈 맑힘이여 다섯 힘 얻음이여
오직 체험할 수 있을 뿐, 추측하긴 어렵네.
거울에 비친 모습 보기는 쉬우나
저 물속의 달을 어찌 건질 수 있겠는가.

淨五眼得五力 唯證乃知難可測 鏡裏看形見不難 水中捉月爭拈得
정 오 안 득 오 력   유 증 내 지 난 가 측   경 리 간 형 견 불 난   수 중 착 월 쟁 념 득

◆ 주

· 오안(五眼) : 다섯 가지 눈. 육체의 눈(肉眼), 신의 눈(天眼), 지혜의 눈(慧眼), 진리를 보는 눈(法眼), 부처의 눈(佛眼).
· 오력(五力) : 불가사의한 작용이 있는 다섯 가지 힘. 집중력(定力), 형체의 자유자재한 변화력(通力), 생각을 자유자재로 통제할 수 있는 힘(借識力), 절대진리에 대한 믿음과 의지력(法威德力), 모든 중생을 제도하겠다는 사명감(願力).
· 념득(拈得) : 손으로 잡아내다.

◆ 해설

마음의 작용은 이 다섯 감각을 통해서 감지할 수 있지만, 내 마음을 그대에게 내보일 수 없나니…… 저 물에 비친 달을 건져보라. 거기 부서지는 달빛이 있을 뿐…….

열하나

외로이 가는 길손이여 그림자만 따르나니
깨달은 이는 모두들 이 길에서 노니네
옛 가락 맑은 기상 풍채도 드높나니
깡마른 뼈뿐이라 보는 이마저 없음이여.

常獨行常獨步 達者同遊涅槃路 調古神淸風自高 貌悴骨剛人不顧
상 독 행 상 독 보   달 자 동 유 열 반 로   조 고 신 청 풍 자 고   모 췌 골 강 인 불 고

♦ 주
- 풍(風) : 모습, 용모, 풍채.
- 췌(悴) : 야위다.

♦ 해설

혼자 가라. 무리 짓지 마라. 깡마른 그 모습에서 가을 바람 일게 하라. 그 눈빛 새파랗게 불타게 하라. 그러나 나 혼자 가기엔 너무 외롭다. 그래서 내 친구 아무개는 그렇게 많은 떼거리를 만들었단 말인가.

열둘

궁색한 수행자여, 가난하다 이르나
몸은 비록 가난할망정 마음밭은 늘 푸르네
가난함은 이 몸에 누더기를 걸쳤으나
마음밭 깊은 곳에는 진귀한 보배가 있네.

窮釋子口稱貧 實是身貧道不貧 貧則身常被縷褐 道卽心藏無價珍
궁석자구칭빈 실시신빈도불빈 빈즉신상피루갈 도즉심장무가진

♦ 주
- 석자(釋子) : 불제자(佛弟子), 선 수행자.
- 루갈(縷褐) : 떨어진 옷, 누더기.
- 장(藏) : 감추다, 간직하고 있다.
- 무가진(無價珍) : 무가보(無價寶). 너무 귀해 값을 매길 수 없는 보배 중의 보배. 여의주와 같다.

◆ 해설

'가난이야 한낱 남루에 지나지 않는다'고 우리의 노시인(徐廷柱)은 노래했다. 그러나 이 땅에서는 지금 하루아침에 벼락부자가 된 졸부들이 판을 치고 있다.

열셋

무가(無價)의 보배여 써도 써도 끝이 없어
이 누리 흠뻑 적셔 인색하지 않구나
세 몸과 네 지혜가 본체 속에 넘침이여
여덟 해탈과 여섯 신통 마음의 작용이네.

無價珍用無盡 利物應時終不吝 三身四智體中圓 八解六通心地印
무가진용무진　이물응시종불린　삼신사지체중원　팔해육통심지인

◆ 주
· 물(物) : 천지간에 존재하는 온갖 사물과 생물, 중생.
· 삼신(三身) : 부처의 몸을 셋으로 나눈 것. ① 법신(法身) : 영원불멸하는 도(道)의 인격화. ② 보신(報身) : 초능력을 구비한 부처의 한 모습. ③ 화신(化身) : 인간의 모습으로 나타난 부처.
· 사지(四智) : '마음의 작용(智)'을 넷으로 나눈 것.
· 팔해(八解) : 팔해탈(八解脫). 모든 속박에서 벗어난 상태를 편의상 여덟 가지로 나눈 것.
· 육통(六通) : 육신통(六神通). 부처가 갖는 여섯 가지 초능력(신통력).

◆ 해설

모든 생명체를 내 몸과 같이 보는 이 연민의 마음(자비심)은 쓰면 쓸수록 솟아나온다. 아무리 퍼내도 마르지 않는 샘물처럼…….

열넷

장부라면 단칼에 일체를 끊지만
졸개들은 듣고 들어도 점점 더 믿지 않네
다만 이 마음속 때 묻은 옷을 벗을 일이라
어찌 밖을 향해 수행의 힘을 뽐내겠는가.

上士一決一切了 中下多聞多不信 但自懷中解垢衣 誰能向外誇精進
상사일결일체료 중하다문다불신 단자회중해구의 수능향외과정진

◆ 주
· 상사(上士) : 상근(上根, 기질이 강한 사람).
· 중하(中下) : 중근(中根, 기질이 중간 정도인 사람)과 하근(下根, 기질이 약한 사람).
· 해(解) : 묶이거나 얽힌 것을 풀어버리다.

◆ 해설
수행이 깊어지면 깊어질수록 말이 적어진다. 그러므로 말이 많은 수행자는 길을 잘못 가고 있는 것이다.

열다섯

비난할 테면 비난하고 헐뜯을 테면 헐뜯어라
반딧불로 하늘 태우려는 이 어린 짓거리여
내 들으매 흡사 감로를 마신 듯하여
문득 무아지경이 되어 불사의(不思議)에 들었네.

從他謗任他非　把火燒天徒自疲　我聞恰似飮甘露　銷融頓入不思議
종타방임타비　파화소천도자피　아문흡사음감로　소용돈입불사의

◆ 주
· 감로(甘露).: 마시면 불로장생한다는 물. '아침 이슬'을 말하기도 한다.
· 소융(銷融): 녹고 융합하다.

◆ 해설
백 마디 말이 무슨 소용 있겠는가. 단 한 번의 체험이면 그만인 것을······.

열여섯

비난을 관찰하면 공덕이 되나니
이로 인하여 나는 좋은 스승이 되네
비난을 들어도 내 마음은 움직이지 않나니
이 깨달음을, 자비와 인내력을 과시할 필요는 없네.

觀惡言是功德　此則成吾善知識　不因訕謗起怨親　何表無生慈忍力
관 악 언 시 공 덕　차 즉 성 오 선 지 식　불 인 산 방 기 원 친　하 표 무 생 자 인 력

◆ 주
- 선지식(善知識) : 우리를 진리의 길로 이끌어주는 스승.
- 산방(訕謗) : 나무라고 비방하다, 비난하다.
- 무생자인력(無生慈忍力) : '무생(無生)'은 불멸의 진리를 깨달은 것, '자인력(慈忍力)'은 그 불멸의 진리를 깨달음으로써 갖춰진 자비(慈)와 인내력(忍力)을 뜻한다.

◆ 해설
비난은 비난에게 맡기고 칭찬은 칭찬에게 맡겨라. 나는 여기 언제나 변함없으니…….

열일곱

이치로도 통하고 말로도 통함이여
정혜는 원명하여 공적한 곳에 막히지 않네
비단 나 혼자만 이런 이치를 깨달은 게 아니라
항하사 같은 부처들도 모두 나와 같네.

宗亦通說亦通　定慧圓明不滯空　非但我今獨達了　河沙諸佛體皆同
종 역 통 설 역 통　정 혜 원 명 불 체 공　비 단 아 금 독 달 료　하 사 제 불 체 개 동

◆ 주
- 정(定) : 명상을 통해서 얻어진 집중력.

- 혜(慧) : '정(定)'을 통해서 우러나오는 직관력.
- 하사(河沙) : 항하사수(恒河沙數)의 준말. '항하(恒河)'는 인도의 갠지스강으로, 이 강의 모래는 곱기로 유명하다. '갠지스강의 모래 수와 같이 많다'는 뜻의 이 말은 아주 많은 수를 나타낼 때 쓴다.

◆ 해설

깨달음에는 예와 지금이 있을 수 없고 너와 내가 있을 수 없다.

열여덟

사자 그 울음 소리 거침없는 말씀이여
뭇 짐승 이 울음에 뇌가 파열하네
코끼리(香象)는 파도에 휘말려 허둥대지만
천룡은 귀 기울이며 법열에 젖네.

獅子吼無畏說 百獸聞之皆腦裂 香象奔波失却威 天龍寂聽生欣悅
사 자 후 무 외 설　 백 수 문 지 개 뇌 열　 향 상 분 파 실 각 위　 천 룡 적 청 생 흔 열

◆ 주
- 백수(百獸) : 뭇 짐승. 여기서는 '무지한 사람(下根)'.
- 문지(聞之) : 사자의 울음 소리를 듣고.
- 향상(香象) : 이승(二乘). 여기서는 '중간 사람(中根)'.
- 분(奔) : 달리다, 달아나다.
- 천룡(天龍) : 여기서는 '정신의 경지가 아주 높은 사람(上根)'.

◆ 해설

  진리의 말은, 깨달은 이의 말은 감당할 수 없는 사람들(香象)에게는 충격이요, 감당할 수 있는 사람들(天龍)에게는 감로의 물이거니……그러나 아주 무지한 사람들(百獸)에게는 청천벽력이다.

열아홉

강해에 노닐고 산천을 섭렵함은
스승 찾아 도를 물어 참선하려 함이었네
이제 조계의 길을 안 이후로는
생사가 서로 상관없음을 깨달았네.

遊江海涉山川 尋師訪道爲參禪 自從認得曹溪路 了知生死不相干
유강해섭산천 심사방도위참선 자종인득조계로 요지생사불상간

◆ 주
- 섭(涉) : 돌아다니다, 섭렵하다.
- 자종인득(自從認得) : ~을 안 뒤로는.
- 조계로(曹溪路) : '조계(曹溪)'는 육조 혜능(六祖慧能)이 선법을 편 땅 이름으로, 육조의 별칭이 되었으며, 후에는 선(禪)의 대명사로 쓰였다. 영가(永嘉)는 육조를 찾아가 그와의 문답에서 도를 깨달았다. 영가에게 육조는 오도(悟道) 그 자체였다. 그날 밤의 감격이 이 「증도가(證道歌)」를 낳았다.

◆ 해설

몰랐을 때는 문전마다 기웃댔지만, 알아버린 지금 이제는 더 이상 구걸 따윈 하지 않는다.

스물

가는 것도 이것이요 앉는 것도 이것이니
말과 침묵 사이, 가고 오는 이 사이에 지극히 편안하네
칼날이 목에 와도 눈썹 하나 까딱 않고
독약을 마시면서도 유유자적하나니
스승은 연등(燃燈)을 만난 이후로
세세생생 인욕(인내)의 수행을 닦았네.

行亦禪坐亦禪 語默動靜體安然 縱遇鋒刀常坦坦 假饒毒藥也閑閑
행 역 선 좌 역 선   어 묵 동 정 체 안 연   종 우 봉 도 상 탄 탄   가 요 독 약 야 한 한
我師得見燃燈佛 多劫曾爲忍辱仙
아 사 득 견 연 등 불   다 겁 증 위 인 욕 선

◆ 주
· 종(縱) : 설사, 비록.
· 종우봉도상탄탄(縱遇鋒刀常坦坦) : 고사. 구마라집 문하에 승조(僧肇)라는 수제자가 있었는데, 나이 갓 서른에 누명을 쓰고 사형대에 서는 몸이 되었다. 승조는 칼날 앞에서 태연히 한 편의 임종게를 지어 놓고 가버렸다.
· 가(假) : 설령.
· 가요독약야한한(假饒毒藥也閑閑) : 달마대사는 여섯 번이나 독약이

든 음식을 받았다. 그러나 달마는 독약 앞에서도 태연했다. 여섯 번째는 달마 스스로 그 독약을 먹고 동토를 떠나버렸다.

· 아사(我師) : 석가.
· 연등불(燃燈佛) : 지나간 까마득한 세상에 석가의 스승으로서 석가에게 부처가 될 것을 예언한(授記) 부처.
· 인욕선(忍辱仙) : 석가의 전생 이야기. 석가는 전생에서 인욕행(忍辱行, 인내력을 시험하는 수련)을 닦고 있었다. 이곳에 가리왕이 시녀들을 데리고 놀러 왔다. 왕이 잠든 사이 시녀들은 숲 사이를 노닐다가 인욕행을 닦는 수행자 석가를 만났다. 석가는 그들에게 깊은 이야기를 들려준다. 가리왕이 잠에서 깨 시녀들에게 둘러싸인 인욕선인 석가를 보았다. 왕은 석가가 인욕선인임을 알고는 오른팔을 끊었다. 왼팔을 끊었다. 한 다리를 끊었다. 남은 다리마저 끊었다. 그러나 인욕선인 석가의 마음에는 조금도 원한의 물살이 일지 않았다. (믿기 힘든 이야기다.)

◆ 해설
구마라집 삼장의 수제자였던 승조는 사형장의 칼날 앞에서도 오히려 태연했다. 달마대사는 독약을 마시면서도 연신 콧노래를 불렀다. 그들은 보았기 때문이다. 육체의 죽음을 넘어선 저 불멸을 보았기 때문이다.

스물하나

얼마나 나고 또 얼마나 죽었는가
나고 죽음의 이 물길 끝없이 흐르나니

나고 죽음 없는 경지를 깨달은 뒤부터는
영욕의 이 물살에 휩쓸리지 않네.

幾廻生幾廻死 生死悠悠無定止 自從頓悟了無生 於諸榮辱何憂喜
기회생기회사　생사유유무정지　자종돈오료무생　어제영욕하우희

◆ 주
· 기(幾) : 얼마나.
· 유유(悠悠) : 물 같은 것이 끝없이 흐르는 모양.
· 영욕(榮辱) : 영화로움과 비참함.

◆ 해설
　충만이다. 천지에 가득 넘쳐흐르고 있는 충만이다.

스물둘

깊은 산집 저 고요에 머무름이여
높은 산 그윽하여 낙락장송 아래네
넉넉한 마음으로 풀집에 앉아 있나니
고요하고 편안하고 맑고 차갑네.

入深山住蘭若　岑崟幽邃長松下　優游靜坐野僧家　闃寂安居實蕭灑
입심산주란야　잠음유수장송하　우유정좌야승가　격적안거실소쇄

◆ 주
· 란야(蘭若) : 아란야(阿蘭若, Aranya). 조용한 암자나 토굴을 뜻한다.

- 잠음(岑崟) : 산봉우리가 높고 험준한 모양.
- 유수(幽邃) : 깊고 그윽하다.
- 우유(優游) : 시가, 산수, 음악과 어울려 고상하게 노니는 것.
- 야승가(野僧家) : 비승비속의 수행자가 사는 집.
- 격적(闃寂) : 고요하다.
- 소쇄(蕭灑) : 맑고 차가운 모양.

◆ 해설

자기 안의 깊은 산속으로 들어와 이 모든 허식을 던져버리고 넉넉하게 앉아 있는 한 사람. 가을 바람이 그의 머리칼을 눈부시게 하고 있다.

스물셋

잠만 깨면 그만이다 생색은 내지 마라
유한한 진리와는 같지 않나니
생색내며 자선하는 건 천국행 표 때문이니
하늘 향해 활 쏘는 짓과 같네.

覺卽了不施功 一切有爲法不同 住相布施生天福 猶如仰箭射虛空
각 즉 료 불 시 공 일 체 유 위 법 부 동 주 상 보 시 생 천 복 유 여 앙 전 사 허 공

◆ 주
- 유위법(有爲法) : 무위법(無爲法)의 반대말. 인위적으로 조작되었기 때문에 언젠가는 변질되는 법. '법(法)'은 여기서는 '법칙', '진리'.
- 주상보시(住相布施) : 무주상보시(無住相布施)의 반대말. 보시란 베푸

는 것. 남에게 어떤 물건이나 즐거움 따위를 베푼 다음 베풀었다고 생색내는 것을 '주상보시'라 한다.
· 천복(天福) : 하늘나라에 태어날 수 있는 복. 복의 극치.

◆ 해설
꿈만 깨면 그만이다. 무엇 때문에 구구하게 치장하려 드는가.

스물넷

오르다 오르다 힘 빠지면 화살은 떨어지나니
다음 생에는 내 뜻 같지 않음만 불러오네
하염없는 이 실상문에서
여래의 경지로 들어감과 어찌 같으리.

勢力盡箭還墮 招得來生不如意 爭似無爲實相門 一超直入如來地
세 력 진 전 환 타 초 득 래 생 불 녀 의 쟁 사 무 위 실 상 문 일 초 직 입 여 래 지

◆ 주
· 초득(招得) : 부르다, 불러오다.
· 쟁사(爭似) : 어찌 ~와 같겠는가.
· 실상문(實相門) : 본질의 문, 본질적인 참선수행.
· 여래지(如來地) : 부처의 경지.

◆ 해설
자선은, 적선은 좋은 것이다. 그러나 어찌 깨달음의 이 공부에 비기겠는가. 가지와 잎이 아무리 좋아도 어찌 뿌리에 견주리…….

스물다섯

본질만 얻는다면 지말적인 것은 걱정 마라
유리 속에 비치는 달, 그같이 청정함이여
이미 이 여의주를 얻었으니
나에게도 이익이요 남에게도 이익이네.

但得本莫愁末 如淨瑠璃含寶月 旣能解此如意珠 自利利他終不竭
단득본막수말   여정유리함보월   기능해차여의주   자리리타종불갈

◆ 주
· 막(莫) : ~하지 마라.
· 자리(自利) : 스스로에게 이익이 되는 것.
· 리타(利他) : 남에게도 이익이 되는 것.
· 종불갈(終不竭) : 마침내 다하지 않다.

◆ 해설
뿌리(본질)를 얻게 되면 가지와 잎은 저절로 따라온다. 깨달으면 적선은 저절로 된다. 깨달은 이에게는 밥 먹고 잠자는 이 모든 일이 적선 아닌 게 없다. 남을 해치는 사악한 파장(波長)이 그에게서는 뿜어져나오지 않기 때문이다.

스물여섯

강에 달 비침이여 솔바람 부는 소리

이 긴 밤 맑은 하늘 아래 무엇을 할 것인가
불성계주는 내 마음이요
이슬과 구름 안개는 나의 옷이네.

江月照松風吹 永夜淸霄何所爲 佛性戒珠心地印 霧露雲霞體上衣
강월조송풍취　영야청소하소위　불성계주심지인　무로운하체상의

◆ 주
· 청소(淸霄) : 맑은 하늘.
· 불성계주(佛性戒珠) : '불성(佛性)'은 우리의 본마음. '계(戒)'는 마음의 순수성으로 인해 빚어지는 마음의 율동. '주(珠)'는 불성계(佛性戒)를 수식하는 말로, 여의주 또는 '종횡무진하는 구름(轉)'이라는 뜻이다.
· 체(體) : 본체, 사물을 이루는 바탕.

◆ 해설
이 마음 굽이치니 거기 솔바람 소리. 이 마음 굽이치니 거기 교교한 달빛. 이제 앞을 봐도 뒤를 봐도 위를 봐도 옆을 봐도 이 마음뿐이어라. 이 마음의 굽이치는 물결뿐이어라.

스물일곱

용을 잡은 그릇이여, 범을 누른 지팡이여
주장자의 고리 소리 눈부시게 울림이여
겉보기만 그럴싸한 빈 껍질이 아니라

부처의 높은 경지 나타냄이네.

降龍鉢解虎錫 兩鈷金鐶明歷歷 不是標形虛事持 如來寶杖親蹤跡
항룡발해호석　양고금환명력력　불시표형허사지　여래보장친종적

◆ 주
· 항룡발(降龍鉢) : 부처 당시 나제가섭이라는 사람이 부다가야에 살고 있었다. 그는 '불을 섬기는 외도(火事外道)'였다. 부처는 나제가섭에게 가서 하룻밤을 청했다. 나제가섭은 화룡(火龍, 뱀)의 석굴로 안내했다. 뱀은 불을 뿜으며 대들었다. 부처는 자비심을 일으켰다. 삼매의 불꽃을 일으켰다. 뱀은 이 불길을 피하여 부처의 밥그릇(鉢盂) 속으로 들어왔다. 부처의 밥그릇은 청정하고 광대무변했기 때문이다. 이를 본 나제가섭과 그의 제자 500명은 부처의 제자가 되었다. -『본행경(本行經)』
· 해호석(解虎錫) : 고사. 제(齊)의 고승인 주선사가 회주 왕옥산(王玉山)에서 참선할 때였다. 두 호랑이가 싸우고 있었다. 이를 본 주선사가 주장자를 들어 싸움을 말렸다.
· 양고금환(兩鈷金鐶) : 주장자의 두 귀고리.
· 명력력(明歷歷) : 분명하다.
· 불시(不是) : ~이 아니다.

◆ 해설
깨달은 이에게 초능력(신통력)은 세속인들의 마술과는 근본적으로 다르다. 그분들은 그 초능력을 이용해 혹세무민하려 들지 않기 때문이다. 그러나 사이비종교의 사기꾼들은 쥐꼬리만 한 초능력만 있어도 신문에 대서특필 광고를 내며 수선을 떤다.

스물여덟

진실도 구하지 않고 거짓도 끊지 않나니
두 가지 모두 속절없음을 깨달은 때문이네
모습 없고 모습 아닌 것마저 없고, 아닌 그것마저 버림이여
이야말로 깨달은 이의 본모습이네.

不求眞不斷妄 了知二法空無相 無相無空無不空 卽是如來眞實相
불구진부단망　요지이법공무상　무상무공무불공　즉시여래진실상

◆ 주
· 이법(二法) : 서로 대립되는 두 가지 견해. 참(眞)과 거짓(妄) 따위.
· 무상(無相) : 객관 부정.
· 무공(無空) : 주관 부정.
· 무불공(無不空) : 주객을 부정한 부정의 부정.

◆ 해설
거짓을 버리고 진실을 좇는 것은 좋다. 그러나 마침내는 이 진실마저 놓아버려야 한다. 거짓도 진실도, 그리고 이 둘을 넘어선 그것마저도 놓아버려야 한다. 그래야 그 어디에도 걸리지 않는 바람 같은 사람이 된다.

스물아홉

마음거울 투명한 빛 걸림 없이 흐름이여

모래알같이 많은 세상 꿰뚫어 비춰주네
삼라만상 낱낱이 그 가운데 비침이여
한 덩어리 둥근 저 빛은 안과 밖이 없네.

心鏡明鑑無碍 廓然瑩徹周沙界 萬象森羅影現中 一顆圓光非內外
심 경 명 감 무 애   확 연 영 철 주 사 계   만 상 삼 라 영 현 중   일 과 원 광 비 내 외

◆ 주
· 영철(瑩徹) : 밝고 투명한 빛. 거울빛이 영롱하게 비치는 모양.

◆ 해설
울고 웃는 이 모든 일이 내 마음바다에서 이는 파도인 것을…… 그대 마음바다에 이는 파도인 것을…….

서른

걸릴 것 하나 없다, 인과(因果)마저 버림이여
주색잡기(酒色雜技) 막행 막식, 재앙을 불러오네
있음을 버리고 없음에 집착한다면 이 또한 병이니
홍수를 피해가다 오히려 불길을 만났네.

豁達空撥因果 漭漭蕩蕩招殃禍 棄有着空病亦然 還如避溺而投火
활 달 공 발 인 과   망 망 탕 탕 초 앙 화   기 유 착 공 병 역 연   환 여 피 닉 이 투 화

◆ 주
· 발(撥) : 뿌리치다.

· 인과(因果) : '인(因)'은 원인, '과(果)'는 '인'에 의한 결과.
· 망망(漭漭) : 수면이 넓고 먼 모양. 여기서는 앙화(殃禍, 재앙)가 많음에 견주고 있다.
· 탕탕(蕩蕩) : 물살이 대단한 모양.

◆ 해설

깨달음의 차원에서는 선과 악이, 나와 그대가 없지만 여기 육체의 차원에서는 선은 선이요 악은 악이다. 나는 나요 그대는 그대다.

서른하나

망심을 버리고 진리를 취함이여
취하고 버리는 마음이 거짓이 되네
공부하는 이는 이 이치를 모르고 수행하나ㅣ
도적놈을 잘못 알아 내 아들이라 하네.

捨妄心取眞理 取捨之心成巧僞 學人不了用修行 眞成認賊將爲子
사 망 심 취 진 리 취 사 지 심 성 교 위 학 인 불 료 용 수 행 진 성 인 적 장 위 자

◆ 주

· 진성인적장위자(眞成認賊將爲子) : 전도된 오감의 작용으로 인해 인식의 주체인 주관과 인식의 대상인 객관이 갈린다. 이에 따라 자타의 차별의식이 생기고, 그 결과로 번뇌가 일어난다. 이 먼지(煩惱)를 마음의 본모습인 줄 알고(眞成認賊) 따라가는 것(將爲子).

◆ 해설

도적은 누구인가. 내 마음의 순수성에 먹칠을 하는 이 도적놈은 누구인가. 버리고 취하는 이 분별심이다. 따지고 재는 이 차별심이다. 이놈을 내 친아들로 착각해 내 마음을 송두리째 내줬구나. 그래서 지금 내 마음들판은 승냥이가 우글거리는 황무지가 돼버렸구나.

서른둘

마음밭 짓밟고 공덕을 없애는 것은
이 모두가 심의식 때문이니
그러므로 선문에서는 마음의 본질을 깨달아
무생지견력 속으로 즉시 들어가네.

損法財滅功德 莫不由斯心意識 是以禪門了却心 頓入無生知見力
손 법 재 멸 공 덕 막 불 유 사 심 의 식 시 이 선 문 료 각 심 돈 입 무 생 지 견 력

◆ 주
· 막불유사(莫不由斯) : ~으로 말미암지 않음이 없다, 모두 ~ 때문이다.
· 심의식(心意識) : 따지고 분별하는 마음의 작용 일체.
· 선문(禪門) : 선종(禪宗).
· 무생지견력(無生知見力) : 불멸을 꿰뚫어보는 지혜의 힘.

◆ 해설

우리의 순수성에 먹칠을 하는 것은 주관과 객관을 철저히 분리시키는 분석적인 사고방식이다. 획일적인 사고방식이다.

서른셋

대장부여 지혜의 검(劍)을 뽑았으니
반야의 칼날 위에 금강의 불길이라
외도의 마음 꺾어질 뿐 아니라
벽 사이로 드는 마귀 바람마저 베어버리네.

大丈夫秉慧劍 般若鋒兮金剛焰 非但能摧外道心 早曾落却天魔膽
대 장 부 병 혜 검　반 야 봉 혜 금 강 염　비 단 능 최 외 도 심　조 증 락 각 천 마 담

◆ 주
 · 반야봉(般若鋒) : 직관의 지혜(般若)를 칼날(鋒)에 비유한 것.
 · 천마(天魔) : 수행이 깊어질수록 그 수행력을 방해하는 반작용. 악마, 마귀.

◆ 해설
 이제 이 지혜의 검을 당할 자는 없다. 지혜만이, 그대 마음속에서 터져나오는 이 빛만이 저 어둠을 능히 제압하리라.

서른넷

우렛소리 울림이여, 진리의 북소리여
온 누리 자비의 구름 덮여 단 빗줄기 뿌리네
큰 발길 딛는 곳마다 봄기운 감도나니
저 들판 꽃무리들 봉오리 봉오리 열리네.

震法雷擊法鼓 布慈雲兮灑甘露 龍象蹴踏潤無邊 三乘五性皆惺悟
진 법 뢰 격 법 고　포 자 운 혜 쇄 감 로　용 상 축 답 윤 무 변　삼 승 오 성 개 성 오

◆ 주
- 용상(龍象) : 수행자(보살)의 큰 덕을 용과 코끼리에 비유한 것.
- 삼승(三乘) : 수행의 강도에 있어서 세 가지 다른 입장. 소극적인 입장(小乘), 중간 입장(中乘), 적극적인 입장(大乘).
- 오성(五性) : '깨달을 수 있는 능력(成佛力)'을 편의상 다섯 갈래로 나눈 것.

◆ 해설
진리의 우렛소리 들리는 곳에 무지(無知)는 가라, 슬픔은 가라, 밤을 새워 우는 이 고뇌는 가라.

서른다섯

설산의 흰 소(야크)에서 갓 짜낸 우유여
난 언제나 이 우유로 빚은 치즈를 먹네
'하나의 이치(一性)'는 '뭇 이치(一切性)'에 통하고
'하나의 사물(一法)'은 저 '모든 사물(一切法)'을 포함하네
저 달빛 떨어져 일만의 강에 달빛이요
일만의 강에 잠긴 달이 저 달로 모임이여
저 세계 온갖 것 그 모든 마음이
도무지 이 한 마음에 다 들어오고

이 한 마음 도리어 저와 같아서
온갖 모습 온갖 마음이 나에게로 들어오네.

雪山肥膩更無雜　純出醍醐我常納　一性圓通一切性　一法徧含一切法
설산비니갱무잡　순출제호아상납　일성원통일체성　일법편함일체법
一月普現一切水　一切水月一月攝　諸佛法身入我性　我性還共如來合
일월보현일체수　일체수월일월섭　제불법신입아성　아성환공여래합

◆ 주
· 설산(雪山) : 히말라야산.
· 비니(肥膩) : 설산의 눈 속에 핀다는 신비스러운 약초. '설산비니'란 '히말라야산의 약초를 먹고 자란 흰 소(야크)에서 짜낸 우유'를 말한다.
· 제호(醍醐) : 우유로부터 뽑아낸 가장 순수한 물질, 즉 치즈. 여기서는 '마음 청정의 극치'에 견주고 있다.

◆ 해설
마음은 둘일 수 없다. 그대 마음이 따로 있고 내 마음이 따로 있을 수 없다. 그러므로 우리 각자의 마음은 저 마음의 근원(心源, Brahma)에서 방사되어 나온 그 빛줄기 현상(光線現象, atman)이다.

서른여섯

하나의 경지에 모든 경지가 다 있으니
모습도 아니다, 마음도 아니다, 행위도 아님이여
손가락 한 번 튕김에 모든 문이 열리고
순식간에 지옥의 업마저 사라지네

말의 사태 이 숫자는 뿌리 없는 것
이 마음의 빛 가운데 어이 견디리.

一地具足一切地 非色非心非行業 彈指圓成八萬門 刹那滅却阿鼻業
일지구족일체지 비색비심비행업 탄지원성팔만문 찰나멸각아비업
一切數句非數句 與吾靈覺何交涉
일체수구비수구 여오영각하교섭

◆ 주
· 일지(一地) : 수행하는 과정에서 자신이 도달한 경지의 확신을 지반의 견고함과 탄생력(흙에 씨를 뿌리면 흙 자체가 갖고 있는 힘과 열기 등에 의해 싹이 튼다)에 비유해 '지(地)'라 한다. 이것을 열 가지로 체계화한 것이 『화엄경』의 십지설(十地說)이다.
· 탄지(彈指) : 손가락을 튕기다. 여기서는 '손가락을 튕기는 것처럼 짧은 시간(一彈指 사이에 65찰나가 있다고 한다)'.
· 팔만문(八萬門) : 모르고 있던 진리를 깨닫는 것을 닫혔던 문이 열림에 견주었다. '팔만(八萬)'이란 인도인들이 관념상 '무수하다'는 뜻으로 사용하는 말이다.
· 아비업(阿鼻業) : 무간지옥(無間地獄)에 떨어질 운명.
· 수구(數句) : 숫자와 단어와 문장. 숫자와 단어와 문장은 불상응행법(不相應行法)의 하나다. 불상응행법이란 '정신에도 물질에도 소속되어 있지 않으면서(不相應) 시간이 흐름에 따라 변질되는 성질의 것(行)'이라는 뜻이다.
· 영각(靈覺) : 불성, 마음.

◆ 해설
언어에는 한계가 있다. 숫자에도 한계가 있다. 1초에 67,500번 굽이치는 이 생각의 움직임을 언어여, 그대가 어떻게 표현하겠는가.

서른일곱

욕할 수도 없고 추어올릴 길마저 끊어짐이여
본질은 허공 같아 끝간 데를 모르겠네
이 자리 이대로 언제나 비치건만
찾아보면 알 것이네 아무것도 없다는 것을.

不可毀不可讚 體若虛空勿涯岸 不離當處常湛然 覓卽知君不可見
불가훼불가찬 체약허공물애안 불리당처상담연 멱즉지군불가견

◆ 주
- 담연(湛然) : 물이 깊고 고요한 모양.
- 멱즉(覓卽) : 찾아본즉.

◆ 해설
내가 지금 이 글을 쓰고 있는 것은 '마음'이 있기 때문이나. 마음이 손을 통해서 글을 쓰고 있는 것이다. 그러나 '이 마음'을 꺼내어 보여줄 수는 없나니, 이것을 일러 옛사람들은 "그저 묘(妙)하다"고 감탄했다.

서른여덟

가질 수도 없고 버리지도 못함이여
얻을 수 없는 이 가운데 얻는 도리네
침묵에서 말하고 말 가운데 침묵이여

큰 문이 열리매 옹색함이 전혀 없네.

取不得捨不得 不可得中只麼得 默時說說時默 大施門開無壅塞
취부득사부득 불가득중지마득 묵시설설시묵 대시문개무옹색

◆ 주
· 지마득(只麼得) : 다만 이렇게 얻다.
· 대시문(大施門) : 크게 베푸는 문.

◆ 해설
마음이여 내 마음이여, 버릴 수도 없고 꺼내 보일 수도 없구나. 침묵의 말이여 말의 침묵이여, 말로도 통하고 침묵으로도 통하는구나.

서른아홉

'그대 무엇을 얻었는가' 묻는다면
마하반야 저 힘이라 귀띔하리
잘못됐다 잘됐다에 그대들은 취하나니
역행과 순행은 신마저 모르네
오랜 날 옛적부터 갈고 닦은 그 결과라
허튼 수작 빈말 쏟아 그대 속임 아니네.

有人問我解何宗 報道摩訶般若力 或是或非人不識 逆行順行天莫測
유인문아해하종 보도마하반야력 혹시혹비인불식 역행순행천막측

吾早曾經多劫修 不是等閑相誑惑
오조증경다겁수 불시등한상광혹

◆ 주
- 유인(有人) : 어떤 사람.
- 마하반야력(摩訶般若力) : 마하반야의 힘. '마하(摩訶)'는 '크다'는 뜻으로 '반야(般若, 지혜)'를 수식한다.
- 천막측(天莫測) : 하늘의 신마저 측량할 수가 없다.

◆ 해설

일단 이 마음을 감지한 사람은 그의 언행을 도무지 종잡을 수 없게 된다. 그는 이제 고여 있는 물이 아니라 굽이쳐 흐르는 강물로 살아가기 때문이다.

마흔

진리의 깃발 흩날리며 이 이치를 세움이여
스승이 밝고 밝은 가르침이라
가섭의 그 등불 시발로 하여
스물여덟 등불이 차례로 불 밝혔네.

建法幢立宗旨 明明佛勅曹溪是 第一迦葉首傳燈 二十八代西天記
건 법 당 립 종 지　명 명 불 칙 조 계 시　제 일 가 섭 수 전 등　이 십 팔 대 서 천 기

◆ 주
- 법당(法幢) : 법의 당(幢). 인도에서는 큰 종교행사를 할 때 깃대 같은 것을 세운다. 이것을 '당(幢)'이라 하며, 파사현정(破邪顯正, 삿된 것을 부수고 올바른 것을 드러냄)을 뜻한다.

· 제일가섭수전등(第一迦葉首傳燈) : 염화미소(拈花微笑)를 통해 석가는 그 법맥을 가섭에게 전했다.
· 이십팔대서천기(二十八代西天記) : 제1조 가섭은 다시 제2조 아난…… 제28조 보리달마에게로 전해왔다. 달마가 28번째로, 여기까지가 서천(인도)의 법맥이다. 달마는 이 법맥을 가지고 중국으로 와서 중국의 제1조가 되었다.

◆ 해설

깨달음의 계승을 이야기하고 있다. 이 등불에서 저 등불로 불을 점화하듯, 깨달음은 스승에게서 제자에게로 점화되어 내려가, 아 마침내 너와 나에게까지 이르렀구나. 큰절하고 싶다. 지나가는 바람에게 큰절을 드리고 싶다.

마흔하나

불빛은 흘러 흘러 중국에 들어와서
보리달마 그 어른이 첫 불을 밝힌 이래
여섯 대에 전해옴은 온 천하가 아는 바라
이후로 그 등불 밝힌 이들 헤아릴 수 없었네.

法東流入此土 菩提達磨爲初祖 六代傳衣天下聞 後人得道無窮數
법 동 류 입 차 토   보 리 달 마 위 초 조   육 대 전 의 천 하 문   후 인 득 도 무 궁 수

◆ 주
· 차토(此土) : 중국.

· 보리달마위초조 육대전의천하문(菩提達磨爲初祖 六代傳衣天下聞) : 인도의 제28조 보리달마는 법맥을 가지고 중국으로 들어와서 중국의 제1조가 되었다. 달마에게서 제2조 혜가(慧可) → 제3조 승찬(僧璨) → 제4조 도신(道信) → 제5조 홍인(弘忍) → 제6조 혜능(慧能)으로 이어졌다. 전법(傳法)의 표시로 부처의 가사와 발우(鉢盂, 밥그릇)가 전해졌는데, 이를 둘러싸고 싸움이 잦았다. 그래서 뒷날 육조는 자신과 신수(神秀)의 그 엄청난 싸움을 생각해 의발(衣鉢)의 전수를 폐지해버렸다.

◆ 해설
이 「증도가(證道歌)」의 작가 영가 현각은 지금 육조를 찾아가서 깨달음을 얻은 다음(육조로부터 등불을 받아 켠 다음) 그 법열에 취해 단 하룻밤 사이에 이 장편시를 지었다고 한다. 그런 그가 지금 잔잔하게 등불의 내역을 말하고 있다.

마흔둘

진실도 세우지 않음에 거짓은 본래 없음이여
'있다 없다'를 모두 부정하매 공(空) 아닌 공(空)이네
이제 그 어디에도 걸림이 없나니
깨달음의 성품은 본래 한가지네.

眞不立妄本空 有無俱遣不空空 二十空門元不著 一性如來體自同
진불립망본공 유무구견불공공 이십공문원불착 일성여래체자동

♦ 주
- 이십공문(二十空門) : 공(空)을 20종으로 나눈 것. 20공의 주(註)에 다음과 같은 해설이 붙어 있다. "공(空)은 다만 하나일 뿐, 20종의 공을 부정하기 위해 편의상 20가지로 나눈 것이다." _『대반야경』

♦ 해설
진리를 주장하면 진리에 걸리고 거짓을 주장하면 거짓에 걸리나니, 깨달은 이는 진리에도 진리 아닌 것에도, 그 어디에도 머물지 말아야 한다.

마흔셋

마음은 뿌리요 법은 티끌이니
이 두 가지는 모두 본질의 거울에 묻은 먼지네
이 티끌 닦아내야 지혜의 빛 발하나니
마음과 법 다 잊으면 그 자리가 바로 불멸이네.

心是根法是塵 兩種猶如鏡上痕 痕垢盡除光始現 心法雙亡性卽眞
심 시 근 법 시 진   양 종 유 여 경 상 흔   흔 구 진 제 광 시 현   심 법 쌍 망 성 즉 진

♦ 주
- 심(心) : 주관.
- 근(根) : 인드리야(Indriya). 다섯 가지 감각기관(눈·귀·코·혀·피부)을 말한다.
- 법(法) : 여기서는 '교리', '학설'을 뜻한다.

· 진(塵) : 감각기관에 상대되는 객관계.

◆ 해설

마음이 뿌리라면 이 세상 모든 종교의 교리나 학설은 다 이 뿌리에서 나온 가지와 잎이다. 그러나 이 두 가지는 모두 본질의 거울에 묻은 먼지다. 그러므로 이 두 차원을 넘어서야만 그대 안에 있는 지혜가 빛을 발하게 된다.

마흔넷

아아, 말법의 이 악한 세상이여
사람들은 거칠어 가르치기 힘들구나
성인이 가신 지 오래되어 사견만 깊나니
마는 강하고 법은 약하고 해칠 마음만 많네
단도직입적인 이 부처의 가르침을 들으면
갈가리 못 찢어서 원통해하네.

嗟末法惡時世 衆生薄福難調制 去聖遠兮邪見深 魔强法弱多怨害
차 말 법 악 시 세   중 생 박 복 난 조 제   거 성 원 혜 사 견 심   마 강 법 약 다 원 해
聞說如來頓敎門 恨不滅除令瓦碎
문 설 여 래 돈 교 문   한 부 멸 제 령 와 쇄

◆ 주
· 차(嗟) : 감탄사. 슬프다, 애석하다.
· 조제(調制) : 제압하다.
· 사견(邪見) : 잘못된 견해.

- 마강법약(魔强法弱) : 장애는 많고 수행의 길로 가고자 하는 마음은 약하다.
- 돈교문(頓敎門) : 단도직입적으로 깨닫는 방법.

◆ 해설

구도자에게 이 세상은 고난의 장소다. 인간의 역사를 통틀어 구도자가 박해를 받지 않은 시대는 단 한 번도 없었고 또 영원히 없을 것이다. 구도의 길을 가는 이는 고난을 각오하지 않으면 안 된다.

마흔다섯

마음으로 죄를 짓고 몸으로 받음이여
남을 원망하거나 꾸짖어 무엇하리
저 무간지옥에 가고 싶지 않거든
진리의 이 길을 헐뜯지 마라.

作在心殃在身 不須怨訴更尤人 欲得不招無間業 莫謗如來正法輪
작재심앙재신 불수원소갱우인 욕득불초무간업 막방여래정법륜

◆ 주
- 무간업(無間業) : 무간지옥에 떨어질 운명.
- 정법륜(正法輪) : '정법(正法)'은 마치 수레바퀴가 굴러가는 것처럼 쉴 새 없이 구르고 있다는 뜻으로 '륜(輪)' 자를 썼다. 즉, '불멸의 진리'라는 뜻이다.

◆ 해설

죄악 가운데 가장 용서받지 못할 죄악은 무엇인가? 진리의 길을 비난하는 것이다.

마흔여섯

전단향숲 속에는 잡목이 없음이여
그 깊은 밀림 속에 사자가 머물면서
고요하고 여유롭게 유유자적하나니
여우무리 잡새떼는 멀리멀리 가버렸네.

旃檀林無雜樹　鬱密深沈師子住　境靜林閑獨自遊　走獸飛禽皆遠去
전 단 림 무 잡 수　울 밀 심 침 사 자 주　경 정 림 한 독 자 유　주 수 비 금 개 원 거

◆ 주
· 전단림(旃檀林) : 전단향나무숲. 이 나무가 나는 곳에는 잡목이 살 수 없다고 한다.
· 울밀심침(鬱密深沈) : 나무가 울창하여 어두운 모양.
· 사자(師子) : 사자(獅子)
· 주수(走獸) : 짐승류.
· 비금(飛禽) : 새류.

◆ 해설

좀더 깊이 본다면 이 세상 전체가 그대로 진리의 굽이침이지만, 좀더 가까이 본다면 진리는 거짓과 구별된다. 여기 진리의 전단향나무 숲 속에는 사기꾼이나 협잡꾼 같은 잡목은 살지 못한다. 이 진리의

숲 속에는 사자와 같이 용맹스럽고 의지력이 강한 구도자들만이 살 수 있다.

마흔일곱

뭇 짐승의 발길이여 아기사자(獅子兒)의 뒤를 따르나니
나이 세 살에 울음 소리는 산천을 뒤흔드네
여우떼 흉내 내어 사자 울음 울어보지만
백 년 묵은 귀신들마저 허탕만 칠 뿐이네.

師子兒衆隨後 三歲卽能大哮吼 若是野干逐法王 百年妖怪虛開口
사자아중수후 삼세즉능대효후 약시야간축법왕 백년요괴허개구

◆ 주
· 야간(野干) : 들여우.
· 백년요괴(百年妖怪) : 100년 묵은 여우나 요사스러운 귀신 따위.

◆ 해설
비록 아직 나이가 어리더라도 진리의 길을 가는 구도자는 마치 아기사자와 같다. 아기사자는 비록 어려도 늑대나 여우와는 근본적으로 다르다는 것을 알아야 한다.

마흔여덟

높고 먼 이 길이여 인정으론 안 되나니
머뭇머뭇하지 말고 정면돌파 시도하라
'나 잘났다'고 뽐내는 그런 말이 아니라
그대들 이 길에서 헛발 디딜까 염려스럽네.

圓頓敎沒人情 有疑不決直須爭 不是山僧逞人我 修行恐落斷常坑
원돈교몰인정　유의불결직수쟁　불시산승령인아　수행공락단상갱

◆ 주
- 원돈교(圓頓敎) : 자질구레한 설명이 있지만, 여기서는 '선(禪)'을 가리킨다.
- 몰인정(沒人情) : 사사로이 통할 수 있는 인정의 길이 끊기다.
- 령(逞) : 기운이 왕성하다.
- 인아(人我) : 아상(我相) 그리고 인상(人相). 둘 다 자만심의 한 가지.
- 단상갱(斷常坑) : 허무주의(斷)의 영원주의(常). 이 두 가지는 모두 편협한 견해로, 진리 체험에 방해가 된다.

◆ 해설
의심이 나면 즉시 그 의심을 해결하라. 그것이 구도자의 태도다. 머뭇거리는 건 금물이다.

마흔아홉

잘못 아닌 잘못이여, 옳음 없는 옳음이여
아차! 하는 그 사이에 천 리 만 리 차이 나네
옳음이여, 바다의 딸이 깨달음을 얻음이요
잘못이여, 수행자가 도리어 지옥에 떨어지네.

非不非是不是 差之毫釐失千里 是卽龍女頓成佛 非卽善星生陷墜
비불비시불시 차지호리실천리 시즉용녀돈성불 비즉선성생함추

◆ 주

· 용녀돈성불(龍女頓成佛) : 『법화경』에 나오는 이야기다. 여자는 결코 깨달음을 얻을 수 없다는 관례를 깨뜨리고 '바다의 딸'은 깨달음을 얻음으로써 주위 사람들을 놀라게 했다.
· 선성생함추(善星生陷墜) : 『열반경』에 나오는 이야기다. 수행자 선성은 모든 경전에 통달했다. 그러나 '부처도 지옥도 없다'는 잘못된 생각(邪見)에 빠졌다. 그는 '인과가 없다'고 부르짖으며 온갖 악행을 밥 먹듯 했다. 그리하여 마침내 몸째로 지옥에 떨어졌다. 이것은 부정(否定, 非)에 집착한 결과다.

◆ 해설

형식이 아니라 내용이다. 근엄하게 차려입은 성직자라 하여 깨달음에 가까워지는 것은 결코 아니다. 깨달음은 간절하고 진실한 마음속에 있다. 그렇기에 구도자라 자칭하면서 거만을 피우던 중 선성(善星)은 지옥에 떨어졌고, 비록 여자의 몸이지만 '바다의 딸(龍女)'은 그 지극한 마음으로 깨달음을 얻은 것이다.

쉰

내 지금껏 글 쪼가리만 터질 듯이 쑤셔넣고
잎 찾고 가지 찾아 밤낮으로 헤맸네
밤낮 없이 분석하고 따져보면서
바다에 들어가 모래알 헤아리기에 지쳐버렸네.

吾早年來積學問 亦曾討疏尋經論 分別名相不知休 入海算沙徒自困
오조년래적학문 역증토소심경론 분별명상부지휴 입해산사도자곤

◆ 주
· 소(疏) : 주석서.
· 명상(名相) : 명목(名目)과 법상(法相). 명목은 낱낱의 사물에 붙여진 이름, 법상은 사물 낱낱의 차별상이다.

◆ 해설
학문은 학문으로 끝나고 만다. 역사기 생긴 이래 시금까시 수많은 철학자가 나와 이 우주에 대해, 신(神)에 대해, 인간에 대해 많은 말을 했지만 여기 단 하나의 의문조차 풀지 못했다. 말 잘하는 앵무새가 되기보다는 차라리 입 다물고 들에 피는 꽃이나 바라보기를.

쉰하나

부처는 내 꼴 보고 안쓰러워 꾸짖나니
남의 돈 세어봤자 내게 무슨 이득 되리

이제껏 비틀거리며 실속 없이 살았으니
기나긴 세월 동안 풍진객이 되었네.

却被如來苦呵責 數他珍寶有何益 從來蹭蹬覺虛行 多年枉作風塵客
각 피 여 래 고 가 책　수 타 진 보 유 하 익　종 래 층 등 각 허 행　다 년 왕 작 풍 진 객

◆ 주
· 각(却) : 도리어, 오히려.
· 층등(蹭蹬) : 발을 헛딛다, 세력을 잃어버리다.
· 풍진객(風塵客) : 나그네, 객지에서 떠도는 사람.
◆ 해설
　내 안에서 찾으라. 밖을 향해 찾는 것은 '남의 돈 세기'요, 내 안에서 찾는 것은 '내 돈 세기'다.

쉰둘

마음밭 잘못 가꿔 바람 파도 설침이여
부처의 그 경지에 닿지 못하네
졸개들은 애를 쓰나 그 마음길 미약하고
외도들은 총명하나 지혜가 없네.

種性邪錯知解 不達如來圓頓制 二乘精進勿道心 外道聰明無智慧
종 성 사 착 지 해　부 달 여 래 원 돈 제　이 승 정 진 물 도 심　외 도 총 명 무 지 혜

◆ 주
- 제(制) : 법도.
- 이승(二乘) : 수행자(聲聞乘).
- 외도(外道) : 불교 외의 수행집단. 부처 당시 인도에는 96종류의 외도가 있었다.
- 지혜(智慧) : 반야, 직관지.

◆ 해설

지식이 많은 것과 지혜로운 것은 다르다. 지식은 생각의 확장이요, 지혜는 생각의 응집이다. 다시 지식은 분별의식의 훈련이요, 지혜는 분별의식의 제거다.

쉰셋

어리석고 어리석은 소인배여
빈 손바닥 그 위에 실체 있다 착각하네
달 가리킨 손가락을 보고 달이라 하는 가관이여
안과 밖 티끌 속에서 무엇을 그리 찾고 있는가
한 모습에도 안 걸리면 비로소 부처를 보나니
그것을 이름하여 관자재(觀自在)라 함이여
꿈 깨 보면 죄업이란 원래 없는 것이지만
잠 못 깨면 이전의 업이 이자 붙어 돌아오네.

亦愚癡亦小騃 空拳指上生實解 執指爲月枉施功 根境塵中虛捏怪
역 우 치 역 소 애 공 권 지 상 생 실 해 집 지 위 월 왕 시 공 근 경 진 중 허 날 괴

不見一法卽如來 方得名爲觀自在 了卽業障本來空 未了還須償宿債
불 견 일 법 즉 여 래　방 득 명 위 관 자 재　요 즉 업 장 본 래 공　미 료 환 수 상 숙 채

◆ 주
· 소(小) : 보잘것없다.
· 애(騃) : 어리석다.
· 실해(實解) : 없는 것을 있다고 생각하다.
· 집지위월왕시공(執指爲月枉施功) : 언어는 '달(眞理)'을 가리키는 손이다. 경전을 지월(指月)이라 함도 이런 뜻에서다. 그러나 이걸 모르고 달을 가리키는 손을 달인 줄 착각하는 데에 우리의 비극이 있고, 방황이 있고, 고뇌가 있다.
· 날(捏) : 날조.
· 괴(怪) : 괴변.
· 방(方) : 바야흐로, 비로소.
· 관자재(觀自在) : 관세음보살의 다른 이름.
· 업장(業障) : 죄업으로 인한 장애.
· 숙채(宿債) : 전생에 지은 빚.

◆ 해설
기차를 타고 가면서 창밖을 보라. 전봇대를 지나서 간다. 그러나 다음 순간 기차는 정지해 있고 전봇대가 가고 있다.
자, 전봇대가 가고 있는가, 기차가 가고 있는가. 전봇대가 가고 있다고 생각하는 것은 '착각'이요, 기차가 가고 있다고 보는 것은 '깨달음'이다.

쉰넷

허기진 자 음식 만나 먹을 줄 모름이여
의사 만난 중병인들 무슨 소용 있겠는가
진흙 속에 뻗치는 이 지혜의 빛이여
불 속에 핀 연꽃이라 시들지 않나니
용시는 큰 죄 짓고도 깨달음을 얻어
마침내는 위대한 부처가 되었네.

飢逢王膳不能餐　病遇醫王爭得瘥　在欲行禪知見力　火裏生蓮終不壞
기봉왕선불능찬　병우의왕쟁득채　재욕행선지견력　화리생련종불괴
勇施犯重悟無生　早是成佛於今在
용시범중오무생　조시성불어금재

◆ 주
· 왕선(王膳) : 진수성찬.
· 의왕(醫王) : 이름난 의사
· 욕(欲) : 오욕락(五欲樂)의 준말. 인간의 욕망을 다섯 갈래로 묶은 것. 재물욕, 성욕, 식욕, 명예욕, 수면욕(睡眠欲, 현실 안주의 안이한 생각).
· 용시범중오무생(勇施犯重悟無生) : 미남 비구 용시(勇施)가 유부녀와 정을 통했는데 남편이 이를 알았다. 용시가 그 남편을 죽임으로써 살생계(殺生戒)를 범하고 고민하자, 성자 기구다라가 용시의 그런 어둠을 벗겨줬다. 용시는 기구다라 보살의 가르침을 받고 도를 깨달았다.

◆ 해설

깨달음의 씨앗은 번뇌의 밭에서 꽃피워야 한다. 번뇌라는 거름을 떠나, 그대여 어디 가서 깨달음을 얻겠다는 것인가. 온갖 희비애락이

난무하는 이 세상이야말로 깨달음의 꽃을 피울 수 있는 가장 좋은 거름밭이다.

쉰다섯

사자의 울음 소리 거침없는 말씀이여
어리석고 무지함을 깊이 탄식하나니
구름이 달을 가려 어둠만을 알 뿐이요
달에 걸린 실구름의 저 비밀은 모르네.

師子吼無畏說 深嗟懞懂頑皮靼 只知犯重障菩提 不見如來開秘訣
사 자 후 무 외 설　심 차 몽 동 완 피 단　지 지 범 중 장 보 리　불 견 여 래 개 비 결

◆ 주
· 몽(懞) : 어리석은 모양, 무식한 모양.
· 동(懂) : 마음이 산란한 모양.
· 완피단(頑皮靼) : 완고하고 무지하다.

◆ 해설
어둠은, 무지(無知)는 진리의 길에 방해가 된다. 그러나 이 어둠 속에, 이 무지 속에 오히려 진리의 저 빛으로 가는 지름길이 있다는 것을 알아야 한다.

쉰여섯

간음하고 사람 죽인 두 수행자 있었나니
존자 우바리의 반딧불만 한 지식이 더욱 길만 막았네
거사 유마의 가르침을 듣고
비로소 그들의 의문점은 눈 녹듯 사라졌네.

有二比丘犯婬殺 波離螢光增罪結 維摩大士頓除疑 還同赫日銷霜雪
유 이 비 구 범 음 살　파 리 형 광 증 죄 결　유 마 대 사 돈 제 의　환 동 혁 일 소 상 설

◆ 주
· 유이비구범음살(有二比丘犯婬殺) : 간음죄(婬戒)와 살인죄(殺戒)를 범한 두 비구가 있었다. 지계 제일 우바리 존자를 찾아갔다. 존자는 그 죄의 막중함을 일러주었다. 두 비구의 마음은 더욱 어두워질 뿐이었다. 유마를 만났다. 유마는 공(空)의 이치로 이들의 고뇌를 씻어주었다. 두 비구는 죄책감에서 벗어나 깨달음을 얻었다.

◆ 해설
죄의 본성은 없다. 여기 천년 동안 불을 켜지 않은 방이 있다. 그런데 어느 날 누군가가 횃불을 들고 이 방 안에 들어갔다. 그러자 천년 동안 거기 쌓여 있던 어둠이 일시에 사라져버렸다.
어둠은 '죄'에, 횃불은 '지혜'에 견줘보라. ……그렇다. '죄'란 본질적으로 없는 것이다. 그것은 지혜의 부재(不在)일 뿐이다.

쉰일곱

생각조차 못하겠네 치뻗는 이 빛줄기
이 누리 온갖 것에 종횡무진 끝없어라
사사공양을 내 어찌 마다하리
백만 냥의 금덩이조차 거침없이 써버리네
뼈를 부숴 가루 내어도 스승의 은혜 못 갚나니
뚜렷한 이 한 글귀는 모든 것을 초월했네.

不思議解脫力 妙用恒沙也無極 四事供養敢辭勞 萬兩黃金亦銷得
불사의해탈력 묘용항사야무극 사사공양감사로 만량황금역소득

粉骨碎身未足酬 一句了然超百億
분골쇄신미족수 일구료연초백억

◆ 주
· 묘용항사(妙用恒沙) : 갠지스강의 모래알같이 많은 초능력의 구사력.
· 사사(四事) : 신자가 수행자에게 제공하는 네 가지 생활필수품. 음식, 의복, 침구류, 의약품.

◆ 해설
깨닫고 난 다음에는 무얼 해야 하는가. 종횡무진으로 치달으면서 이 삶의 바다 속으로 다시 뛰어들어와야 한다. 이제부터 진짜 삶이 시작되는 것이다.

쉰여덟

진리의 왕 최고의 자리여
깨달은 이들 모두 이 자리에 앉네
나 또한 이 여의주(마음)를 깨달았나니
믿는 이는 누구나 서로 공감하고 있네.

法中王最高勝 河沙如來同共證 我今解此如意珠 信受之者皆相應
법중왕최고승　하사여래동공증　아금해차여의주　신수지자개상응

◆ 주
· 법중왕(法中王) : 진리(法) 가운데 최고의 왕.
· 신수지자(信受之者) : 믿고 몸소 실천하는 사람.

◆ 해설
　깨달음은 절정이다. 이 세상의 어떤 자리와도 바꿀 수 없는 최고의 자리다. 깨닫게 되면 누구나 다 이 최고의 자리에 앉게 된다. 여기 이 세상의 유치한 자리싸움 따위는 아예 없다.

쉰아홉

여기 단 한 물건도 없음이여
부처도 없고 중생도 없는 것이네
모래알같이 많은 은하계는 이 마음바다의 거품이요
저 모든 성인은 번개치듯 반짝했다 사라지네

설령 내 머리 위에 무쇠 바퀴를 씌워 돌린다 해도
이 집중력과 이 지혜의 힘은 부서지지 않네.

了了見無一物 亦無人兮亦無佛 大千沙界海中漚 一切聖賢如電拂
요료견무일물 역무인혜역무불 대천사계해중구 일체성현여전불
假使鐵輪頂上旋 定慧圓明終不失
가사철륜정상선 정혜원명종불실

◆ 주
 · 대천사계(大千沙界) : 온 우주.
 · 철륜(鐵輪) : 무쇠로 만든 바퀴.
 · 선(旋) : (바퀴 따위를) 돌리다.

◆ 해설
 깨달음을 부술 수 있는 것은, 마음을 부술 수 있는 것은 이 세상에 아무것도 없다. 저 에이즈균조차 이 마음을, 이 깨달음을 부술 수는 없다.

예순

해를 차갑게 하고 달을 뜨겁게 할 수 있다고 하더라도
악마의 무리는 이 말만은 못 꺾네
코끼리 등에 높이 앉아 여유롭게 가나니
사마귀 저 따위가 어찌 길을 막겠는가
코끼리는 토끼 다니는 샛길을 가지 않고

큰 깨달음은 작은 형식에 구애받지 않네
그대 그 비좁은 소견으로 함부로 비난 말지니
깨닫지 못한 그대 위하여 내 이제껏 지껄였네.

日可冷月可熱 衆魔不能壞眞說 象駕崢嶸漫進途 誰見螳蜋能拒轍
일가랭월가열　중마불능괴진설　상가쟁영만진도　수견당랑능거철
大象不遊於兎徑 大悟不拘於小節 莫將管見謗蒼蒼 未了吾今爲君決
대상불유어토경　대오불구어소절　막장관견방창창　미료오금위군결

◆ 주
· 쟁영(崢嶸) : 험준한 모양, 높은 모양.
· 만(漫) : 물 따위가 넓게 느릿느릿 흐르는 모양.
· 수견(誰見) : 누가 보았는가.
· 당랑(螳蜋) : 사마귀.
· 토경(兎徑) : 샛길.
· 소절(小節) : 자질구레한 예의범절 따위.
· 관견(管見) : 비좁은 소견. 갈대 줄기의 구멍을 통해 보면 하늘은 그 구멍만큼밖에 보이지 않는다.
· 방창창(謗蒼蒼) : '방(謗)'은 비방, '창창(蒼蒼)'은 비방을 거침없이 쏟는 모양.
· 결(決) : 애매한 것 또는 의심스러운 것을 분명하게 결정하다.

◆ 해설
깨달음을 얻게 되면 모든 것은 순리에 따른다. 결코 형식적이거나 인위적이지 않다. 물이 가듯 여유롭고 막힘없는 것, 그것이 깨달은 이의 모습이다. 「깨달음의 노래(證道歌)」는 여기서 끝난다. 벗이여, 그대에게도 큰 깨달음이 있기를…….

| 초판 맺는 말 |

  겨울, 집 없는 자의 아픔이 나를 적실 무렵, 바람 속에서 이런 말이 들려왔다.
  "선게(禪偈, 선시)를 모아보거라."
  신문사로 교정실로 텔레비전방에서 연탄가스방으로 굴러다니며 나는 선승들이 버리고 간 게송을 모으기 시작했다. 참으로 묘한 것은, 내가 망연자실하여 이 작업을 그만둬버릴까…… 머뭇거리고 있으면 필요한 책이 하나, 또 하나 내 앞으로 모여드는 것이었다. 보이지 않는 손이 나에게 책을 가져다주는 것만 같았다. 나는 다시 용기를 내어 던진 붓을 고쳐잡았다. 또 좌절이다. 여기는 도저히 내 힘으론 번역해낼 수 없다고 팽개치려 하면 나도 모르게 번역이 술술 물 흘러가는 것이었다.
  그리하여 나는 알았다. 그 어떤 절대의 힘이 이 시대의 요구에 따라 나 석지현이라는 몸을 빌려 지금 이 작업을 진행하고 있음을. 이 일을 감당해내게 하기 위해 그 겨울 시련 속으로 나를 던져버렸음을.
  이렇게 모아진 선게는 무려 1천여 편, 아니 끝이 없었다. 그중에서 잔가지는 잘라내고 빽빽한 곳은 솎아서 우선 500여 편, 1,500매의 원고를 만들었다.

이 책 『선시』가 나오기까지는 지난날 나를 이끌어 선으로 가게 했고 또 선시의 운(韻)을 달아주신 환성(幻惺) 노스님, 내가 헛발 디딘 곳을 바로잡아주신 덕산(悳山) 노스님, 서문을 주신 경봉(鏡峰) 노스님, 그리고 교열을 맡아주신 서정주(徐廷柱) 선생님, 동국대 도서관 열람과를 비롯하여 나를 쫓아내기도 하고 받아주기도 한 내 주위의 모든 사람 덕분이라고 나는 생각한다.

잘못되고 객기 부린 곳은 세세생생(世世生生)을 두고 바로잡겠다. 끝으로 이 원고를 거둬주신 현암사 조상원 사장님께 감사드리며, 그분의 앞날에 많은 가호가 있기를 빈다.

1974년 12월 6일 새벽
소림굴(少林窟)에서 석지현 씀

|작가 소개|

* 한=한국, 중=중국, 일=일본, 인=인도

ㄱ

경암 응윤(鏡岩應允, 1743~1804) 한

조선 후기의 승려. 1757년 15세에 출가했다. 추파 홍유(秋波泓宥)의 문하에서 공부를 마친 다음 28세에 강의를 열고 20여 년 동안 제자들을 가르쳤다. 문득 깨달은 바가 있어 환암(喚庵)을 찾아 선지(禪旨)를 받고 두류산 꼭대기에 작은 암자를 짓고 수행에 몰두했다. 1804년(순조 4) 1월 13일 62세로 입적.

경허 성우(鏡虛惺牛, 1849~1912) 한

구한말의 선승. 1849년(헌종 15) 전주에서 태어나 9세에 경기도 광주(廣州) 청계산의 청계사(淸溪寺) 계허(桂虛)에게 출가했다. 동학사(東鶴寺) 만화(萬華)에게 경을 배우고 23세에 만화의 뒤를 이어 동학사의 강백(講伯)이 되었다. 31세 때 전염병이 퍼진 어느 마을을 지나다 발심(發心), 동학사에 돌아와 강(講)을 폐지하고 문을 걸어잠근 채 3개월간 정진한 끝에 크게 깨달았다. 바람이 부는 대로 물이 흐르는 대로 각지를 떠돌면서 숱한 이야기를 남겼다. 나라에 단발령이 내리자 56세 때 갑산(甲山) 강계(江界)로 들어가 장발(長髮)에 유관(儒冠)을 하고 난주(蘭州)라 개명하고는 서당 훈장을 하다가 64세 때 갑산의 웅이방(雄耳坊)에서 입적했다. 그의 문하에서 만공(滿空), 혜월(慧月), 수월(水月), 방한암(方漢岩) 등 근세의 선승이 거의 다 배출되었다. 선시 300여 편이 남아 있다. 저서로 『경허집(鏡虛集)』이 있다.

광덕의 아내(廣德 妻, ?~?) 한

신라 문무왕(재위 661~681) 때 사람으로, 경주 분황사 서쪽에서 광덕과 함께 살며 정토(淨土) 수행에 전념했다. 저 유명한 향가 「원왕생가(願往生歌, 가고파 노래)」를 지었다.

기암 법견(奇巖法堅, 1552~1634) 한

서산(西山, 청허 휴정)의 뛰어난 제자 가운데 한 사람으로, 지리산과 금강산 등지에서 주로 수도했다. 1634년(인조 12) 83세로 입적. 저서로 『기암집(奇巖集)』이 있다.

기타 다이치(祇陀大智, 1289~1366) 일

일본 묵조풍 선시의 거장. 구마모토현(熊本縣) 우토군(宇土郡) 시라누이정(不知火町) 나가사키(長崎)에서 태어났다. 7세 때 간간 기인(寒巖義尹)에게 출가하여 후에 게이잔 쇼긴(瑩山紹瑾)의 문하에 들어가 선지(禪智)를 깨달았다. 25세 때 중국에 들어가 고림 청무(古林淸茂), 중봉 명본(中峰明本) 등의 문하에서 수학했다. 일본에 돌아와서 메이호 소데쓰(明峰素哲)의 법을 이었다. 1366년 78세로 입적했다. 저서로 『대지선사게송(大智禪師偈頌)』이 있다.

ㄴ

나옹 혜근(懶翁惠勤, 1320~1376) 한

20세에 이웃 동무가 죽는 것을 보고 "죽으면 어디로 가느냐"고 어른

들에게 물었으나 아는 이가 없으므로 비통한 생각을 품고 공덕산(功德山) 묘적암(妙寂庵)에 가서 요연(了然)에게 출가했다. 요연과의 문답 후 제방(諸方)을 행각(行脚)하다가 1344년 양주(楊州) 회암사(檜岩寺)에서 4년 동안 좌선하여 얻은 바가 있었다. 중국 북경에서 지공(指空)을 친견, 계오(契悟)한 바가 있어 여기서 2년 동안 공부했다. 다시 남방으로 가서 평산 처림(平山處林)에게 법좌(法座)와 불자(拂子)를 받았다. 중국 천지의 여러 선지식을 친견한 후 다시 지공에게 돌아와 법좌와 불자를 받았다. 1376년(우왕 2) 왕명으로 밀양의 영원사(瑩源寺)로 가다가 여주 신륵사(神勒寺)에서 입적했다. 세수 57, 법랍 38. 그의 비와 부도가 신륵사와 회암사지에 있다. 저서로 『나옹화상어록(懶翁和尙語錄)』이 있다.

ㄷ

다이구 료칸(大愚良寬, 1758~1831) 일

일본 니카타현(新潟縣) 미시마군(三島郡) 이즈모자키(出雲崎)에서 태어났다. 18세 때 광명사(光明寺)에서 출가했으며 22세 때 다이닌 고쿠센(大忍國仙) 문하에서 수행에 전념하여 인가를 받았다. 이후 일본 각지를 유랑하고는 40세경 니카타현 국상산(國上山) 오합암(五合庵)에 주석하다가 74세로 입적했다. 그는 조동종계의 선승이었지만 굳이 어느 한 종파에 예속되지 않고 자유로운 삶을 살았다. 일생 동안 무소유의 청빈한 생활을 일관하면서 한산시풍(寒山詩風)의 섬세하고 맑은 시를 많이 남겼다. 또한 음성이 좋아 그의 독경소리를 듣고 감동하지 않은 사람이 없었다고 한다. 저서로 『양관화상시가집(良寬和尙詩歌集)』 등이 있다.

단하 자순(丹霞子淳, 1064~1117) 중

송(宋)나라 때 사람으로 천동 정각(天童正覺)의 스승이다. 부용 도개(芙蓉道楷)의 법을 이었다. 조동종에 속하며, 등주(鄧州) 단하산(丹霞山)에서 오랫동안 주석했다. 수주(隨州)의 대홍산(大洪山)으로 법좌(法座)를 옮겨 거기서 천동 정각에게 제일좌(第一座)를 맡겼다.

대각 회련(大覺懷璉, 1009~1090) 중

중국 복건성 장주(漳州)에서 태어났다. 속성(俗姓)은 진씨(陣氏). 어려서 출가해 뜻이 굳세었으며 10여 년간 회징(懷澄)에게 사사했다. 주로 여산(廬山)의 원통사(圓通寺)에 머물렀다.

대숙륜(戴叔倫, 732~789) 중

중국 강소성 윤주(潤州)에서 태어났다. 자는 유공(幼公), 무주자사(撫州刺史)를 지냈다. 성품이 워낙 온화했던 그는 많은 사람으로부터 호의를 받았다.

대혜 종고(大慧宗杲, 1089~1163) 중

1089년 중국 안휘성 영국(寧國)에서 태어났다. 1105년 17세에 동산(東山) 혜운사(慧雲寺)에 입산했다. 혼자 선적(禪籍) 연구에 몰두하다가 동산미(洞山微)에게 조동종의 선지(禪旨)를 받았다. 담당 문준(湛堂文準)을 찾아가 참선수행에 전념하다가 문준이 입적한(1115) 뒤 그의 유언에 따라 1124년 원오(圜悟) 문하에서 각고의 수행 끝에 크게 깨달았다. 1134년 금(金)과의 전쟁을 피해 복건성의 양서암(洋嶼庵)에 머물면서 묵조선(默照禪) 비판의 포문을 열며 간화선(看話禪)을 부르짖었다. 금과의 전쟁이 평화적으로 성립되자 주전론자(主戰論者) 장구성(張九成)

과 함께 승적을 박탈당하고 호남성으로 유배되어 10년 동안 머물렀다. 후에 경산(徑山)의 능인선원(能仁禪院)으로 돌아와 임제선풍 재건에 힘썼다. 그는 당시 묵조선의 거장이었던 천동 정각(天童正覺)과 절친한 도반이었다. 1163년 75세에 입적했다. 저서로『대혜어록(大慧語錄)』외 여러 권이 있다.

ㅁ

마나라 존자(摩拏羅尊者, ?~165) : 인
인도 선종의 제22조. 나제국왕(那提國王)의 둘째아들. 30세 때 파수반두(婆修盤頭) 존자를 만나 출가, 그의 법을 이었다. 주로 서인도에서 활동하다가 학륵나(鶴勒那) 존자에게 법을 전하고 입적하였다.

마쓰오 바쇼(松尾芭蕉, 1644~1694) 일
일본 에도(江戶) 시대 하이쿠(俳句)의 대가. 이가우에노(伊賀上野)에서 태어났다. 도도(藤堂) 문하에 들어가 하이카이(俳諧)를 배우다가 도도가 죽자 교토(京都)로 가서 하이카이를 더 익힌 후 에도에 나가 하이쿠의 대가가 되었다. 그 후 파초암(芭蕉庵)에 들어가 수년 동안 빈곤과 고독을 벗 삼아 자신의 시풍(詩風, 排風)을 확립했다. 여행과 참선, 하이쿠 창작으로 남은 생애를 보내다가 51세 되던 해 여행중 병이 들어 임종게를 남기고 숨을 거뒀다. 저서로『파초칠부집(芭蕉七部集)』등이 있다.

만해 한용운(萬海 韓龍雲, 1879~1944) 한
1879년(고종 16) 충남 홍성에서 태어났다. 승려요 시인이며 독립운동가다. 28세에 설악산 백담사(百潭寺)로 입산했다. 3·1운동에 불교 대

607

표로 참가했으며 3년간 감옥살이를 했다. 1925년 시집『님의 침묵』을 발간했다. 1944년 서울 성북동 심우장(尋牛莊)에서 입적.

매월당 김시습(梅月堂 金時習, 1435~1493)
세종 17년 한양에서 태어났다. 자는 열경(悅卿)·설잠(雪岑), 호는 매월당·동봉(東峰)·청한자(淸寒子)·벽산청은(碧山淸隱)·췌세옹(贅世翁)이다. 3세에 시문(詩文)에 능통하고 5세에 대학(大學)에 출입하였다. 단종 3년 삼각산 중흥사(重興寺)에서 독서중 세조가 단종을 폐했다는 소식을 듣고 불문(佛門)에 귀의했다. 세조가 수차례 불렀으나 목숨을 걸고 불응했다. 생육신(生六臣)의 한 사람이다. 성종 12년 47세 때 장발(長髮), 안씨의 딸과 결혼했으나 오래지 않아 처가 죽자 다시 산으로 돌아와 성종 24년 홍산(鴻山) 무량사(無量寺)에서 59세로 입적했다. 저서로『매월당시사유록(梅月堂詩四遊錄)』이 있다.

맹호연(孟浩然, 689~740)
중국 호북성 양양(襄陽)에서 태어났다. 성당(盛唐)의 시인으로 왕유(王維), 장구령(張九齡) 등과 교유하면서 일생을 야인(野人)으로 살았다. 저서로『맹호연집(孟浩然集)』(4권)이 있다.

무경 자수(無竟子秀, 1664~1737)
어머니 김씨의 꿈에 석불(石佛)이 와서 안기는 것을 보고 잉태, 1664년(현종 5) 2월 13일 출생했다. 16세에 서줄산 운문사(雲門寺) 추계 유문(秋溪有文)에게 출가, 부용 영관(芙蓉靈觀)의 6세가 되었다(芙蓉靈觀 → 淸虛休靜 → 靜觀一禪 → 任性冲彦 → 圓應智根 → 秋溪有文 → 無竟子秀). 여러 곳에서 납자의 제접(提接)과 사우중수(寺宇重修), 저술에 힘쓰다가 쌍계사에 이르러 미소를 보인 후 그 다음 날 대중을 모아놓고 부지런히 공부할 것을 당부, 1737년(영조 13) 입적했다. 세수 74, 법랍 58. 가물던 하늘에 번개가 울면서 서기가 어리고 사후부터 다비 때까지 이적이 연달아 일어났다. 그의 부도가 전주 송광사 추계화상지탑(秋溪和尙之塔) 우측에 서 있다. 저서로 『무경집(無竟集)』이 있다.

무본 가도(無本賈島, 779~843)

중당(中唐)의 시인. 779년 중국 하북성 범양(范陽)에서 태어났다. 자는 낭선(浪仙). 젊은 시절에 출가했다. 무본(無本)이라는 승명(僧名)을 가졌으나 한유(韓愈)를 만나 환속, 진사(進士)에 추천되었으나 급제하지 못하고 20년 이상 낙제만 거듭하다 만년에야 겨우 장강주부(長江主簿)라는 관직을 얻었다. 그러나 그의 시만은 영원히 남았다. 그는 백거이의 평이한 시풍에 반대하여 한 자 한 구를 표현하는 데도 무진 애를 썼다. "이구삼년득 일음쌍루류(二句三年得 一吟雙淚流 _ 題詩後)." 이 구절은 그가 시구 선택에 얼마나 고심했는가를 보여주는 좋은 예다. 그는 연말이 되면 1년간 지은 시를 모두 책상 위에 놓고 향을 피워 절하며 "이것이 1년간의 노작"이라고 천지신명께 고해 바친 다음 술에 만취했다고 한다. 또 서예에도 조예가 깊었다. 그가 죽자 집에는 단 한 푼의 돈도 없었으며 남은 건 오직 병든 당나귀와 낡은 거문고뿐이었다고 한다. 가도는 시인으로서 좋은 본보기가 되는 인물이다. 저서로 『장강집(長江集)』이 있다.

묵암 최눌(默庵最訥, 1717~1790)

1717년(숙종 43)에 태어났다. 18세에 징광사(澄光寺)에 입산하여 19세에 조계의 풍암(楓巖)에게 경을 배우고 제방(諸方)의 종사들을 역참

(歷參)했다. 27세에 대광사(大光寺) 영천란야(靈泉蘭若)에서 개법(開法), 선·교 양 종문(宗門)에서 전인미발(前人未發)의 입장을 주장했다. 1790년(정조 14) 조계산 보조암(普照庵)에서 목욕한 후 조용히 입적했다. 세수 74. 고금의 전적(典籍), 시서(詩書), 백가(百家)의 어(語)에 통하지 않음이 없었다. 저서로『묵암대사시초(默庵大師詩抄)』가 있다.

밀암 함걸(密庵咸傑, 1118~1186) 중
속성은 정씨(鄭氏), 복주(福州) 사람으로 임제종에 속한다. 어려서부터 총명했으며, 유년에 출가했다. 제방(諸方)을 다니다가 응암선사(應庵禪師)를 만나 수행에 전념하다가 다시 행각(行脚)길에 올랐다. 처음에는 망구(芒衢)의 오거(烏巨)에 주석했다. 후에 장산(蔣山)의 화장(華藏)으로 옮기고 다시 경산 영은사(靈隱寺)로 옮겼다. 만년에는 태백산(太白山)에 머물면서 사방의 운수(雲水)를 접득(接得)했다. 1186년 6월 12일 69세로 입적했다.

ㅂ

배적(裵迪, 716~?) 중
중국 관중(關中)에서 태어났다. 종남산에 머물면서 왕유 등과 친분을 맺었다. 촉주자사(蜀州刺史)를 지냈다.

백거이(白居易, 772~846) 중
중국 섬서성 위남(渭南)에서 태어났다. 자는 낙천(樂天). 29세에 진사과에 급제하여 형부상서(刑部尙書)로 관직을 그만두었다. 원화시(元和詩) 형식의 완성자이며, 그의 시「장한가(長恨歌)」,「비파행(琵琶行)」등은 문인뿐 아니라 일반 서민들에게까지 널리 애송되었다. 저서로『백씨장경집(白氏長慶集)』이 있다.

백곡 처능(白谷處能, 1617~1680) 햄

12세에 입산, 신익성(申翊星)에게 외전(外典)을 배워 시(詩)와 문(文)에 능했다. 지리산 쌍계사 벽암(碧巖)에게 23년 동안 사법(嗣法)하고 속리산 청룡사(靑龍寺), 성주사(聖住寺), 계룡산 등지에서 법석(法席)을 열고 안심암(安心庵)에 오랫동안 주석했다. 숙종 6년 금산사(金山寺)에서 대법회를 열고 7월에 입적했다.

벽송 지엄(碧松智嚴, 1464~1534) 햄

태고 보우(太古普愚)의 5세손. 세조 10년에 태어났다. 속성은 송씨(宋氏)이며, 부안(扶安) 사람이다. 전공(戰功)을 세우고 돌아오다가 느낀 바 있어 계룡산 조징대사(祖澄大師)에게 입산했으며, 벽계 정심(碧溪正心)에게서 전등(傳燈)의 밀지(密旨)를 연구했다. 중종 3년 금강산 묘길상암(妙吉祥庵)에서『대혜어록(大慧語錄)』을 보다가 '무(無)' 자 공안(公案)에서 깨달음을 얻었다. 온갖 산을 유람했으며, 1534년(중종 29) 겨울 문인들을 수국암(壽國庵)에 모이게 한 후『법화경』을 강하다가 방편품(方便品)에 이르러 탄식, 게송을 읊은 다음 시자를 불러 차 한 잔을 부탁하고 입적했다. 세수 71세.

부대사(傅大士, 497~569) 중

이름은 흡(翕), 자는 현풍(玄風). 24세에 계정당(稽停塘)에서 인도 승려 숭두타(嵩頭陀)를 만나 불도(佛道)에 뜻을 두고 송산의 쌍도수(雙擣樹) 사이에 암자를 짓고 스스로 이름하여 쌍수림하당래해탈선혜대사(雙

樹林下當來解脫善慧大士)라 하였다. 낮에는 품을 팔고 밤에는 대법(大法)을 연설하기 7년, 소문이 사방에 퍼져 천하의 명승들이 모였다. 547년 단식분신공양(斷食焚身供養)할 서원을 세웠다가 제자들의 만류로 그만두고 제자 열아홉 명이 대신 몸을 태웠다. 548년 송산정(松山頂)에 가서 칠불(七佛) 전에 참배하고 태건 1년 4월에 입적했다. 세수 73세. 경(經)을 넣어두는 전륜장(轉輪藏)을 만들었으므로 후세에 전륜장 가운데 사(師)의 상(像)을 모셨다. 저서로 『부대사록(傳大士錄)』(4권)과 『심왕명(心王銘)』(1권)이 있다.

부휴 선수(浮休善修, 1543~1615)

17세에 지리산 신명(信明)에게 출가했으며, 후에 부용 영관(芙蓉靈觀)의 법을 이었다. 특히 글씨를 잘 썼으며, 임진란 당시 덕유산 바위굴에 은거했다. 무주(茂州) 구천동(九泉洞)에서 『원각경(圓覺經)』을 읽다가 큰 구렁이를 제도했으며, 1614년(광해군 6) 송광사를 거쳐 칠불암에 갔다가 다음 해에 입적했다. 세수 73. 저서로 『부휴당대사집(浮休堂大師集)』(5권)이 있다.

ㅅ

사명 유정(四溟惟政, 1544~1610)

서산(西山, 청허 휴정)의 고제(高弟). 밀양 출생으로, 황악산(黃嶽山) 직지사(直指寺)의 신묵(信默)에게 입산했다. 그 후 묘향산에 들어가 청허(淸虛)의 법을 이었다. 1592년 임진란이 나자 승병을 모집, 청허와 합세해 참전했다. 각처에서 왜적을 물리치다가 1604년 일본에 사신으로 가서 강화조약을 맺고 포로 3,500명을 데리고 왔다. 1610년(광해군 2) 8월

26일 해인사 홍제암(弘濟庵)에서 입적. 세수 67, 법랍 55. 홍제암에 (일본인에 의해) 허리 잘린 그의 비가 있다. 저서로『사명당대사집(四溟堂大師集)』이 있다.

삼봉 지탁(三峯知濯, 1750~1839) 한
1750년(영조 26)에 태어났다. 어려서 견불암(見佛庵) 강서사(江西寺) 성붕선사(性鵬禪師)에게 득도했다.『수능엄경(首楞嚴經)』을 만독(萬讀)했으며, 주로 설악산 신흥사(新興寺), 금강산 영원암(靈源庵) 등지에 주석했다. 금강산 장안사 지장암에서 90세에 입적했다. 저서로『삼봉집(三峯集)』이 있다.

삽계 ○익(霅溪○益, ?~?) 중
전하는 바가 거의 없다. 송나라 때의 선승인 듯하다.

상건(常建, 708~765) 중
중국 장안에서 태어났다. 맹호연, 왕유 등의 시풍에 가까운 시를 썼다. 저서로『상건집(常建集)』이 있다.

석선탄(釋禪坦, ?~?) 한
고려 후기의 승려로 호는 환옹(幻翁)이다. 시에 능했으며 익재 이제현(益齋 李齊賢, 1287~1367)과 교유가 깊었다.

선월 관휴(禪月貫休, 832~912) 중
832년 중국 절강성 난계(蘭谿)에서 태어나, 839년 8세에 안화사(安和寺)에 출가했다. 시(詩)·서(書)·화(畵)에 모두 뛰어났으며, 특히 시승

(詩僧)으로서 이름이 높았다. 방랑으로 일생을 보냈으며 승·속을 가리지 않고 누구와도 친분이 두터웠다. 오월왕(吳越王) 전씨(錢氏)가 특히 그를 존경했으며 '선월대사(禪月大師)'라는 호를 바쳤다. 912년 81세에 입적했다.

설담 자우(雪潭自優, 1769~1830) 荷

어머니가 꿈에 동승(童僧)이 와서 하룻밤 재워달라고 청하는 것을 보고 잉태했다. 속리산 복천암(福泉庵) 서곡장로(瑞谷長老)에게 출가했다. 해인사에 여러 해 동안 박혀서 일대시교(一大時敎, 팔만대장경)를 열람했으며, 그의 학덕이 사방에 두루 퍼졌다. 모은(暮隱)이 입적 후 강석(講席)을 열라고 권했으나 사양하고, 남방으로 내려가 설봉선사(雪峯禪師)를 참(參)하고 여기서 깨우침을 얻었다. 선·교의 대종주(大宗主)이며 삼장(三藏)에 통하지 않음이 없었고 아울러 제자백가의 서(書)에도 통달하여 그의 가르침을 받고자 오는 이가 구름 같았다. 복천암에 돌아와 입적, 그곳에 그의 부도가 있다.

설두 중현(雪竇重顯, 980~1052) 禺

이름은 은지(隱之), 호는 중현(重顯). 운문문언(雲門文偃)의 4세 법손(法孫). 송(宋) 태평(太平) 흥국(興國) 5년 4월 8일 출생. 진종(眞宗) 함평(咸平) 중 익주(益州) 보안원(普安院) 인선(仁銑)에게 출가했다(24세). 44세 경『설두송고(雪竇頌古)』를 지었는데, 이것이『벽암록(碧巖錄)』의 원전이 되었다.

설암 추붕(雪巖秋鵬, 1651~1706) 荷

1651년(효종 2)에 태어났다. 종안(宗眼)에게 출가하여 벽계 구이(碧溪

九二)에게 경론(經論)을 배워 통달하고 월저 도안(月渚道安)의 법을 이었다. 계행(戒行)이 엄정하고 언변이 유창하여 많은 학인이 모였다. 1706년(숙종 32) 입적.

소식(蘇軾, 蘇東坡, 1036~1101) 중

중국 사천성에서 태어났다. 호는 동파(東坡). 왕안석(王安石)의 정치개혁에 반대하는 시를 썼다가 유배되었다. 당송 팔대가(唐宋八大家) 가운데 한 사람이며, 서예에도 조예가 깊어 송(宋) 4대 서가(書家)의 한 사람이기도 하다. 선(禪)에도 깊이 통달해 상총조각선사(常總照覺禪師)의 법을 이어받아 오도송(悟道頌)을 짓기도 했다. 저서로『동파집(東坡集)』(115권)이 있다.

소요 태능(逍遙太能, 1562~1649) 한

어머니가 꿈에 신승(神僧)을 보고 잉태했다. 1562년(명종 17)에 전남 담양(潭陽)에서 태어났다. 13세에 백양사(白羊寺)에 입산하여 부휴대사(浮休大師)에게 경(經)을 배우고 묘향산에 들어가 서산대사(西山大師)를 친견했다. 공안참구(公案參究) 20년 만에 깨달음을 얻었다. 1649년(인조 27) 11월 21일 담담히 앉아서 입적했다. 서산(西山), 경허(鏡虛), 청매인오(靑梅印悟)와 더불어 한국 선시(禪詩)의 국보적 존재다. 저서로『소요당집(逍遙堂集)』이 있다.

숭승 ○공(崇勝 ○珙, ?~?) 중

송나라 때의 선승인 듯하나, 자세한 것은 전하지 않는다.

습득(拾得, ?~?) 图

중국 당나라 때의 전설적인 인물 한산(寒山)의 친구. 중국 천태산 국청사(國淸寺) 근방에서 얻어먹으며 일생을 보냈다. 부모가 누군지 알 수 없고 출생지도 알려지지 않았다.

심문 담분(心聞曇賁, ?~?) 图

송나라 때의 선승인 듯하나, 자세한 것은 전하지 않는다.

ㅇ

야보 도천(冶父道川, ?~?) 图

송나라 때 사람으로 성은 적씨(狄氏), 이름은 삼(三). 군(軍)의 궁수(弓手)였다. 재동(齋東)의 도겸선사(道謙禪師)에게 발심(發心)하여 도천(道川)이라는 호를 얻었다. 임제선의 일맥(一脈)인 정인 계성(淨因繼成)에게 인가를 받았다. 고향 재동에 돌아와「금강경야보송(金剛經冶父頌)」을 지었는데, 선문(禪文)의 백미로 일컬어진다.

야운 시성(野雲時聖, 1710~1776) 圀

1710년(숙종 36)에 태어났다. 어머니가 꿈에 상서로운 구름이 땅에 어리는 것을 보고 그 구름을 치마에 안은 후 그를 잉태하여 소명(小名)을 취운(取雲)이라 했다. 청량산 연대사(蓮臺寺)로 출가했으며, 와운선사(臥雲禪師)에게 입실(入室)하여 심인(心印)을 받았다. 환성(喚惺)의 적손이며 서산(西山)의 7세손이다. 운달산(雲達山), 봉암사(鳳巖寺) 등지에 머물며 제자들을 가르치다가 1776년(영조 52) 6월 6일 용문산 창기사(昌基寺)에서 입적했다. 세수 67, 법랍 59.

양지(良志, ?~?) 韓

신라 후기의 승려 조각가. 선덕여왕(재위 632~647) 때 사람으로, 특히 조각과 서예에 뛰어났다.

영가 현각(永嘉玄覺, 665~713) 中

호는 일숙각(一宿覺), 자는 명도(明道), 속성은 대(戴). 중국 온주(溫州)의 영가현(永嘉縣) 사람으로 8세 때 출가, 경전에 통달했다. 특히 천태(天台)의 지관(止觀) 수행에 조예가 깊었다. 『유마경』을 보다가 깨우침을 얻었으며, 후에 육조 혜능(六祖慧能)을 만나 크게 깨달았다. 장편선시인 「증도가(證道歌, 깨달음의 노래)」는 그가 육조를 만나 대오(大悟)한 그날 밤의 감격을 읊은 것이다. 당(唐) 개원(開元) 1년 10월 용흥사(龍興寺) 별원(別院)에서 입적했다. 시호는 무상대사(無相大師), 진각대사(眞覺大師). 저서로 『선종영가집(禪宗永嘉集)』, 『관심십문(關心十門)』, 『증도가(證道歌)』 등이 있다.

왕건(王建, 768~830) 中

자는 중초(仲初). 악부(樂府)에 능하여 많은 궁사(宮詞)를 썼다. 저서로 『왕사마집(王司馬集)』이 있다.

왕유(王維, 699~761) 中

중국 산서성 태원(太原)에서 태어났다. 자는 마힐(摩詰). 9세 때부터 시를 썼고, 21세 때부터 40여 년 동안 관직 생활을 했다. 30세 전후에 아내를 잃고 독신으로 살면서 틈틈이 선 수행(禪修行)에 전념해, 중국 선시의 일인자가 되었다. 안녹산(安祿山)의 난에 연루되어 죽을 뻔했다가 아우 왕진(王縉)의 도움으로 살아났다. 시뿐만 아니라 음악, 그림에

도 뛰어나 남종화(南宗畵, 文人畵)의 원조(元祖)가 되었다. 저서로『왕우승집(王右丞集)』(6권)이 있다.

왕창령(王昌齡, 698~756) 중

중국 장안에서 태어났다. 자는 소백(少伯). 몇 가지 관직에 있다가 불우한 생을 마쳤다. 특히 이백과 더불어 칠언절구에 뛰어났다. 저서로『왕창령시집(王昌齡詩集)』(5권)이 있다.

용담 조관(龍潭慥冠, 1700~1762) 한

자는 무회(無懷), 속성은 김씨(金氏)이며 1700년(숙종 26)에 태어났다. 19세에 감로사(甘露寺) 상흡(尙洽)에게 출가, 선과 교에 통달했다. 견성암(見性庵)에서『기신론(起身論)』을 읽다가 깨달음을 얻었다(33세). 여러 번 강(講)을 폐했으나 문도(門徒)들의 청에 못 이겨 다시 개강(開講)했다. 1762년(영조 38) 입적. 세수 63, 법랍 44. 저서로『용담집(龍潭集)』이 있다.

운담 정일(雲潭鼎馹, 1741~1804) 한

1741년(영조 17) 경상도 상주(尙州)에서 태어났다. 7세에 아버지를 여의고 12세에 광덕산(廣德山)으로 출가했다. 21세에 나암(懶菴)에게『화엄경』을 배우고 52세에 연담(蓮潭)에게 선(禪)을 인가받았다. 53세에 대둔사(大芚寺)에서 화엄대회(華嚴大會)를 열었다. 저서로『운담임간록(雲潭林間錄)』(1권)이 있다.

원감 충지(圓鑑冲止, 1226~1292) 한

고려시대의 승려. 19세에 문과(文科)에 장원, 한림학사(翰林學士)가 되었고 일본에 사신으로 다녀왔다. 선원사 원오(圓悟)에게 법을 받고 41세에 김해 감로사에 있다가 원오국사가 입적한 후 그의 뒤를 이어 조계(曹溪) 제6세가 되었다. 원(元)나라 세조(世祖)가 북경으로 청하여 빈주(賓主)의 예로 맞고 금란가사(金襴袈裟)와 백불(白拂)을 선사하기도 했다. 1292년(고려 충렬왕 18) 입적. 세수 67.

원오 극근(圜悟克勤, 1063~1135) 骨

중국 송나라 때의 임제종 승려. 팽주(彭州) 숭녕(崇寧) 사람으로, 어린 시절에 묘적원(妙寂院) 자성(自省)에게 출가해 오조 법연(五祖法演)의 법을 이었다. 불안(佛眼), 불감(佛鑑)과 함께 오조 문하의 삼불(三佛)이라 일컬어진다. 거사 장무진(張無盡)의 청으로 협산(夾山)의 벽암(碧巖)에서 주석했다. 여기에서 설두(雪竇)의 『설두송고(雪竇頌古)』에 평창(評唱)·수시(垂示)·착어(着語)를 붙여 『벽암록(碧巖錄)』을 저술했다. 만년에 소각사(昭覺寺)에 돌아가 1135년 8월 73세에 입적했다. 저서로 『불과원오선사어록(佛果圜悟禪師語錄)』(20권)과 『벽암록』(10권)이 있다.

원진(元稹, 778~831) 骨

중국 하남성 낙양(洛陽)에서 태어났다. 자는 미지(微之). 재상으로 있을 때 부패한 정치의 개혁을 시도하다가 실패하여 좌천되었다. 백거이와 더불어 '원화시체'를 완성한 인물이다. 저서로 『원씨장경집(元氏長慶集)』이 있다.

월명사(月明師, ?~?) 骨

신라 후기의 승려. 특히 피리를 잘 불어 가던 달도 멈추고 그의 피리 소리를 들었다고 한다. 또한 향가(鄕歌)도 잘 지었는데 「도솔가(兜率

家)」와 「제망매가(祭亡妹歌, 누비굿 노래)」가 유명하다.

월파 태율(月波兌律, 1695~1775) 居

1695년(숙종 21)에 태어났다. 15세에 묘향산 불지암(佛智庵)에 들어가 삼변(三卞)을 은사로 사서(史書)를 배우기 1년 반, 아버지가 죽자 상을 치르고 출가했다. 『화엄경』, 『원각경』, 『능엄경』, 『염송(拈頌)』에 능통했으며 호암(虎岩)에게 가서 크게 깨달았다. 향산(香山)의 불지사(佛智寺), 송악(松嶽)의 반룡사(盤龍寺), 용문(龍門)의 내원(內院) 등에서 법당(法幢)을 세우기 30여 년, 60세에 이르러 강(講)을 폐했다. 81세에 입적.

위응물(韋應物, 737~804) 居

중국 장안에서 태어났으며, 소주자사((蘇州刺史)를 지냈다. 성품이 고결했으며 담박한 시를 많이 썼다. 저서로『위소주집(韋蘇州集)』(10권)이 있다.

유장경(劉長卿, 710~785) 居

중국 하북성 하간(河間)에서 태어났다. 자는 문방(文房). 특히 오언절구 시를 잘 썼다. 저서로『유수책자집(劉隨冊子集)』(10권)이 있다.

유종원(柳宗元, 773~819) 居

중국 산서성 하동(河東)에서 태어났다. 자는 자후(子厚). 당대(唐代)의 산문대가(散文大家)였던 그는 왕숙문(王淑文)의 혁명집단에 참가했다가 유주자사(柳州刺史)로 좌천되었다. 당송 팔대가 가운데 한 사람으로, 문장은 한유(韓愈)와 쌍벽을 이뤘고 시는 왕유·맹호연과 어깨를 겨뤘다. 저서로『하동선생집(河東先生集)』이 있다.

율곡 이이(栗谷 李珥, 1536~1584)

조선시대의 대표적인 성리학자. 중종 31년(1536) 12월 28일 강원도 강릉에서 태어났다. 13세 때 진사초시에 합격했다. 16세 때 어머니인 신사임당이 세상을 떠나자 3년상을 치르고 19세 때 금강산으로 입산수도, 1년 후 환속했다. 23세 때 퇴계(退溪)를 찾아가 학문에 매진, 성리학과 불경에 두루 통달했다. 29세 때 문과에 장원급제하여 호조판서, 병조판서 등 주요 관직을 두루 거쳤다. 42세 때 모든 관직에서 물러나 시골로 가서 제자들을 가르쳤다. 선조 17년(1584) 정월 16일 서울 인사동 자택에서 49세를 일기로 세상을 떠났다.『성학집요(聖學輯要)』,『동호문답(東湖問答)』등 많은 저서를 남겼다.

이백(李白, 701~762)

부친이 중국 감숙성(甘肅省)에서 살다가 서역(西域)으로 이주, 그는 서역에서 태어나 사천성(四川省)에서 살았다. 자는 태백(太白). 성당(盛唐)의 시인으로, 젊었을 때는 한때 협객(俠客) 생활을 했다. 42세 때 장안으로 가서 하지장(賀之章)의 소개로 현종(玄宗)을 만나 시를 지어 올렸다. 현종은 친히 국을 끓여 그에게 식사를 대접했다고 한다. 이후 궁중을 드나들며 장안에서 주객(酒客) 생활을 하다가 장안을 떠나 각지를 방랑했다. 안녹산의 난에 연루되어 투옥되었다가 겨우 살아난 후 심양(尋陽), 금릉(金隆) 등지를 유랑하다가 당도(當塗)에서 죽었다. 전설에 의하면, 그가 채석강(采石江) 가에서 술에 취해 있을 때 강에 비친 달을 건지려고 물에 뛰어들었다가 죽었다고 한다. 시상(詩想)이 강물처럼 흐르는 그의 시는 도교(道敎)의 심오한 세계에 근원을 두고 있다. 그래서 그에게 '시선(詩仙)'이라는 칭호가 주어졌다. 저서로『이태백시집(李太白詩集)』(30권)이 있다.

인악 의첨(仁嶽義沾, 1746~1796) 한

1746년(영조 22) 9월 9일 경북 달성(達城)에서 태어났다. 15세에 사서삼경(四書三經)을 마쳤으며 18세에 친구들과 같이 용연사(龍淵寺)에 독서하러 갔다가 승도(僧徒)들의 고요한 생활을 보고 입산했다. 벽송(碧松)에게 구족계를 받았다. 23세 때 이미 일대시교(一大時敎, 팔만대장경)를 독파(讀破), 학인을 제접(提接)했으며 『화엄경』·『원각경』·『금강경』·『기신론』의 사기(私記)를 지었는데, 이것이 우리나라 강원용의 비본(秘本)이 되었다. 1796년(정조 20) 5월 5일 입적. 세수 51, 법랍 34. 저서로 『인악집(仁嶽集)』이 있다.

잇큐 소준(一休宗純, 1394~1481) 일

일본이 가장 자랑하는 선승(禪僧)이요 시승(詩僧)이다. 어려서부터 선문(禪門)과 인연이 깊었던 그는 특히 시적인 재능이 많아 하루에 한 수씩 시를 지었다고 한다. 카소 소돈(華叟宗曇)의 문하에서 수도·정진 끝에 그의 인가를 받았지만, 그 인기(印記, 깨달았다는 증명서)를 불태워 버리고 정처 없이 방랑, 술과 여자와 시와 구름에 미쳐 일생을 보냈다. 그래서인가, 그의 호는 광운자(狂雲子)다. 1481년 11월 21일 88세를 일기로 입적했다.

ㅈ

자항 요박(慈航了朴, ?~?) 중

송나라 때의 선승인 듯하나, 자세한 것은 전하지 않는다.

잠삼(岑參, 715~770) 둘

중국 하남성 남양(南陽)에서 태어났다. 사천(四川)의 가주자사(嘉州刺史)를 지낸 그는 특히 전장(戰場)의 처절함을 잘 묘사해 당대(唐代) 변새시파(邊塞詩派)의 대표 인물로 꼽힌다. 저서로『잠가주집(岑嘉州集)』이 있다.

장계(張繼, ?~?) 둘

중국 호북성 양양(襄陽)에서 태어났다. 자는 의손(懿孫). 절제사의 막료와 염철판관(塩鐵判官) 등을 지냈으며 검교사부랑중(檢校祠部郞中)을 끝으로 관직에서 물러났다.

장산 법천(蔣山法泉, ?~?) 둘

송나라 때의 선승인 듯하나, 자세한 것은 전하지 않는다.

장적(張籍, 768~830) 둘

중국 하북성에서 태어났다. 자는 문창(文昌). 고시(古詩), 서한행초(書翰行草)에 능했으며 많은 사회시(社會詩)를 남겼다. 저서로『장사업시집(張司業詩集)』이 있다.

장호(張祜, 792~852) 둘

중국 청하(淸河)에서 태어났다. 자는 승길(丞吉). 특히 궁녀들의 한(恨)을 노래한 궁사(宮詞)에 능했다. 만당(晩唐)의 유미파(唯美派) 시인으로 유명하다.

전기(錢起, 722~780)

중국 절강성 오흥(吳興)에서 태어났다. 자는 중문(仲文). 여러 차례 과거에 낙방한 뒤 겨우 진사과(進士科)에 올라 말단 관직 생활을 했다. 청신수려(淸新秀麗)한 시를 많이 남겼다.

조주 종심(趙州從諗, 778~897)

중국 산동성 조주(曹州)에서 태어났다. 어린 시절 조주의 호통원(扈通院)에 출가했고, 후에 남전 보원(南泉普願) 밑에서 깨달음을 얻었다. 40년간 참선수행을 하고, 40년간 당대의 모든 선지식을 찾아본 다음, 하북성 조주(趙州)의 관음원(觀音院)에서 40년간 후학을 가르쳤다. 897년 11월 2일 120세를 일기로 입적했다.

죽암 사규(竹菴士珪, 1083~1146)

중국 사천성에서 사씨(史氏)의 아들로 태어났다. 임제종 양기파(楊岐派)에 속한다. 처음에 대자 종아(大慈宗雅)에게 배우고, 나중에 용문(龍門)의 청원(淸遠)에게 가서 크게 깨달음을 얻었다. 정화(政和) 말 천녕(天寧)에 출세(出世)하여, 여러 이름난 사찰에 두루 주석했다. 조(詔)를 받들어 안탕산(雁蕩山)에 개산(開山)했다. 1146년 7월 18일 입적, 고산(鼓山)에 영골(靈骨)을 장사했다.

증곡 치익(曾谷致益, 1862~1942)

일제강점기의 승려. 어머니가 꿈에 소사미(小沙彌)가 와서 절하는 것을 보고 잉태했다. 태어나서 6일간 눈을 뜨지 않았고 눈 주위에 미광(微光)이 있어 밤에는 빛을 발했다. 유년에 경사(經史)와 외전(外典)을 수료하고, 통도사(通度寺) 춘담장로(春潭長老)에게 출가했다. 어려서부터 잔병이 많았으나 관음의 명호를 불러 완치했다. 평소 계율이 엄하여 통도사 금강계단(金剛戒壇)에서 이적(異蹟)이 일어났다. 40여 회의 대법회를 열었으며, 저서로 1934년 지리산 대원사(大願寺)에서 간행된 『증곡집(曾谷集)』(1권)이 있다.

진각 혜심(眞覺慧諶, 1178~1234) 한

전남 나주(羅州) 화순(和順) 출신으로, 호는 무의자(無衣子). 1201년 진사(進士)에 급제, 태학(太學)에 들어갔으나 어머니의 병환으로 고향에 돌아갔다. 이듬해 어머니가 돌아가시자 조계산(曹溪山) 송광사(松廣寺) 보조국사(普照國師)에게 입산했다. 큰 바위에 앉아 밤낮으로 참선하면서 밤이 되면 게송을 읊으니 그 소리가 10리 밖까지 들렸다고 한다. 지리산 금대암(金臺庵)에서는 대 위에서 좌선할 적에 눈이 내려 이마까지 묻히도록 움직이지 않았다. 아무리 흔들어도 대답이 없더니 마침내 깊은 뜻을 깨달았다. 1208년 보조국사가 법석(法席)을 물려주려 했으나 사양하고 지리산에 들어가 자취를 감추었다. 1210년 보조국사가 입적하자, 칙명(勅命)으로 법석을 이어받고 개당(開堂)했다. 납자(衲子)들이 구름같이 모여들었다. 1234년 월등사에서 입적했다. 세수 57, 법랍 32. 전남 순천 송광사에 그의 비가 있다. 편저로 『선문염송(禪門拈頌)』(30권)이 있다.

ㅊ

천동 여정(天童如淨, 1163~1228) 중

1163년 7월 7일 중국 절강성에서 태어났다. 어린 시절에 출가, 19세까지 경전을 공부하다가 그것을 버리고 선문(禪門)에 들어섰다. 설두산의 족암 지감(足菴智鑑) 밑에서 정전백수자(庭前栢樹子)의 공안을 타파, 깨달음을 얻은 다음 20년간 천하를 두루 돌아다니며 수행에 몰두했다. 1224년 태백산 천동사(天童寺)에 주석했는데, 당시 일본의 에이헤이 도겐(永平道元, 일본 조동종의 시조)이 와서 법을 받아갔다. 1228년 7월 17일 66세를 일기로 입적했다.

천동 정각(天童正覺, 1091~1157) 중

굉지 정각(宏智正覺). 중국 산서성 습주(隰州)에서 태어났다. 11세 때 정명사(淨明寺) 본종화상(本宗和尙)에게 머리를 깎았다. 14세에 진주(晋州) 자운사(慈雲寺)의 지경화상(智瓊和尙)에게 구족계를 받고, 18세에 구도행각 길에 올랐다. 여주(汝州)의 향산(香山)에 가서 고목법성선사(枯木法成禪師)를 만나 여기에서 깨우침을 얻었다. 법성의 지시에 따라 단하산의 자순(子淳)을 찾아가 그에게서 확연히 크게 깨달았다. 검소하기 이를 데 없었고, 문하에는 언제나 1,200여 납자가 모여들었다. 많은 납자에 비해 식량은 한정되어 있어 죽을 쑤어 먹곤 했다. 죽으로도 안 되면 불어나 사람 수만큼 물을 부어서 죽을 쑤었는데, 그 죽에 천장이 비칠 정도였다고 한다. 그래도 공부하러 오는 사람은 누구라도 돌려보내지 않았다. 30여 년간 천동산(天童山)에서 조동가풍(曹洞家風)을 드날리고, 1157년 67세를 일기로 입적했다. 후세 사람들은 그를 일컬어 대혜 종고(大慧宗杲)와 함께 '선문(禪門)의 2대 감로(甘露)'라고 했다. 저서로『천동송고백칙(天童頌古百則,『종용록』의 원전)』,『천동굉지정각선사어록(天童宏智正覺禪師語錄)』(4권),『굉지선사광록(宏智禪師廣錄)』(9권) 등 다수가 있다.

청매 인오(靑梅印悟, 1548~1623)

서산(西山, 청허 휴정)의 고제(高弟). 묘향산에서 청허 휴정을 모시고 있다가 지리산 천왕봉(天王峯) 아래 연곡사(燕谷寺)에서 입적했다. 그의 선적(禪的) 경지는 중국의 설두 중현(雪竇重顯)과 천동 정각(天童正覺)을 능가하고 있다. 어느 날 누군가가 그의 방문을 열었다. 임종이 가까워지면서 그는 벽의 사방에 똥칠을 하고 앉아 있었다. 이 소식이 사람들의 귀에 흘러들어갔다. 사람들이 다시 가서 문을 열었을 때 그는 이미 육신을 벗고 어딘가로 떠나버렸으며 그가 사방 벽에 칠해놓은 똥은 금빛 서기로 눈부시게 빛나고 있었다. 저서로 1633년에 간행된 문집 『청매집(靑梅集)』이 있다.

청허 휴정(淸虛休靜, 1520~1604)

묘향산(妙香山)에 오래 주석했으므로 서산대사(西山大師)라고 하였다. 9세에 어머니를, 10세에 아버지를 여의었다. 서울 성균관(成均館)에 들어가 공부하던 중 벗들과 지리산 유람을 갔다가 여기에서 숭인(崇人)을 만나 머리를 깎았다. 21세에 부용 영관(芙蓉靈觀)에게 인가를 받고 어느 마을을 지나다가 낮닭 우는 소리를 듣고 크게 깨달았다. 30세에 선과(禪科)에 급제해 대선(大選)으로부터 선교양종판사(禪敎兩宗判事)가 되었다. 임진란이 일어나자 전국 사찰에 서신을 보내 승병(僧兵)을 일으켰으며, 서울 환복(還復) 후 제자 사명(四溟)과 영규(靈圭)에게 승군을 맡기고 묘향산으로 돌아갔다. 1604년(선조 37) 1월 묘향산 원적암(圓寂庵)에서 입적했다. 제자로는 편양(鞭羊), 사명, 영규, 뇌묵(雷默) 등이 유명하며 이 외에도 이름난 제자가 70여 명이나 된다. 저서로 『선가귀감(禪家龜鑑)』, 『청허당집(淸虛堂集)』 등 다수가 있다.

초의 의순(艸衣意恂, 1786~1866)

1786년(정조 10)에 태어났다. 15세에 나주 운흥사(雲興寺) 벽봉 민성(碧峰敏性)에게 출가했다. 19세에 월출산을 지나다 그 기수(奇秀)함에 취하여 앉아 있다가 만월(滿月)이 해출(海出)하는 것을 보고 깨달아 널리 선지식을 참(參)하였다. 완호(玩虎)에게 경전(經典)을 배우고, 금담(金潭)에게 선(禪)을 배웠다. 특히 추사 김정희와 절친했으며 시(詩)·선(禪)·다(茶)의 승(僧)으로 일세를 드날렸다. 두륜산정에 일소암(一小庵)을 짓고 독처지관(獨處止觀) 40여 년, 일지(一枝)라 이름하였다. 당시의 대선승(大禪僧) 백파 긍선(白坡亘旋)의 오류를 통격(痛擊)하기 위해 『사변만어(四辯漫語)』를 지었다. 1866년(고종 3) 입적. 세수 81, 법랍 66. 저서로 『초의집(艸衣集)』 외 다수가 있다.

최치원(崔致遠, 857~?)

신라의 문호(文豪). 신라 명승(名僧)의 비문(碑文) 대부분이 그에 의해 작성되었다. 12세에 당나라에 들어가 18세에 진사에 급제, 28세에 신라로 돌아왔다. 헌강왕(憲康王)은 그를 시독(侍讀) 겸 한림학사 병부시랑 지단서감사(翰林學士兵部侍郞知端書監事)로 임명, 대산군(大山郡, 지금의 전북 태인)의 태수(太守)가 되었다. 난세를 만난 것을 한탄하여, 지리산 등 심산유곡에 은거(隱居)했다. 진성왕(眞聖王) 8년 가야산 해인사에 은거한 후 여기서 노년을 마쳤다. 해인사에 『최치원문집(崔致遠文集)』(3권)이 있다.

추사 김정희(秋史 金正喜, 1786~1856)

조선 후기의 문인(文人). 동시에 금석학자(金石學者)이며 서화가(書畵家)다. 자는 원춘(元春), 호는 완당(阮堂). 1786년 판서(判書) 노경(魯敬)

의 아들로 태어났다. 1809년 생원(生員)이 되고 1819년 문과(文科)에 병과(丙科)로 급제하여 설서(說書), 검열(檢閱)을 거쳐 1823년 규장각 시교(奎章閣侍敎)가 되었다. 충청우도 암행어사(忠淸右道暗行御史), 검상(檢詳)을 거쳐 1836년 대사성(大司成)을 역임했다. 추사체(秋史體)를 대성했으며, 죽란(竹蘭)과 산수도(山水圖)에도 능했다. 당시 시(詩)·선(禪)·다(茶)의 승(僧) 초의(艸衣)와 절친한 사이였다.

추파 홍유(秋波泓宥, 1718~1774) 圖

1718년(숙종 44)에 태어나 고창 방장산(方丈山)으로 입산했다. 용담 조관(龍潭慥冠)에게서 공부하고 성안(性眼)의 법을 이었다. 호를 '경암(鏡巖)'이라 했으며, 30여 년간 강경(講經)과 좌선을 행했다. 1774년(영조 50) 입적. 저서로 『추파집(秋波集)』이 있다.

충담(忠談, ?~?) 圖

신라 후기의 승려. 경덕왕(재위 742~765) 때 사람으로 향가를 잘 지었다. 왕사(王師)로 책봉하려 했으나 굳이 사양한 일이 있을 정도로 소박한 삶을 살았다. 그가 지은 향가인 「안민가(安民歌)」와 「찬기파랑가(讚耆婆郎歌, 기파랑 노래)」가 지금도 전해오고 있다.

취미 수초(翠微守初, 1590~1668) 圖

1590년(선조 23) 서울에서 성삼문(成三問)의 외손자로 태어났다. 어려서 설악(雪嶽)의 기숙 경헌(耆宿敬軒)에게 출가하여 경(經)과 선(禪)을 익히며 제방(諸方)을 순력했다. 1629년(인조 7) 옥천(玉川)의 영취사(靈鷲寺)에서 개당(開堂)했으며 1668년(현종 9) 6월 무량수불을 염(念)하며 서쪽을 향하여 앉아서 입적했다.

ㅌ

태고 보우(太古普愚, 1301~1382)

고려 말의 승려. 13세에 양주(楊州) 회암사(檜岩寺)의 광지(廣智)에게 출가하여 26세에 승과(僧科) 화엄선(華嚴禪)에 합격했다. 36세 때 송도 전단원(栴壇園)에서 정진하다가 크게 깨달았다. 삼각산에 태고암(太古庵)을 짓고 살면서「태고암가」를 지었다. 45세 때 중국에 가서 석옥 청공(石屋淸珙)으로부터 사법(嗣法), 우리나라 임제종(臨濟宗)의 초조(初祖)가 되었다. 돌아와 용문산에 주석, 공민왕의 왕사(王師)가 되었다. 이듬해 왕사를 사직, 신돈(辛旽)의 미움을 사서 속리산에 감금되었다가 신돈이 죽은 뒤에 국사(國師)가 되었다. 1382년(우왕 8) 12월 24일 용문산 소설암에서 입적했다. 세수 82, 법랍 69. 삼각산 태고사지에 비가 있다. 저서로『태고화상어록(太古和尙語錄)』이 있다.

ㅍ

편양 언기(鞭羊彦機, 1581~1644)

서산(西山, 청허 휴정) 문하에서 사명(四溟)과 더불어 쌍벽을 이룬 승려다. 속성은 장씨(張氏). 어머니 이씨가 꿈에 일월(日月)을 품는 꿈을 꾸고 그를 잉태해, 1581년(선조 14) 출생했다. 11세에 출가하여 선(禪)과 교(敎)에 통달하였다. 임진란 당시 전국의 승려들이 승군으로 참전했을 때 그만은 오직 은거하면서 수도와 도제 양성에 힘썼다. 1644년(인조 22) 5월 10일 묘향산 내원암(內院庵)에서 입적. 세수 64, 법랍 53. 저서로『편양당집(鞭羊堂集)』이 있다.

ㅎ

한산(寒山, ?~?) 중

중국 당나라 때 사람으로, 천태산 시풍현(始豊縣) 서쪽 70리에 있는 한암(寒岩)의 굴에 살았다. 몸은 비쩍 마르고 더벅머리에 미치광이였다. 국청사(國淸寺)에 와서 친구 습득(拾得)과 함께 찌꺼기밥을 얻어가지고 박장대소하며 돌아갔다. 태주자사(台州刺史) 여구윤(閭丘胤)이 그를 찾아가 옷과 약을 주었더니, 그는 큰 소리로 "이 도적놈, 빨리 꺼져라" 하면서 굴속으로 깊이 들어가버렸다. 그 뒤로는 모습이 보이지 않았다. 후세 사람들은 한산과 습득을 문수(文殊)와 보현(普賢)의 화신(化身)이라고 했다.

함월 해원(涵月海源, 1691~1770) 함

1691년(숙종 17) 1월 23일 함흥에서 태어났다. 1704년 14세에 문천(文川) 도창사(道昌寺)의 추단(秋丹)에게 출가하여 여러 고승을 찾아서 공부하다가 환성 지안(喚惺志安)을 만나 그 밑에서 6년 동안 공부한 다음 그의 법을 이었다. 40여 년 동안 불전교수(佛典敎授)로서 전국에 이름을 떨쳤으며 언제나 병자들을 잘 돌봐주었다. 옷 없는 자에게는 옷을 주고 밥 없는 자에게는 밥을 주는 등 많은 보살행을 행했다. 1770년(영조 46) 12월 13일 80세를 일기로 입적. 안변 석왕사에 탑이 있고 해남 대흥사에 비가 있다. 저서로『천경집(天鏡集)』이 있다.

함허 득통(涵虛得通, 1376~1433) 함

속성은 유씨(劉氏)로 충주(忠州)에서 태어났다. 21세에 관악산 의상암(義相庵)에 입산했다. 이듬해 회암사(檜岩寺)에 가서 무학왕사(無學王師)

를 친견하고 제방(諸方)을 행각(行脚)했다. 다시 회암사에 가서 정진하다가 크게 깨달았다. 공덕산(功德山) 대승사(大乘寺), 천마산(天磨山) 관음굴(觀音窟), 불희사(佛喜寺)에서 납자를 제접했다. 문경 봉암사(鳳巖寺)에서『금강경오가해 함허설의(金剛經五家解涵虛說誼)』를 지어 법당 뒤에 묻었더니, 밤에 방광(放光)하여 설의가 진설(眞說)임을 증명했다. 1431년 회양산 봉암사에 들어가 주석하다가 입적했다. 저서로『함허당득통화상어록(涵虛堂得通和尙語錄)』이 있다.

함홍 치능(涵弘致能, 1805~1878) 합

1805년에 태어나 13세 때 고운사(孤雲寺)의 송암(松庵)에게 출가했다. 선·교의 중흥조로, 한국 불교계가 근간에까지 선과 교를 같이함은 그의 영향이 크다. 등운산(騰雲山) 귀적암(歸寂庵)에서 1878년에 입적했다.

해인 초신(海印初信, ?~?) 종

송나라 때의 선승인 듯하나, 자세한 것은 전하지 않는다.

향엄 지한(香嚴智閑, ?~898) 종

중국 당나라 때 사람으로, 청주(青州)에서 태어나 계산(溪山)에게 출가했다. "책이나 글로 배운 것 말고 태어나기 이전의 소식을 일러보라"는 위산(潙山)의 물음에 막혀 고심하다가 책을 모조리 불질러버리고 울면서 위산에게 하직을 고한 후 정처 없이 떠도는 길에 올랐다. 남양(南陽)의 충국사(忠國師) 유적지에서 쉬던 어느 날, 채전을 매다가 던진 돌이 대나무에 부딪히는 소리를 듣고 홀연히 깨달았다. 후세 사람들은 이것을 '향엄격죽(香嚴擊竹)'이라 했다. 평소 납자를 제접할 때는 그 말이 간략하고 곧았다. 게송(偈頌) 200여 수를 남겼다.

허백 명조(虛白明照, 1593~1661)
13세에 출가하여 양육사(養育師) 보영(普英)을 따르다가 사명(四溟)에게 입문했다. 사명이 서울에 간 뒤 현빈 인영(玄賓印映)으로부터 양종(兩宗)을 연구, 완허(阮虛)·송월(松月)·무염(無染)에게 사사했다. 묘향산에 갔다가 팔도의승대장(八道義僧大將)의 호를 받았다(1626). 승군 4천을 거느리고 안주(安州)를 수비했고, 1636년 병자호란 때에도 의병장이 되어 활약했다. 묘향산 불영대(佛影臺)에서 입적했다. 세수 69. 저서로『허백당시집(虛白堂詩集)』이 있다.

허정 법종(虛靜法宗, 1670~1733)
13세에 옥잠(玉岑)에게 출가했으며, 도정(道正)의 법을 듣고 깨달음을 얻었다. 20세에 월저(月渚)에게 경을 배우고 설암 추붕(雪巖秋鵬)에게 현지(玄旨)를 깨달아 인가받았다. 진상(眞常), 내원(內院), 조원(祖院)에 머물 적마다 법려(法侶)들이 많이 모이매 낮에는 경전을 강의하고 밤에는 참선하여 학자를 제접했다. 1733년(영조 9) 남정사에서 입적. 세수 64, 법랍 52.

허혼(許渾, 791~854)
중국 강소성 단양(丹陽)에서 태어났다. 목주자사(睦州刺史), 정주자사(鄭州刺史)를 지냈다. 저서로『정묘집(丁卯集)』이 있다.

혜초(慧超, 704~787)
704년(신라 성덕왕 2)에 태어났다. 16세 때 중국 광주(廣州)에서 인도승

금강지(金剛智, 671~741)와 불공(不空, 705~774)을 만나 사사하고, 스무 살 무렵 천축(天竺, 인도)으로 구도의 길에 올랐다. 광주에서 출발, 해로(海路)로 동천축으로 들어가 중천축·남천축·서천축·북천축을 경유, 지금의 카슈미르로 해서 파키스탄, 아프가니스탄의 북부를 지나 구소련 영토인 중앙아시아 지방, 파미르 고원을 넘어 중국 신강성(新疆省)으로 들어와 727년 11월 안서도호부(安西都護府)가 있는 구자국(龜玆國)에 도착했다. 이후 장안(長安)에 머물며 불공과 금강지를 도와 밀교 경전 번역에 힘썼다. 이때 인도기행문 『왕오천축국전(往五天竺國傳)』을 저술했다. 중국 밀교의 법맥은 개조(開祖) 금강지 → 불공 → 혜초로 이어졌다. 787년 중국 오대산 보리사(菩提寺)에서 입적했다.

확암 사원(廓庵師遠, ?~?) 중

중국 송나라 때 임제종 양기파(楊岐派)의 선승으로, 「십우도(十牛圖, 소 찾는 노래)」의 작가. 나머지 자세한 것은 전하지 않는다.

환성 지안(喚惺志安, 1664~1729) 韓

춘천 사람으로 1664년에 태어났다. 속성은 정씨(鄭氏). 15세에 미지산(彌智山) 용문사(龍門寺)에 입산하여 상봉 정원(霜峯淨源)에게 구족계를 받았다. 직지사에서 종풍을 크게 드날렸으며 대둔산(大芚山)에서 정공(淨供)을 베풀 때 공중으로부터 세 번 부르는 소리가 났다. 이에 세 번 응답했다. 이것이 계기가 되어 그의 자를 삼낙(三諾), 호를 환성(喚惺)이라 하였다. 지리산, 금강산의 정양사(正陽寺) 등지에서 이적을 나타냈다. 1725년(영조 1) 금산사(金山寺)에서 화엄대법회(華嚴大法會)를 열자 대중이 구름과 같이 모여들었다. 1729년 법회와 관련, 관에서는 혹세무민(惑世誣民)이라 하여 체포, 제주도로 유배되었다. 7일 후 입적.

세수 66, 법랍 51. 저서로 『선문오종강요(禪門五宗綱要)』, 『환성시집(喚醒詩集)』 등이 있다.

회암 정혜(晦庵定慧, 1685~1741)

1685년(숙종 11) 5월 2일 경남 창원에서 태어나 1693년 9세에 출가했다. 설암 추붕(雪巖秋鵬)과 원민(圓旻)의 문하에서 불경공부를 한 다음 금강산으로 들어가 좌선에 몰두했다. 안변 석왕사(釋王寺), 수도산 청암사(靑巖寺) 등지에서 후학들을 지도하다가 1741년(영조 17) 청암사에서 57세에 입적했다.

희명(希明, ?~?)

신라 후기의 향가 시인. 경덕왕(재위 742~765) 때 한기리(漢岐里)에 살던 여인으로, 그가 지은 향가 「도천수관음가(禱千手觀音歌, 눈 밝은 노래)」가 지금도 전해오고 있다.

|작가별 찾아보기|

ㄱ

경암 응윤(鏡岩應允, 1743~1804) 한 71
경허 성우(鏡虛惺牛, 1849~1912) 한 112, 123, 125, 164, 166, 168, 249, 305, 306, 440, 442, 444
광덕의 아내(廣德 妻, ?~?) 한 498
기암 법견(奇巖法堅, 1552~1634) 한 149, 151
기타 다이치(祈陀大智, 1289~1366) 일 6장

ㄴ | ㄷ

나옹 혜근(懶翁慧勤, 1320-1376) 한 414, 450
다이구 료칸(大愚良寬, 1758~1831) 일 8장
단하 자순(丹霞子淳, 1064~1117) 중 298, 426
대각 회련(大覺懷璉, 1009~1090) 중 475
대숙륜(戴叔倫, 732~789) 중 361, 362
대혜 종고(大慧宗杲, 1089~1163) 중 179

ㅁ

마나라 존자(摩拏羅尊者, ?~?) 인 186
마쓰오 바쇼(松尾芭蕉, 1644~1694) 일 12장
만해 한용운(萬海 韓龍雲, 1879~1944) 한 464
매월당 김시습(梅月堂 金時習, 1435~1493) 한 84, 86, 88, 90, 92, 94, 95, 96, 98, 100, 102, 104, 106, 107, 108, 109, 111
맹호연(孟浩然, 689~740) 중 326, 327

무경 자수(無竟子秀, 1664~1737) 한 248, 412

무본 가도(無本賈島, 779~843) 중 379, 380

묵암 최눌(默庵最訥, 1717~1790) 한 322, 420, 462

밀암 함걸(密庵咸傑, 1118~1186) 중 431

ㅂ

배적(裵迪, 716~?) 중 356

백거이(白居易, 772~846) 중 367, 368, 370, 371, 373, 374, 375, 376

백곡 처능(白谷處能, 1617~1680) 한 246

벽송 지엄(碧松智嚴, 1464~1534) 한 61, 415, 418

부대사(傅大士, 497~569) 중 185

부휴 선수(浮休善修, 1543~1615) 한 116, 168, 251, 451

ㅅ

사명 유정(四溟惟政, 1544~1610) 한 54, 448

삼봉 지탁(三峯知濯, 1750~1839) 한 161

삽계 ○익(霅溪○益, ?~?) 중 173, 175

상건(常建, 708~765) 중 349

석선탄(釋禪坦, ?~?) 한 313

선월 관휴(禪月貫休, 832~912) 중 254

설담 자우(雪潭自優, 1769~1830) 한 51, 53, 134, 245

설두 중현(雪竇重顯, 980~1052) 중 307, 430

설암 추붕(雪巖秋鵬, 1651~1706) 한 160, 236, 320

소식(蘇軾, 蘇東坡, 1036~1101) 중 386, 388, 389, 390

소요 태능(逍遙太能, 1562~1649) 한 129, 131, 156, 406, 409, 410, 411, 452,

454, 456, 458, 460

숭승 ○공(崇勝○珙, ?~?) 중 428

습득(拾得, ?~?) 중 63, 183

심문 담분(心聞曇賁, ?~?) 중 181, 256

○

야보 도천(冶父道川, ?~?) 중 56, 58, 60, 468

야운 시성(野雲時聖, 1710~1776) 한 136

양지(良志, ?~?) 한 496

영가 현각(永嘉玄覺, 665~713) 중 18장

왕건(王建, 768~830) 중 365

왕유(王維, 699~761) 중 330, 331, 332, 334, 336, 338, 339, 340, 341

왕창령(王昌齡, 698~756) 중 328, 329

용담 조관(龍潭慥冠, 1700~1762) 한 146

운담 정일(雲潭鼎馹, 1741~1804) 한 247

원감 충지(圓鑑冲止, 1226~1292) 한 128

원오 극근(圜悟克勤, 1063~1135) 중 472

원진(元稹, 778~831) 중 378

월명사(月明師, ?~?) 한 502

월파 태율(月波兌律, 1695~1775) 한 292

위응물(韋應物, 737~804) 중 363, 364

유장경(劉長卿, 710~785) 중 351, 352, 353

유종원(柳宗元, 773~819) 중 377

율곡 이이(栗谷 李珥, 1536~1584) 한 243

이백(李白, 701~762) 중 342, 344, 345, 346, 347, 348

인악 의첨(仁嶽義沾, 1746~1796) 한 55

잇큐 소준(一休宗純, 1394~1481) 일 17장

ㅈ

자항 요박(慈航了朴, ?~?) 중 177

잠삼(岑參, 715~770) 중 354

장계(張繼 ?~?) 중 384

장산 법천(蔣山法泉, ?~?) 중 429

장적(張籍, 768~830) 중 366

장호(張祜, 792~852) 중 383

전기(錢起, 722~780) 중 357, 358, 359, 360

조주 종심(趙州從諗, 778~897) 중 5장

죽암 사규(竹庵士珪, 1083~1146) 중 300

증곡 치익(曾谷致益, 1862~1942) 한 323

진각 혜심(眞覺慧諶, 1178~1234) 한 44, 159, 422

ㅊ

천동 여정(天童如淨, 1163~1228) 중 72

천동 정각(天童正覺, 1091~1157) 중 170, 297, 433, 477, 479

청매 인오(靑梅印悟, 1548~1623) 한 64, 157, 404, 423, 466

청허 휴정(淸虛休靜, 1520~1604) 한 46, 47, 49, 119, 121, 152, 153, 154, 239

초의 의순(艸衣意恂, 1786~1866) 한 132

최치원(崔致遠, 857~?) 한 68

추사 김정희(秋史 金正喜, 1786~1856) 한 241, 242

추파 홍유(秋波泓宥, 1718~1774) 한 127
충담(忠談, ?~?) 한 505
취미 수초(翠微守初, 1590~1668) 한 66, 244

ㅌ | ㅍ
태고 보우(太古普愚, 1301~1382) 한 312
편양 언기(鞭羊彦機, 1581~1644) 한 293

ㅎ
한산(寒山, ?~?) 중 138, 140, 252, 295
함월 해원(涵月海源, 1691~1770) 한 424, 425, 461
함허 득통(涵虛得通, 1376~1433) 한 158, 237, 314, 446
함홍 치능(涵弘致能, 1805~1878) 한 324
해인 초신(海印初信, ?~?) 중 470
향엄 지한(香嚴智閑, ?~898) 중 172
허백 명조(虛白明照, 1593~1661) 한 316, 318
허정 법종(虛靜法宗, 1670~1733) 한 69
허혼(許渾, 791~854) 중 382
혜초(慧超, 704~787) 한 78, 80, 82, 117
확암 사원(廓庵師遠, ?~?) 중 15장
환성 지안(喚惺志安, 1664~1729) 한 147, 148, 302, 303, 419
회암 정혜(晦庵定慧, 1685~1741) 한 70
희명(希明, ?~?) 한 508